Rüdiger Götte

Vermögensverwaltung 2.0:
Das 1x1 der Robo-Advisors

Rüdiger Götte

VERMÖGENSVERWALTUNG 2.0:
DAS 1x1 DER ROBO-ADVISORS

ibidem
Verlag

Bibliografische Information der Deutschen Nationalbibliothek
Die Deutsche Nationalbibliothek verzeichnet diese Publikation in der Deutschen Nationalbibliografie; detaillierte bibliografische Daten sind im Internet über http://dnb.d-nb.de abrufbar.

Bibliographic information published by the Deutsche Nationalbibliothek
Die Deutsche Nationalbibliothek lists this publication in the Deutsche Nationalbibliografie; detailed bibliographic data are available in the Internet at http://dnb.d-nb.de.

ISBN-13: 978-3-8382-1579-2

Printed in the EU

Vorwort

Roboter können nicht nur Helfer im Haushalt und in der Industrie sein, sondern auch bei der Geldanlage. Das „neue" Zauberwort in der Finanzwelt heißt Robo-Advisor (kurz Robo). Sie bringen einen großen Vorteil mit sich: Lästige Bankgänge können eingespart werden, denn die Beratung erfolgt bequem von zu Hause aus, PC, Smartphone oder Laptop genügen. Robo-Advisors sind – vereinfacht ausgedrückt – Computerprogramme, die mithilfe eines Algorithmus das Anlageprofil (oder Chance-Risiko-Profil) des Anlegers ermitteln und dazu passsende Anlagevorschläge machen. Dabei folgt der Robo-Advisor einem einfachen und standardisierten Muster. Zunächst wird der Kunde durch einem automatisierten Beratungsprozess geführt. Im Rahmen dieses Prozesses stellt der Robo-Advisor ausführliche Fragen zu Vermögen, Risikobereitschaft, Anlagezielen usw., ähnlich wie es ein menschlicher Bankberater tun würde.

Anhand der Antworten auf diese Fragen ermittelt der Robo-Advisor in Millisekunden das Anlageprofil des Anlegers. Er checkt nicht nur das Chance-Risiko-Profil, sondern ermittelt auch die passende Anlagestrategie und die Produkte zu ihrer Umsetzung. Die Anlagevorschläge werden in der Regel über börsengehandelte Fonds – ETFs – umgesetzt. Diese Fonds bilden einen bestimmten Index ab und sind günstiger als ein von Menschen verwalteter Fonds. Je nach Anbieter können auch Aktien, Anleihen, aktiv gemanagte Fonds, Rohstoffe oder Immobilien zum Einsatz kommen. Ist der Kunde mit dem Anlagevorschlag des Robo-Advisors einverstanden, schließt er einen Vertrag ab. Auf dieser Basis verwaltet der Robo-Advisor das Geld des Anlegers.

Robo-Advisors sind also digitale Vermögensverwalter. Sie können bereits bei einer Anlagesumme von wenigen Hundert Euro eingesetzt werden. Sie können damit auch Anlegern mit kleinem Geldbeutel Zugang zu einer professionellen Vermögensverwaltung, Kostenvorteile und ein hohes Maß an Transparenz bringen. So ist es kein Wunder, das manch einer in der automatisierten und digitalisierten Vermögensverwaltung die goldene Zukunft sieht.

Aber ist dem auch so? Es ist das eine, im Internet Kleidung zu bestellen und dabei algorithmisierten Kombinationsvorschlägen zu folgen. Einer Maschine sein Vermögen anzuvertrauen ist eine völlig andere Sache. Das Aufsehen um die Robo-Advisors erinnert an die Anfänge der Investmentfondsindustrie vor rund 50 Jahren. Damals ging es darum, Privatanleger für eine meist aktienorientierte Geldanlage zu gewinnen. Heute gibt es in Deutschland mehr als 9.000 zum Vertrieb zugelassene Investmentfonds - eine Zahl, die für ihren Erfolg spricht. Robo-Advisors wird ein kräftiges zukünftiges Wachstum prognostiziert, weshalb sich nicht nur Start-ups auf das Thema stürzen. Auch immer mehr Banken arbeiten fieberhaft entweder an eigenen Robo-Advisors oder beteiligen sich an jungen Online-Vermögensverwaltungen.

Sind Robo-Advisors die bessere Alternative zum klassischen Vermögensberater alter Schule? Viele sagen: „Wohl kaum." Ihnen fehlt die Fantasie, um sich vorzustellen, dass hier eine ernst zu nehmende Konkurrenz für die klassische Vermögensbetreuung erwächst. Man möchte ihnen zurufen: „Das habt ihr auch gesagt, als die börsennotierten Indexfonds (ETF) das Licht der Welt erblickten. Heute verwalten diese Fonds Vermögen über Billionen Euro." Es ist also höchste Zeit, um sich die digitalen Vermögensverwalter einmal genauer anzuschauen: Wer sind sie? Was können sie? Welche Kosten sind mit ihnen verbunden? Wie werde ich Kunde? Wie finde ich den besten Robo für mich? Welche Anbieter haben Substanz? Dies sind Fragen, denen Sie sich stellen müssen, wenn Sie sich mit Robo-Advisors beschäftigen wollen - und dieses Buch wird Ihnen dabei helfen. Es ist ein Ratgeber, der Sie in die Welt der Robo-Advisors einführt. Erfahren Sie auf den nächsten Seiten, was es mit den Robo-Advisors auf sich hat!

Für die freundliche Unterstützung bei dieser Arbeit möchte ich Diplom-Ingenieur Hans-Jürgen Götte danken.

Für die freundliche Unterstützung bei dieser Arbeit möchte ich Diplom-Ingenieur Hans-Jürgen Gotte danken.

In diesem Buch wurden teilweise Bezeichnungen verwendet, die eingetragene Warenzeichen sind; diese unterliegen als solche den gesetzlichen Bestimmungen. Sämtliche Daten, Formeln und Ausführungen in dem vorliegenden Buch wurden mit größter Sorgfalt recherchiert und zusammengestellt. Dennoch können weder Verlag noch Autor sich für deren Richtigkeit verbürgen. Jegliche Haftung seitens Verlages oder Autor für die Richtigkeit der in diesem Buch gemachten Angaben ist daher ausgeschlossen.

Inhaltsverzeichnis

Abbildungs- und Tabellenverzeichnis

1. Einleitung

Natürlich macht die Digitalisierung des Lebens auch vor der Finanzbranche nicht halt. Sie verändert zurzeit auf vielen Ebenen – Kommunikation mit den Kunden (immer mehr geht über das Internet) oder den Zahlungsverkehr (z. B. Online-Konten) – das traditionelle Geschäft der Banken. Eine der spannendsten Entwicklungen auf diesem Gebiet sind sicherlich die Robo-Advisors, also die digitale Vermögensverwaltung. Dabei handelt es sich um eine umfassende, transparente Vermögensverwaltung für den kleinen Geldbeutel.

So unterschiedlich wie die Robo-Advisor-Anbieter sind, so verschieden sind auch das Angebot, die Kosten, der Service, die Mindestanlagesummen und die Sicherheit. Zudem gibt es auch große Unterschiede bei den angebotenen Anlagestrategien. Damit Sie sich im Dschungel der Robo-Advisors nicht verirren, habe ich dieses Buch geschrieben. Denn ich bin davon überzeugt, dass Robo-Advisors gekommen sind, um zu bleiben – und sie werden sich ein kräftiges Stück vom Anlagekuchen nehmen!

Wie bei jeder Geldanlage gilt auch hier: Wer einen Robo-Advisor nutzen möchte, muss sich vorab intensiv damit beschäftigen, um ihn zu verstehen. Ansonsten droht ein Debakel. Im ersten Teil des Buches wird erklärt, was hinter Robo-Advisors steht. Sie werden erkennen, dass Robo-Advisors Geldanlagen nach Lehrbuch betreiben. Das bedeutet unter anderem, dass sie die Kundengelder breit streuen. Mit den Informationen dieses Kapitels können Sie entscheiden, ob ein Investment mit Robo-Advisors für Sie infrage kommt. Und dann stehen Sie vor der Frage, wie Sie den passenden Robo-Advisor finden. Anhand eines praktischen Beispiels zeige ich auf, wie Sie aus den mittlerweile 30 verschiedenen Robo-Advisors den richtigen für sich auswählen. Anschließend erkläre ich, wie Sie ein Konto mit einem Robo-Advisor eröffnen, wie Sie also Kunde werden. Das Buch schließt mit einer kurzen Vorstellung der wichtigsten Robo-Advisors am Markt ab. Mit diesen Informationen sind Sie gut gerüstet, um den für Sie geeigneten Robo-Advisor zu finden.

2. Vorhang auf - Grundlagen, Daten & Fakten zu Robo-Advisors

Roboter sind Stars zahlreicher Hollywood-Blockbuster, sei es als liebenswürdiger Druide in *Star Wars* oder als verliebte Müllpressmaschine WALL-E in einem Pixarfilm. Nun schicken sich Roboter an, die Finanzwelt auf den Kopf zu stellen. Sie übernehmen immer mehr Funktionen, die früher durch Menschen ausgeführt wurden. Einige glühende Anhänger der Roboter gehen sogar so weit zu sagen: *Roboter demokratisieren die Geldanlage, weil durch sie auch Kleinanleger Anlagen tätigen können, die zuvor nur Großanlegern offenstanden.* Einige gehen sogar noch ein Stück weiter und sagen: *Robo-Advisor entzaubern die Anlageberatung, weil sie zeigen, dass das eigentlich eine sehr simple Angelegenheit ist.* So ist es nicht verwunderlich, dass die Wachstumsraten der Robo-Advisors in den letzten Jahren enorm waren und immer wieder neue Anbieter auf den Markt drängen. Denn Robos betreiben eine kostengünstige Geldanlage nach Lehrbuch[1]. Das heißt, dass sie die Kundengelder sehr breit und nach einem nach den Bedürfnissen des Anlegers zugeschnittenen Risikoprofil investieren.

Auf den folgenden Seiten werden Sie lernen:

- Was ist ein Robo-Advisor?
- Robo-Advisor: So läuft es ab!
- Wie verwalten Robo-Advisors mein Geld?
- Ist mein Geld bei Robo-Advisors in sicheren Händen?

Aus dieser kleinen Aufzählung erkennen Sie vielleicht schon die Intention dieses Kapitels: Ich möchte Ihnen alle Informationen an

---

1 Die wichtigsten drei Grundregeln sind: Die Kundendepots sollten erstens eine breite Streuung aufweisen, damit keine unnötigen Risiken eingegangen werden. Zweitens muss das Gesamtrisiko der Kundenportfolios auf die Kundenbedürfnisse abgestimmt sein. Das heißt, Kunden, denen eine hohe Rendite wichtig ist und die dafür kurzfristig auch Wertschwankungen in Kauf nehmen, bekommen - angeleitet durch Ergebnisse der Befragung des Robo-Advisors - ein Portfolio mit einem hohen Aktienanteil. Die dritte Grundregel ist, auf die Kosten zu achten.

die Hand geben, die Sie benötigen, um sich entscheiden zu können, ob ein Robo-Advisor zu Ihnen passt – oder eben nicht.

2.1 Was ist ein Robo-Advisor?

In den Augen vieler Menschen ist das Thema Geldanlage kompliziert und langweilig. Denn sonst würden sie das Ersparte nicht bei einer Nullverzinsung auf dem Sparkonto oder einfach auf dem Gehaltskonto liegen lassen. Genau an diese Menschen richten Robo-Advisors ihr Angebot: Geldanlage soll Spaß machen, wenig kosten, auf die individuellen Bedürfnisse eingehen und natürlich ganz einfach vom Sofa aus möglich sein. Robo-Advisors (kurz Robo) sind digitale Geldberater. Dabei steht „Robo" für die maschinelle Automation und „Advisor" für die Anlageberatung. Allerdings ist ein Robo-Advisor keine Maschine in Beratergestalt, sondern vielmehr eine Software-Applikation (Computerprogramm) und darauf ausgelegt, Geld zu verwalten. Viele Menschen, die Robo-Advisors zum ersten Mal nutzen, staunen darüber, was mit ihnen alles möglich ist. Folgender Vergleich bringt es auf den Punkt: Die Vermögensverwaltung von Banken gleicht den gezeichneten Plänen eines Hauses. Robo-Advisors hingegen bieten von diesen Plänen ein 3-D-Modell an, welches man begehen kann.

Der erste Schritt zur Nutzung eines Robo-Advisors ist die Vorstellung. Der Robo-Advisor fragt nach der Anlagesumme, der gewünschten Anlagedauer und dem Ziel bzw. Zweck der Anlage. Anschließend möchte er wissen, welches Risiko der Kunde einzugehen bereit ist. Seine Neugier ist danach aber noch nicht gestillt. Er erkundigt sich nach dem Vermögen, nach Krediten, der Einkommenssituation, finanziellen Kenntnissen und bisherigen Erfahrungen mit Geldanlagen. Vielleicht werden Sie von den detaillierten Fragen abgeschreckt. Aber es steckt ein Grund dahinter: Der Robo-Advisor muss Sie als potentiellen Kunden kennenlernen, um Ihnen dann die richtigen Empfehlungen geben zu können. Mit den Informationen erstellt der Robo-Advisor einen Anlagevorschlag. Hierbei handelt es sich zumeist um breit gestreute Portfolios, die überwiegend aus ETFs bestehen. ETF ist die Abkürzung für Exchange Traded Funds, also für börsennotierte Indexfonds. Sie bilden passiv einen bestimmten Index ab.

Ist der Kunde mit dem Anlagevorschlag einverstanden, schließt er einen Vermögensverwaltungsvertrag ab. Von nun an verwaltet der Robo-Advisor das Depot des Kunden. Zunächst legt er das Kundengeld so an, wie er es dem Kunden vorgeschlagen hat. Wenn sich die ursprünglichen Gewichte der einzelnen Bausteine (Aktien, Anleihen) durch Kursänderungen an den Finanzmärkten verschieben, stellt er anhand klarer Regeln die Anfangsgewichtung (z. B. zwischen Aktien und Anleihen) wieder her. Dies wird als Rebalancing bezeichnet. Manche Robo-Advisor tauschen abhängig von der Marktentwicklung gar Fonds aus oder verändern die ursprüngliche Gewichtung der einzelnen Bausteine im Kundendepot. Ziel dieser Maßnahmen ist es, das Risiko im Kundendepot konstant zu halten. Klingt vielversprechend? Stimmt, aber auch hier gilt:

Man darf bei der Geldanlage kein Träumer sein, sonst geht's schief.

Also, Augen auf! Ich möchte gleich mit einem Missverständnis aufräumen: Viele meinen, dass es sich bei Robo-Advisors um eine Art künstlicher Intelligenz (Abk. KI)[2] handelt. Die am Markt vorhandenen Robo-Advisors haben damit (noch) nichts zu tun. Sie sind also nicht in der Lage, selbstständig zu lernen, und können somit auch nicht aus „Gelerntem" selbstständig Rückschlüsse ziehen und Entscheidungen treffen. Hierzu bedarf es immer noch des Eingreifens des Menschen.

Darum sagen Kritiker: Bisher setzen die meisten Robo-Advisor-Anbieter nur auf lange bekannte Algorithmen zur Auswahl von ETFs und bauen eine kundenfreundliche Nutzeroberfläche – und dann nennen sie dies, weil es hip klingt, Robo-Advisor. Dabei han-

---

2 Allerdings ist KI auf dem Vormarsch. In welchem Umfang sie eingesetzt wird, ist jedoch nicht immer ersichtlich. Beispielsweise setzt der Robo-Advisor VisualVest seit einiger Zeit (Oktober 2019) auf künstliche Intelligenz zur Optimierung der Fondsportfolios. Dennoch wird bei VisualVest auch Wert auf die menschliche Expertise gelegt, da die künstliche Intelligenz noch nicht genug ausgereift ist, um alle Entscheidungen autonom treffen zu können.
Hinter der KI von VisualVest steht das Machine Learning Tool „Malina". Malina unterstützt die Finanzexperten von VisualVest dabei, die bestmögliche Anlageentscheidung zu finden. Dazu interpretiert Malina Signale (aus der technischen Analyse) und schlüsselt sie auf. Malina wird demnach mit Daten gefüttert, die es dann intelligent miteinander verknüpft. Aufgrund dieser Verknüpfungen gibt Malina Prognosen zur Entwicklung von Märkten, Unternehmenssektoren oder Anlageklassen ab.

delt es sich aber nur um ein hübsch verpacktes, mathematisches Produkt. Dem halten die Befürworter ein Gleichnis aus der Vergangenheit entgegen. Vor ein paar hundert Jahren war die Muskatnuss so teuer, dass die Pflücker Hosen ohne Taschen tragen mussten, damit sie das teure Gewürz nicht stehlen konnten. Nur Privilegierte konnten sich das Gewürz leisten. Heute dagegen sind Muskatnüsse quasi für jedermann erschwinglich. So etwas ähnliches könnte auch durch Robo-Advisors passieren, weil diese die Vermögensverwaltung für kleine Geldbeutel möglich machen. Schließlich findet man mithilfe eines Robo-Advisors schnell und einfach mit nur wenigen Mausklicks eine auf die Bedürfnisse des Anlegers abgestimmte Auswahl an Wertpapieren. Sie bieten einen einfachen Einstieg in die Geldanlage.

Die Welt ist nicht schwarz oder weiß. Ich bin davon überzeugt, dass es auch bei der Geldanlage kein „Entweder-Oder" gibt, sondern ein „Sowohl-Als-Auch". So werden Robo-Advisors am Markt bestehen bleiben.

2.2 Robo-Advisor: So geht's!

Ein deutsches Sprichwort sagt: *„Wer eine Leiter hinaufsteigen will, muss mit der untersten Sprosse anfangen."* Was ist also der Startpunkt, die unterste Sprosse? Zunächst sollten wir uns mit dem Begriff Vermögensverwaltung auseinandersetzen, weil es sich bei Robo-Advisors um digitale Vermögensverwaltung handelt.

Bei der klassischen Vermögensverwaltung (auch Finanzportfolioverwaltung oder Asset-Management genannt) trifft ein Portfoliomanager (oder Vermögensverwalter) Anlageentscheidungen für das Vermögen des Kunden. Der Portfoliomanager kann dabei natürlich nicht willkürlich handeln. Er ist an einen Rahmen gebunden: die Anlagestrategie

Als Anlagestrategie werden die Vorgaben bezeichnet, nach denen ein Vermögensverwalter seine Investmententscheidungen trifft, d. h. das Geld des Anlegers verwaltet. Die Anlagestrategie des Kunden gibt beispielsweise Maximalgrößen für Aktien- oder Anleihequoten vor. Dementsprechend ist der Vermögensverwalter zu Beginn verpflichtet, Informationen über die persönlichen und finanziellen Verhältnisse, Kenntnisse und Erfahrungen mit Wertpapiergeschäften sowie über die Anlageziele einzuholen, um mit dem Kunden zusammen eine Anlagestrategie zu erarbeiten.

Zudem ist im Rahmen der Geeignetheitsprüfung festzustellen, ob die strategische Ausrichtung der Vermögensverwaltung mit der Anlagestrategie des Kunden vereinbar ist, ob die gewählte Anlagestrategie und die damit verbundenen Anlagerisiken für den Kunden finanziell tragbar sind und ob er mit seinen Kenntnissen und Erfahrungen die Chancen und Risiken der Anlagestrategie verstehen kann. Das für Sie vielleicht Überraschende: Diese Analyse ist schon im Hintergrund passiert. Denn zur Feststellung der Geeignetheit dienen dem Vermögensverwalter die oben genannten Angaben des Kunden zu dessen Anlageziel, Anlagehorizont, Risikoneigung, Alter, Einkommen, Vermögen usw.

Ist die Hürde Geeignetheitsprüfung genommen, geht es an die konkrete Abwicklung der Vermögensverwaltung. Hierzu eröffnet der Kunde ein Wertpapierdepot bei einer Bank und gibt dem Vermögensverwalter eine Vollmacht für das Depot, auf Grundlage derer dieser Käufe und Verkäufe für den Kunden entsprechend der zuvor festgelegten Anlagerichtlinien tätigen kann. Fortan kümmert sich also der Vermögensverwalter um das Geld des Kunden. Dabei wendet er folgende allgemeine Grundsätze an:

- *Hoch diversifiziertes Portfolio:* Der Portfoliomanager investiert das Kundengeld in viele verschiedene Anlageklassen. Die Auswahl der Anlageklassen erfolgt dabei nicht durch den Kunden, sondern durch den Vermögensverwalter.
- *Laufende Portfolioanpassung:* Das Portfolio, das heißt die Aufteilung des Vermögens, wird laufend an die Marktsituation angepasst.
- *Passende Anlagestrategie:* Da die Risikoneigung unterschiedlich ist, werden auch die Strategien auf die persönlichen Anlagewünsche des Kunden abgestimmt.
- *Regelmäßige Berichte:* Der Vermögensverwalter ist verpflichtet, den Kunden regelmäßig über die Entwicklung seiner Geldanlage zu informieren.

Kann ein Robo-Advisor dies auch leisten? Dieser Frage gehen wir jetzt nach und sehen uns dazu die Funktionsweise eines Robo-Advisors an.

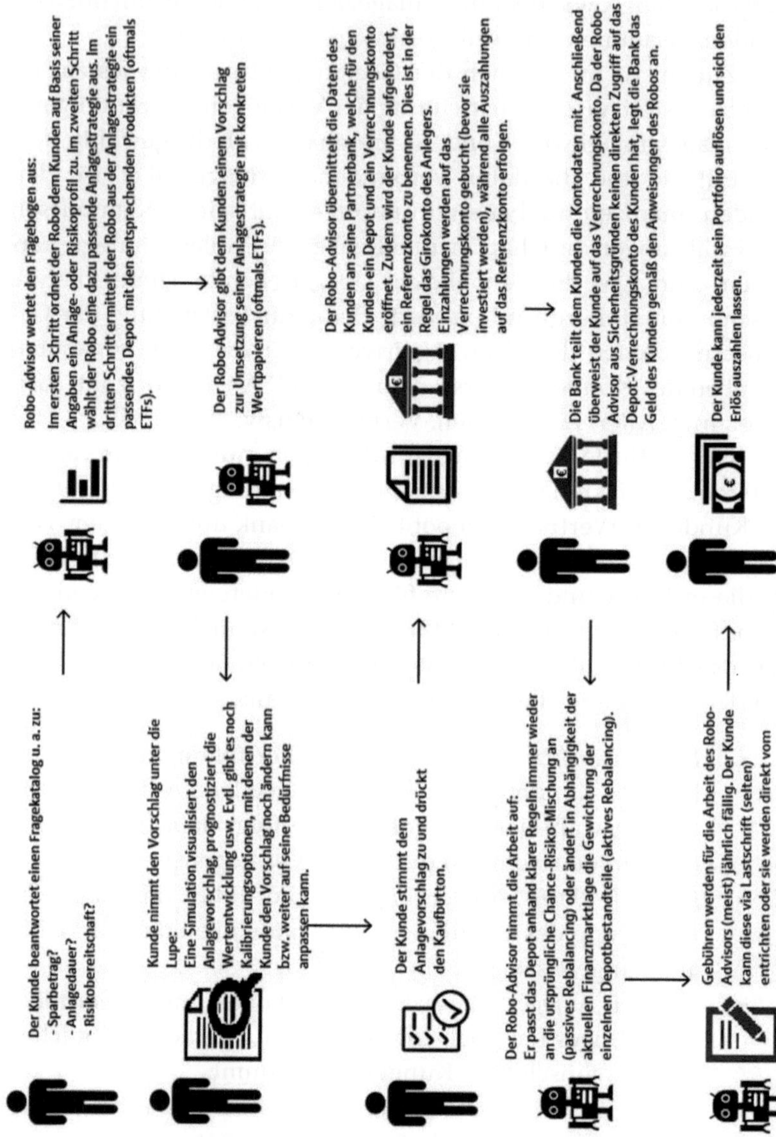

Abb. 1: **Funktionsweise eines Robo-Advisors**

Vermögensanlage ist im Kern Vertrauenssache. Um Vertrauen aufzubauen, muss man sich kennenlernen. Deshalb muss der Robo-Advisor, wie ein seriöser Arzt, zunächst eine Anamnese durchführen und erkennen, wen er vor sich hat. Jede gute Vermögensverwaltung beginnt mit Fragen und Zuhören. Denn nicht jede Kapitalanlage ist für jeden Anleger geeignet. Deswegen versucht der Robo-Advisor, ein individuelles Anlegerprofil zu erstellen. Zum Anlegerprofil gehören Anlageziel, Anlagehorizont, Risikoneigung, Alter, Einkommen, vorhandenes Vermögen und Verbindlichkeiten sowie die Erfahrungen und Kenntnisse am und über den Kapitalmarkt. Aus diesen Daten lässt sich u. a. die Risikotragfähigkeit abschätzen, ein wesentliches Element des Anlegerprofils.

Um das Anlegerprofil zu ermitteln, stellt der Robo-Advisor ähnliche Fragen, wie es ein Bankberater im Rahmen einer Vermögensverwaltung tun würde. Damit nichts vergessen wird, arbeitet der Robo-Advisor wie ein Pilot vor dem Start und der Landung eine Checkliste mit Fragen ab. Beispielsweise stellt er folgende Fragen:

- Wie lange soll das Geld angelegt werden?
- Welches Ziel verfolgen Sie mit Ihrer Anlage?
- Welchen Anlagehorizont haben Sie?
- Wie sieht es mit der persönlichen Risikoneigung aus?
- Wie sieht es mit Ihren Vermögensverhältnissen aus?
- Welche Wertpapiererfahrungen haben Sie?
- In welchen Anlagen haben Sie Kenntnisse erworben bzw. schon gehandelt?
- Wie hoch ist Ihr frei verfügbares Einkommen?

Die Beantwortung dieser Fragen ist ein kniffliger Punkt. Vor allem die Ermittlung der Risikobereitschaft des Kunden bereitet oftmals Schwierigkeiten. Der Aufwand, mit dem Robo-Advisors versuchen, das individuelle Risikoprofil der Kunden herauszufinden, unterscheidet sich gewaltig. Die größte Mühe gibt sich Investify. Dort bekommen Anleger in spe 24 Fragen gestellt. ROBIN und quirion fallen jeweils nur drei Fragen ein, um eine Vorstellung von der Risikoneigung ihres Kunden zu bekommen. Andere Robo-Advisors nutzen Kategorien wie mäßig oder stark risikobereit. Weitere stellen konkrete Fragen, etwa: Wie würden Sie reagieren, wenn die Märkte um 10 % nachgeben? Das Problem: Abhängig davon, wie der Kunde über Renditen und Risiken befragt wird, gibt er seine Antworten. So zeigen viele Versuche, dass viele Anleger ihre ursprünglichen Angaben zur eigenen Risikofähigkeit überarbeiten, wenn ihnen hohe Renditen in Aussicht gestellt werden. So werden Anleger dazu verleitet, ein höheres Risiko einzugehen als sie tatsächlich zu tragen bereit sind[3]. Denn jede Anlagestrategie ist ziemlich schnell zum Scheitern verurteilt, wenn der Anleger nicht mehr gut schlafen kann, sobald sein Depot um einen gewissen Prozentsatz schwankt. Robo-Advisors können nicht wie ihre menschlichen Kollegen durch gezielte Nachfragen die wirkliche Risikobereitschaft des Anlegers herauskitzeln. Um dieses Problem zu entschärfen, bemühen sich Robo-Advisors nicht nur, auf mögliche hohe Renditen aufmerksam zu machen, sondern versuchen auch, die damit einhergehenden Risiken zu verdeutlichen. Aber auch der Anleger kann selbst dazu beitragen, dass er nicht in diese Falle tappt, indem er sich an folgende Regel hält: *100 minus Lebensalter sollte der Anteil risikobehafteter Anlagen (wie Aktien) sein.* Ein Sechzigjähriger sollte also maximal einen 40 %tigen Aktienanteil in seinem Portfolio haben. Anleger sollten die Fragen zum Risiko mit Bedacht beantworten und gegebenenfalls ein niedrigeres Risiko angeben als sie wirklich zu tragen bereit sind. Die Risikobereitschaft bestimmt nämlich die Aufteilung in Aktien und Anleihen des Depots und die Anlagestrategie des Robo-Advisors. Je geringer das gewünschte Risiko, desto mehr investiert der Robo-Advisor in Anleihen. Hat der Anleger eine hohe Risikoneigung angegeben, wird vermehrt in Aktien investiert. Je höher die Anlagedauer, umso mehr Aktien mischen die Robo-Advisor dem Portfolio zu, weil Aktien auf lange Sicht bei einem vertretbaren Risiko deutlich mehr Rendite versprechen.

Natürlich wertet der Robo-Advisor nicht nur die Fragen zum Risiko aus, sondern auch alle anderen gestellten Fragen, z. B. zu

---

3 Das ist einer der Gründe, warum Anleger ein gewisses finanzielles Grundwissen mitbringen sollten, wenn sie Robo-Advisors nutzen möchten.

Wertpapiererfahrungen. Aus allen Antworten erstellt der Robo-Advisor das Anlageprofil (Chance-Risiko-Profil) des Kunden. Dieser Prozess ist das Herzstück der Robo-Advisors. Denn ein ausgeklügelter Algorithmus checkt nicht nur das Anlageprofil des Kunden, sondern errechnet in wenigen Millisekunden auch die passende Anlagestrategie mit entsprechenden Produkten - und zwar auf Basis wissenschaftlicher Erkenntnisse.

Ein Algorithmus ist kein Hexenwerk. Hinter dem Wort „Algorithmus" steht folgendes simples Muster: *Wenn dieses oder jenes passiert, dann musst du dieses oder jenes tun.*

Was ist ein Algorithmus?

Viele merken es nicht, aber Algorithmen begegnen uns täglich, sowohl auf der Arbeit als auch in der Freizeit. Die Einsatzgebiete von Algorithmen sind sehr vielfältig: Im Navigationssystem zeigen sie uns den kürzesten Weg, kontrollieren unseren Satzbau in Textverarbeitungsprogrammen oder empfehlen uns einen passenden Partner beim Online-Dating.

Im Allgemeinen versteht man unter einem Algorithmus eine eindeutige Handlungsvorschrift, die Schritt für Schritt ausgeführt werden muss, um ein Problem zu lösen bzw. eine Aufgabe zu bewältigen. Mit anderen Worten: Ein Algorithmus ist eine Handlungsanweisung, quasi ein Rezept, um ein bestimmtes Problem zu lösen. Dabei wird häufig eine „Wenn-Dann-Formel" verwendet: „Wenn" eine bestimmte Eingabe erfolgt, „dann" wird eine bestimmte Handlung bzw. Vorgehensweise ausgelöst. Beispielsweise bilden die in einem Kochrezept aufeinander folgenden Handlungsanweisungen zur Zubereitung einer Mahlzeit in ihrer Gesamtheit einen Algorithmus.

Mit der Berechnung des Body-Mass-Index (BMI) lässt sich die genaue Vorgehensweise eines Algorithmus leicht veranschaulichen.

Um den BMI auszurechnen, wird Folgendes benötigt:

Eingabe (Anfangszustand): Gewicht und Körpergröße

Der Algorithmus errechnet mittels der Formel $\text{BMI} = \frac{\text{Gewicht}}{\text{Körpergröße}^2}$ den Body-Mass-Index.

Ausgabe (Endzustand): berechneter BMI

Aus dem Beispiel sind folgende Eigenschaften eines Algorithmus ableitbar:

- Eindeutigkeit: Der Algorithmus muss eindeutig beschrieben sein.
- Ausführbarkeit: Jeder Einzelschritt des Algorithmus muss ausführbar sein.
- Endlichkeit: Die Beschreibung des Algorithmus muss endlich sein. Der Algorithmus muss also irgendwann fertig werden.
- Terminierung: Der Algorithmus muss nach endlich vielen Schritten enden und ein Ergebnis liefern.
- Determiniertheit: Der Algorithmus muss bei gleichen Eingaben stets das gleiche Ergebnis liefern.
- Determinismus: Zu jedem Zeitpunkt der Ausführung eines Algorithmus, muss der nächste Rechenschritt klar vorgegeben sein. Das heißt, nach Abschluss eines einzelnen Schrittes muss immer klar sein, welches der nächste Schritt ist.

Zeit ist ein kostbares Gut. Deshalb führt der Algorithmus im Stillen die Geeignetheitsprüfung durch. Hierzu nutzt er den gewonnenen Datenschatz aus den gestellten Fragen. Er überprüft, ob die vorgeschlagene Anlagestrategie und die damit verbundenen Anlagerisiken für den Kunden finanziell tragbar sind und ob er mit seinen Kenntnissen und Erfahrungen die Chancen und Risiken der Anlagestrategie verstehen kann. Der Robo-Advisor checkt natürlich im Rahmen der Geeignetheitsprüfung noch mehr ab, u. a.:

- Passen die empfohlenen Anlageprodukte (z. B. Auswahl der ETFs) zu den Anlagezielen des Kunden?
- Deckt sich das Risiko der Anlage mit der Risikobereitschaft des Kunden?
- Erfüllt die Anlagestrategie den gewünschten Zweck? Möchte der Kunde z. B. für den Ruhestand vorsorgen oder soll das eingesetzte Kapital schnell wieder verfügbar sein?
- Passt die Anlagestrategie zu den sonstigen Angaben des Kunden?

Besteht der Kunde die Geeignetheitsprüfung, geht es weiter. Besteht der Kunde nicht, bricht der Robo-Advisor ab, der Kunde kann ihn also nicht weiter nutzen.

Henry Ford erklärte einmal: *„Der größte Feind der Qualität ist die Eile."* Schenken wir den Algorithmen also noch etwas mehr Beachtung. Sie sind schließlich die DNA der Robo-Advisors. Das ist allerdings nicht ganz einfach, denn Robo-Advisors lassen sich nicht in die Karten schauen. Die Algorithmen werden genauso behütet wie die geheime Coca-Cola-Rezeptur. Aber bei der genaueren Analyse lässt sich dennoch Erstaunliches entdecken. Die Handlungsvorschrift für die meisten Algorithmen besteht aus fest vorgegebenen Regeln, die – einmal implementiert – bei den gleichen Eingaben immer wieder zu den exakt gleichen Ausgaben führen.

Um den Algorithmen auf die Spur zu kommen, muss man *das Pferd von hinten aufzäumen*. Nehmen wir dazu an, wir möchten einen Robo-Advisor selbst bauen. Zunächst erstellen wir Musterportfolios[4], die jeweils unterschiedliche Risikoneigungen haben, von hoch (hoher Aktienanteil) bis niedrig (hoher Anleiheanteil). Um nicht unendlich viele Portfolios zu erstellen, orientieren wir uns an der gängigen Risikoneigung der Anleger. Je nach wissenschaftlicher Studie kann man schon mit drei unterschiedlichen Portfolios die Risikoneigung fast aller Anleger mehr oder minder genau abbilden. Um nicht gleich mit der Tür ins Haus zu fallen – mit den Portfolios –, kreieren wir noch eine Anlagestrategie, die wir über die Musterportfolios stülpen. Sie soll die Intention der Portfolios kurz und knackig beschreiben – hauptsächlich aus Marketinggründen, um Anlegern die Ausrichtung der Portfolios schnell nahezubringen. Die Strategien werden z. B. chancen- oder sicherheitsorientiert genannt. Im letzten Schritt müssen wir uns die Fragen, welche wir den potenziellen Kunden stellen wollen, ausdenken. Mit diesen Fragen ermitteln wir den Kenntnisstand und die Erfahrungen mit Wertpapieren, die finanzielle Situation, die persönliche Risikobereitschaft usw. des potenziellen Kunden. Die Fragen werden so gestellt bzw. konzipiert, dass die Antworten zielgerichtet auf

---

4 Dies sind vorstrukturierte Portfolios, also eine Art Warenkorb mit verschiedenen Finanzprodukten.

eine Anlagestrategie führen. Hierdurch ist es möglich, einen Algorithmus einzusetzen. Er wird so definiert: *„Wenn Fragen 1, 2, 3 mit X beantwortet worden sind, dann wähle die Anlagestrategie Y aus."* Im nächsten Schritt wird dem potenziellen Kunden eines der vorher festgelegten Musterportfolios zugeordnet. Hierzu greift uns wiederum der Algorithmus unter die Arme: *„Wenn Anlagestrategie Y, dann wähle Portfolio Z aus."*

Dieses Beispiel ist zwar stark vereinfacht, zeigt aber den generellen Aufbau eines Robo-Advisors. Die Robo-Advisors bieten Anlegern vorgefertigte Musterportfolios (und keine individuellen Portfolios), die auf Basis wissenschaftlicher Erkenntnisse konzipiert wurden, an. Welches Portfolio für den Anleger davon infrage kommt, wird anhand des Fragebogens ermittelt. Dies bezeichnet man auch mit dem englischen Satz „matching people with portfolios". Dieses Vorgehen der Robo-Advisors greift auf ein altbewährtes Konzept zurück, beispielsweise hält die Modeindustrie für ihre Kunden auch nur bestimmte Konfektionsgrößen parat. Diese passen vielen Leuten relativ gut, aber sie passen nicht perfekt. So ähnlich ist es mit den Musterportfolios der Robo-Advisors.

Die Unterschiede zwischen den Musterportfolios der verschiedenen Robo-Advisors sind beachtlich. Sie reichen von schlicht bis ausgetüftelt. Beispielsweise bietet der Robo-Advisor fintego fünf Portfolios mit unterschiedlichen Risikoprofilen an. Dagegen wirft der Robo-Advisor Ginmon zehn Portfolios mit unterschiedlichen Risikoprofilen ins Rennen (Stand 13.01.2021)[5]. Jeder Robo-Advisor bedient seine Kunden anders[6].

Man könnte jetzt meinen: Je größer die Anzahl der hinterlegten Portfolios ist, desto genauer können die Anbieter das Portfolio auf den Anleger bzw. Kunden abstimmen. Das muss aber nicht zwingend besser als eine einfache Lösung mit wenigen Portfolios

---

5 Ich gebe Ihnen hier ein Datum an, weil Robo-Advisors auch die Anzahl der Portfolios ändern.

6 Es gibt auch Robo-Advisors, die Fondslösungen anbieten. Der Robo-Advisor-Anbieter stellt selbst ein Portfolio aus Fonds zusammen, welches er zum Kauf an der Börse anbietet. Man spricht von Dachfonds. Diese Lösungen werden meistens in Form von ETFs angeboten. Das heißt, der Anleger kauft die gesamte Strategie, wie er es von der Geldanlage in Fonds gewöhnt ist.

sein. Es ist wie bei den Schuhherstellern: Es gibt große Marken, die nur ganzzahlige Schuhgrößen (wie 40, 41, ...) anbieten, andere bieten auch halbe Größen (wie 40,5, 41, 41,5 ...) an und wiederum andere sogar drittel Größen (wie 40 1/3; 40 2/3; 41 ...). Welcher Schuh Ihnen am besten passt, hängt vom Schnitt des Schuhs ab und nicht von der Anzahl der Schuhgrößen.

Vielleicht rümpft der eine oder andere von Ihnen jetzt die Nase, weil die Robo-Advisors Musterportfolios einsetzen. *Hier ist jetzt eine neue Art des Denkens gefragt.* Wie wir später noch sehen werden, kaufen die Robo-Advisor diese Musterportfolios nach und packen die enthaltenen Wertpapiere in ein Depot, das dem Anleger gehört. Somit verwaltet der Robo-Advisor strenggenommen nur das Musterportfolio und überträgt die Änderungen auf die Depots der Kunden, welche das gleiche Musterportfolio gewählt haben. So können die Robo-Advisors ihre Dienste deutlich günstiger anbieten als herkömmliche Vermögensverwalter.

Um die Kosten noch weiter zu drücken, werden die Musterportfolios mit ETFs (s. S. 57 ff.) bestückt. Dabei bilden die ETFs Aktienlisten nach, sogenannte Indizes wie den DAX, S&P 500 oder den Weltaktienindex MSCI World. Somit ermöglichen ETFs dem Robo-Advisor, mit einem Wertpapier kostengünstig in ganze Märkte zu investieren, also eine breit diversifizierte Anlage. Mit einem ETF erzielt der Robo-Advisor genau so viel Rendite wie die breite Masse der Aktieninvestoren, d. h. wie der Index, den der ETF abbildet. ETFs können - wie eine Aktie - jederzeit an der Börse gehandelt werden. Da das Prinzip der ETF sehr einfach ist, braucht es keine teure Fondsverwaltung. Deshalb fallen nur geringe Gebühren für die Verwaltung von ca. 0,3 % p.a. (per annum, pro Jahr) an, wobei die günstigsten ETFs schon ab 0,03 % p.a. zu haben sind. Diese Fondskosten (Verwaltungsgebühr) werden nach der Ermittlung vom Fondsanbieter direkt aus dem Fondsvermögen des ETFs entnommen.

Es ist wichtig, an dieser Stelle zu erwähnen, dass ein Robo-Advisor kein autonom handelnder Roboter ist. Er ist lediglich ein webbasiertes Beratungsinstrument. Hinter jedem Robo-Advisor stehen Menschen aus Fleisch und Blut, welche z. B. die Musterportfolios entwerfen. Ebenfalls ist der Algorithmus, nach dem ein Robo-Advisor handelt, von Menschenhand programmiert.

Leonardo da Vinci sagte einmal: *„Die Zeit verweilt lange genug für denjenigen, der sie nutzen will."* Also lassen Sie uns die Zeit nutzen und den nächsten Schritt tun. Jetzt ist nämlich der Zeitpunkt gekommen, an dem der Robo-Advisor dem Kunden den Anlagevorschlag bzw. die -strategie mitteilt – natürlich in einer entsprechend aufbereiteten Form. Dazu dienen eine Allokations-Grafik, Simulationen einer erwarteten zukünftigen Wertentwicklung usw. Der Anlagevorschlag enthält aber noch mehr, nämlich eine strategische Asset-Allokation, d. h. eine geeignete Auswahl an Anlageklassen (z. B. Aktien oder Anleihen) und deren Gewichtung zueinander, mit denen der Anleger seine Ziele erreichen kann. Dies bleibt aber nicht auf einer theoretischen Stufe stehen, also z. B. „Investiere 50 % deines Anlagekapitals in Renten, 30 % in Immobilien und 20 % in Aktien". Nein! Der Robo-Advisor geht noch ein Stückchen weiter[7]. Er empfiehlt auch gleich die passenden Produkte, also ETF XY, mit denen sein Vorschlag umgesetzt werden kann.

Die meisten Robo-Advisor-Anbieter setzen bei ihrer Produktauswahl bewusst nur auf ETFs, um die einzelnen Anlageklassen möglichst risikodiversifiziert abzubilden und die Fondskosten niedrig zu halten, sodass sie trotz ihrer zusätzlichen Vergütungsgebühr noch relativ günstig sind. Natürlich haben die Robo-Advisors deutlich höhere Kosten als ein reines ETF-Portfolio, aber meistens sind sie deutlich günstiger als die klassische Vermögensverwaltung durch eine Bank bzw. aktiv gemanagte Fonds.

Der Anleger sollte den Anlagevorschlag und dessen Umsetzung mit einem Portfolio bestehend aus ETFs oder Fonds genaustens studieren. Das ist ein weiterer Grund, warum Anleger ein gewisses Grundwissen mitbringen sollten, wenn sie Robo-Advisors nutzen. Denn sie sollten den Anlagevorschlag wirklich verstehen können. Viele Robo-Advisors bieten dem Anleger im Rahmen der grafischen Simulation des Anlagevorschlages die Möglichkeit, ver-

7 Damit bietet der Robo-Advisor weit mehr als das bekannte Online-Brokerage. Beim Online-Brokerage stehen in der Regel nur Fondslisten und Filterfunktionen zur Verfügung.

schiedene Punkte individuell zu kalibrieren. So kann sich der Anleger beispielsweise für mehr oder weniger Risiko entscheiden, d.h. weitere Anlageklassen (z. B. Aktien, Renten, Rohstoffe usw.) hinzunehmen oder abwählen. Oder er kann die Gewichtung der Anlageklassen zueinander ändern und Anlageinstrumente - also bestimmte ETFs - nach eigenem Geschmack austauschen, um die für ihn optimale Aufstellung zu finden. Der Robo-Advisor unterstützt den Anleger in dieser Findungsphase. So können die Anleger mit nutzerfreundlichen Vergleichstools verschiedene Szenarien durchspielen und mögliche Auswirkungen der Veränderung der Depotzusammensetzung in Echtzeit simulieren. Wie Architekten mittels Software einen Hausbau simulieren und das Aussehen des Hauses in jedem Stadium darstellen können, können sich die Anleger über die Online-Applikation realistisch über die künftigen Folgen ihres Tuns ins Bild setzen. Ebenfalls leuchten Warnhinweise auf, wenn die neue Zusammenstellung nicht mehr dem eingangs ermittelten Anlegerprofil entspricht, und erst nach expliziter Genehmigung des Anlegers ordnet der Robo-Advisor dem Anleger das für den angepassten Anlagevorschlag notwendige neue Risikoprofil zu.

Dieses Vorgehen hat den Vorteil, dass sich der Kunde visuell mit den Unterschieden zwischen verschiedenen Anlagevorschlägen auseinandersetzen muss und so seine individuellen Präferenzen finden kann. Der Anleger darf aber niemals das Risiko aus den Augen verlieren. Dies geschieht leicht, weil er am Computerbildschirm nur eine Simulation vor Augen hat. Diese kann einen starken Kursrutsch nicht vorhersehen und so unter Umständen den Anleger dazu verleiten, mehr Risiko einzugehen als er gemäß seines Anlagezieles oder -horizontes aushalten kann.

Natürlich ist es für den Kunden bei automatisierten Robo-Advisors schwierig, Verständnisprobleme zum Anlagevorschlag zu äußern und Nachfragen zu stellen. Um dieses Problem etwas zu entschärfen, bieten viele Robo-Advisors eine „persönliche Beratung" über Video-Chat oder Telefon an. Hat der Anleger sein Portfolio nach seinen Wünschen und im Rahmen seines Risikoprofils ermittelt, muss er nur noch den Kauf-Button drücken und der Robo-Advisor übernimmt fortan die Verwaltung seines Vermögens. Der Anleger erteilt dem Robo-Advisor damit das Mandat, die vom ihm ausgewählte Anlagestrategie für ihn umzusetzen. Der Anleger muss allerdings noch eine „Hürde" überwinden, bevor er sich zurücklehnen und den Robo-Advisor für sich arbeiten lassen kann. Diese „Hürde", welche der Robo-Advisor dem Kunden nicht abnehmen kann, ist die Eröffnung eines Depots und Verrechnungskonto (oder Depotverrechnungskonto genannt)[8] bei der jeweiligen Partnerbank. Wie bei jeder Kontoeröffnung ist hierzu eine Identifizierung via Postident-Verfahren oder Videochat nötig. Robo-Advisors stellen in der Regel alle Unterlagen, die dafür erforderlich sind, im Zuge der Anmeldung online. Außerdem muss der Anleger ein Referenzkonto[9] festlegen. Das ist meist das Girokonto.

---

8 Das Verrechnungskonto dient für Aus- und Einzahlungen vom Depot. Deswegen wird es auch als Depotverrechnungskonto bezeichnet. Der Anleger zahlt auf dieses Konto seine Einzahlungen ein, welche anschließend nach Vorgabe des Robo-Advisors in Wertpapiere investiert werden. Verkaufserlöse aus dem Depot werden ausschließlich auf das Verrechnungskonto gezahlt.

9 Abhebungen vom Verrechnungskonto dürfen nur auf das Referenzkonto des Anlegers gezahlt werden. Darum bietet das Referenzkonto dem Anleger Sicherheit, weil Fremde nicht unbefugt Geld auf irgendein Konto überweisen können, d. h. das Geld des Anlegers ist vor unberechtigten Zugriff Dritter geschützt.

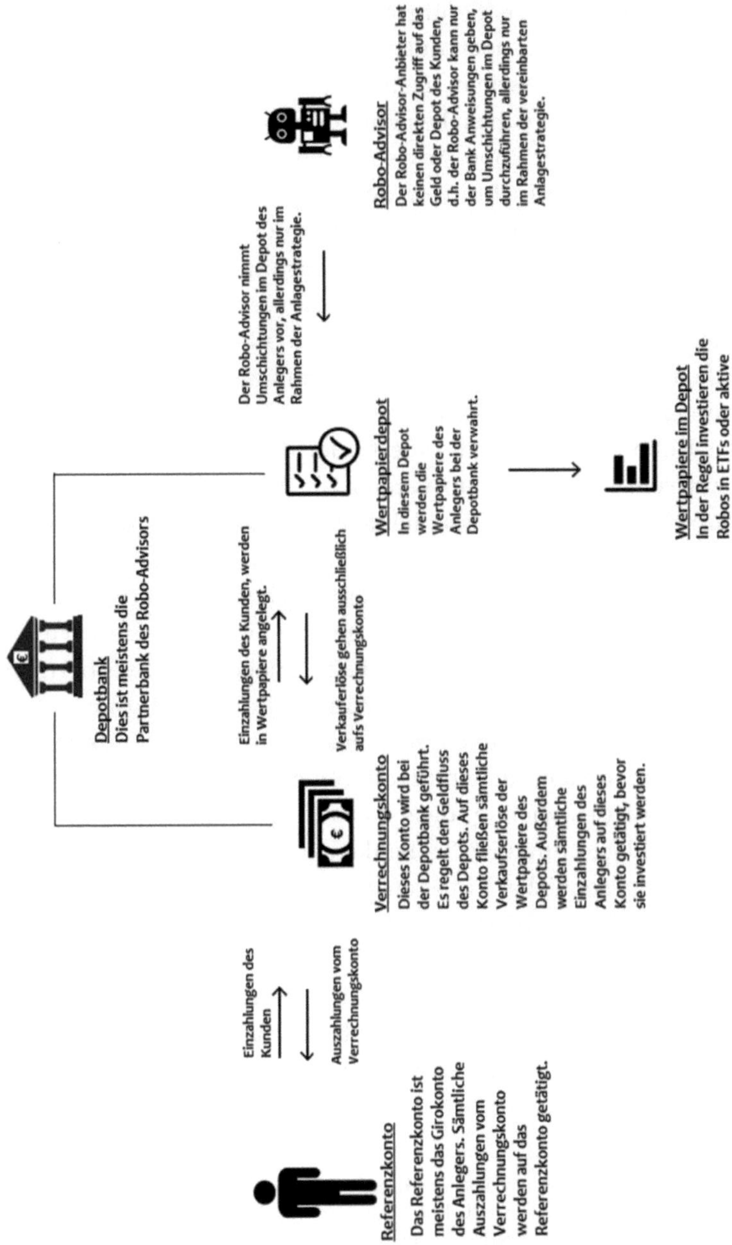

Abb. 2: Geldfluss zwischen Robo-Advisor und Anleger

Zur weiteren Sicherheit wird das Depot bei der Partnerbank des Robo-Advisor-Anbieters geführt. Das Geld liegt also nicht bei „irgendeinem", vielleicht noch unbekannten Robo-Advisor-Anbieter, sondern bei einer deutschen, lizenzierten Bank. Der Robo-Advisor-Anbieter hat zudem auch zu keinem Zeitpunkt Zugriff auf das Geld des Kunden, d. h. der Robo-Advisor kann der Bank nur Anweisungen geben, um Umschichtungen des Depots durchzuführen. Denn nur die Bank ist berechtigt, Käufe und Verkäufe im Depot des Anlegers vorzunehmen - natürlich auf Weisung des Robo-Advisors. Alle daraus resultierenden Verkaufserlöse werden auf das Verrechnungskonto eingezahlt. Prinzipiell gehen alle Verkaufserlöse des Portfolios und Einzahlungen des Anlegers zunächst auf das Verrechnungskonto[10]. Auf diesem Konto „wartet" das Geld so lange, bis der Robo-Advisor es investiert oder der Kunde eine Auszahlung auf sein Referenzkonto veranlasst. Auszahlungen vom Verrechnungskonto gehen ausschließlich auf das Referenzkonto des Anlegers.

Im Normalfall liegt immer etwas Geld auf dem Verrechnungskonto, welches vom Robo-Advisor gerade nicht investiert wurde. Denn nur in den seltensten Fällen ist ein Anleger voll investiert. Ein gewisser Prozentsatz an Liquidität hält der Robo-Advisor meistens vor, um z. B. Chancen am Finanzmarkt kurzfristig ergreifen zu können, oder als Sicherheitspuffer bei einem schwachen Börsenumfeld. Darum ist es wichtig, dass das auf dem Verrechnungskonto liegende Geld geschützt ist. Bei Banken in Deutschland oder der EU beträgt die gesetzliche Einlagensicherung bis zu 100.000 € pro Kunde. Somit ist die Sicherheit des Verrechnungskontos gewährleistet.

Ist dieser Schritt erledigt, d. h. sind Verrechnungs-, Referenzkonto und Depot eröffnet, wird der Kunde aufgefordert, den vereinbarten Betrag auf das Verrechnungskonto zu überweisen. An-

---

10 Ein anders Verfahren ist, dass der Kunde dem Robo-Advisor eine sogenannte Dispositionsvollmacht erteilt. Mit dieser Vollmacht erhält der Robo-Advisor Zugang zum Depot des Kunden bei der Depotbank. Er erhält jedoch keine Befugnis, sich Eigentum und Besitz an Geldern und Wertpapieren des Kunden zu verschaffen.

schließend wird der Anlagebetrag in das entsprechende Portfolio investiert.

Immanuel Kant stellte trefflich fest: „*Es gibt nur eine Ausflucht vor der Arbeit: andere für sich arbeiten zu lassen.*" Genau das passiert jetzt: Der Robo-Advisor arbeitet für den Kunden. Er überprüft regelmäßig das Depot – gibt es deutliche Wertänderungen bei den einzelnen Positionen, muss er handeln. Denn wenn einzelne Anlagen im Depot über Gebühr an Wert gewinnen oder verlieren, ändert sich der ursprüngliche Chance-Risiko-Mix im Portfolio des Anlegers. Dies balanciert der Robo-Advisor aus, indem er Gewinner-Anlagen verkauft und dafür Verlierer zukauft. Dieses Vorgehen nennt sich Rebalancing (s. S. 28 ff.). Ob und wie oft das Portfolio umgeschichtet wird, unterscheidet sich von Robo-Advisor zu Robo-Advisor und ist natürlich auch von der gewählten Strategie oder Risikobereitschaft des Anlegers abhängig. Beispielsweise setzt der Robo-Advisor von Scalable Capital auf ein dynamisches Risikomanagement auf Grundlage bestimmter Risikokennziffern. Hieraus ergeben sich recht häufige Änderungen im Depot und schwankende Aktienquoten. Dagegen verfolgt der Robo-Advisor von Truevest (vom Vermögensverwalter Patriarch) einen anderen Ansatz. Hier liegt das Risiko-/Strategiemanagement in der Hand von menschlichen Vermögensberatern. Der Robo-Advisor ermittelt lediglich den idealen Zeitpunkt zum Kauf oder Verkauf auf Grundlage charttechnischer Signale. Da Mensch und Roboter hier Hand in Hand arbeiten, spricht man von einen Hybrid-Modell. Wiederum andere Robo-Advisor führen das Rebalancing schlicht zu bestimmten Stichtagen durch, d. h. entweder monatlich, quartalsweise oder jährlich. Sie orientieren sich dabei an der Vorgehensweise der großen Indexanbieter, die ihre Indizes auch nur zu bestimmten Stichtagen anpassen.

In allen Phasen des Anlageprozesses ermöglichen die Robo-Advisors den Kunden ihre Depots über Smartphone-Apps und Internetseiten im Auge zu behalten. Die Anleger können ihre Portfolios jederzeit anpassen und ihre Präferenzen oder das Sparvolumen flexibel ändern. Natürlich können sie auch jederzeit ihre Depots verkaufen.

„Holz hacken ist deshalb so beliebt, weil man bei dieser Tätigkeit den Erfolg sofort sieht", stellte Albert Einstein fest. So ähnlich ist der Erfolg der Robo-Advisors zu erklären. Schon nach knapp zehn bis zwanzig Minuten hält man einen Anlagevorschlag in der Hand. Zudem ist es den Robo-Advisors tatsächlich gelungen, den Prozess der Vermögensverwaltung vom Anlagegespräch, Geeignetheitsprüfung, Anlagestrategie sowie deren Umsetzung digital abzubilden. Sie entspricht im Großen und Ganzen der Vermögensverwaltung, die „menschliche" Vermögensverwalter anbieten. Genauso wie zwischen „menschlichem" Vermögensverwalter und Kunden muss natürlich auch die Chemie zwischen Robo-Advisor und Kunden stimmen. Sollten Sie sich mit dem Robo-Advisor wohlfühlen, weil Ihnen die Webseite oder die Bedienung gut gefällt, steht einer vertrauensvollen Zusammenarbeit nichts im Weg. Von einer Kleinigkeit abgesehen - der Mindestanlage.

2.3 Sesam öffne dich! - Mindestanlage und Sparplan mit Robo-Advisors

Charles Dickens stellte pointiert fest: *„Auch eine schwere Tür hat nur einen kleinen Schlüssel nötig."* So ähnlich ist es bei der Mindestanlagesumme (oder Mindestanlage) mit Robo-Advisors. Man kann schon mit wenig Geld starten! Die Mindestanlagesumme ist derjenige Betrag, den ein Anleger mindestens anlegen muss, um sich der Dienste eines Robo-Advisors bedienen zu können. Wie die folgende Tabelle zeigt, variiert die Mindestanlage bei den einzelnen Robo-Advisors sehr stark. Während einige weder Mindestanlagebeträge noch Mindestsparbeiträge verlangen, ist der Einstieg bei anderen Anbietern erst ab 100.000 € möglich.

Tabelle 1: Mindestanlagesumme und Sparplan mit Robo-Advisors

Anbieter	Mindestanlage	Sparplan
growney	500 €	ab 25 €
VisualVest	0 € mit Sparplan 500 € ohne Sparplan	ab 25 €
fintego	0 € mit Sparplan 2500 € ohne Sparplan	ab 50 €
Scalable Capital	Einmalanlage ab 10.000 €	ab 50 €
quirion	Einmalanlage ab 1.000 €	ab 100 €
Liqid	100.000 €	keiner
WeltInvest	Einmalanlage 50 €	ab 50 €

(Stand 11.01.2021)

Aus der Tabelle erkennt man, dass die hohen Mindestanlagesummen für den einen oder anderen Anleger, der in Robo-Advisors investieren möchte, abschreckend wirken können, da man bei Liqid 100.000 € und bei Scalable Capital immer noch 10.000 € anlegen muss. Im Mittelfeld liegen die Robo-Advisors von Ginmon und VisualVest mit 1000 € bzw. 500 € Mindestanlagesumme. Dies sind schon anlegerfreundlichere Größen für diejenigen, die in die Welt der Robo-Advisors reinschnuppern möchten. Wem das noch zu viel ist, sollte einen Blick auf den Robo-Advisor von WeltInvest werfen, da er nur eine Mindestanlagesumme von 50 € hat. So kann man bei anfänglicher Skepsis gegenüber Robo-Advisors zunächst mit wenig Geld ohne viel Risiko testen und so vielleicht seine Scheu ablegen. Bei einigen Anbietern – wie z. B. quirion – darf die Mindestanlage bei Auszahlungen nicht unterschritten werden. Das Anlagevermögen darf bei quirion den Wert von 10.000 € nicht unterschreiten[11]. Für Auszahlungen gilt bei quirion ein Mindestbetrag von 2.000 €. Hat das Depot des Anlegers z. B. einen Wert von 11.000 € und er benötigt für eine unvorhergesehene Autoreparatur 2.000 €, müsste er das gesamte Depot kündigen und die Anlage komplett auflösen, da durch eine Auszahlung des benötigten Betrags das Depot unter die Mindestanlage fallen würde (Stand: Mai 2019).[12] Allerdings ist die Höhe der Mindestanlage nicht in Stein

11 Falls dies durch Kursschwankungen der Wertpapiere im Depot erfolgt, hat das keine Auswirkungen.

12 Die Auszahlungsmodalitäten können sich jederzeit ändern.

gemeißelt. Sie kann in Rahmen von Aktionen gesenkt werden. So hat quirion im Oktober 2019 die Mindestanlagesumme im Rahmen einer Aktion von 10.000 € auf 1.000 € gesenkt.

Außerdem wird durch neue, auf den Markt kommende Robo-Advisor, wie Evergreen im Jahr 2020, Druck auf die übrigen Robo-Advisors ausgeübt. So bietet Evergreen eine Investition bereits ab einem Euro einmalig oder im Sparplan an. Ebenso wird durch die neuen Robo-Advisor auch Druck auf die Höhe der Gebühren ausgeübt. So betragen bei Evergreen die Depot-, Service- und Transaktionskosten 0,0 % im Jahr. Die Fondskosten (Kosten für die verwendeten Fonds) belaufen sich auf 0,59 % pro Jahr.

Wer den Robo-Advisors mit ihren teils hohen Mindestanlagesummen ein Schnippchen schlagen möchte und mit wenig Geld einsteigen möchte, der kann auf Sparpläne zurückgreifen. Denn Robo-Advisors bieten ihre Dienste oft schon für geringe Monatsraten an. Bei einigen Robo-Advisors kann man schon mit einer monatlichen Sparrate von einem Euro anfangen. Andere beginnen bei 50 € im Monat. Meistens sind die Beträge über die Mindestsparrate frei wählbar. Auf diese Weise eignet sich die Geldanlage in Robo-Advisors sowohl, um bestimmte Sparziele zu erreichen, als auch zum langfristigen Vermögensaufbau, beispielsweise zur Altersvorsorge.

Warren Buffett stellte fest. *„Es ist nicht notwendig, außergewöhnliche Dinge zu tun, um außergewöhnliche Resultate zu erzielen."* So ist es auch mit Sparplänen. Beispielsweise schaffte es quirion gegen Ende Februar 2019, viermal so viele Sparpläne zu verkaufen wie noch im Juli 2018. Deshalb wurde die Mindestsparrate von 50 € auf nur noch 30 € im Monat gesenkt, um noch mehr Sparer anzulocken. Bei solchen Erfolgsmeldungen lohnt sich ein näherer Blick auf die Robo-Advisor-Sparpläne, weil sie für viele Robo-Advisors immer mehr zu einer tragenden Säule des Geschäftes werden. Wie funktionieren also Sparpläne?

Im Allgemeinen ermöglichen Sparpläne den Anlegern auch mit geringen Anlagesummen z. B. Fonds oder Aktien zu erwerben. Dazu bündelt die Depotbank die Kundengelder, erwirbt eine entsprechende Anzahl an Anteilen und teilt diese auf die Depots der Kunden auf. So können auch Bruchteile von Aktien oder Fonds erworben werden, was bei festen Sparraten in der Regel notwendig ist. Da Sparpläne von mehreren Kunden zusammengefasst werden, gibt es häufig einen oder zwei Ausführungstage im Monat. Auch bei Robo-Advisors gibt es meistens nur einen Ausführungstag. Die Sparsumme wird üblicherweise automatisch per Lastschrift vom Referenzkonto des Kunden abgebucht. Im Gegensatz zum Sparplan bei einer herkömmlichen Bank investiert der Anleger damit allerdings nicht nur in einen einzelnen Fonds, sondern seine Sparrate wird wie im Musterportfolio vorgesehen auf die unterschiedlichen ETFs verteilt. Manche Robo-Advisors führen mit Sparraten zudem bereits notwendige Umschichtungen durch und verringern so die Gebühren, die sonst durch das Rebalancing anfallen können.

Leider bieten nicht alle Robo-Advisors die Möglichkeit, einen Sparplan zu nutzen. Bei manchen, wie z. B. Liqid, ist diese Option überhaupt nicht vorgesehen. Andere wiederum gestatten Sparpläne nur als Ergänzung zur Einzahlung eines Festbetrags in vier- bis fünfstelliger Höhe, wie z. B. Ginmon. Es gibt jedoch auch einige Robo-Advisors, wie growney, die ihren Kunden die vollkommene Kontrolle darüber überlassen, wann sie welchen Betrag anlegen möchten. Häufig fordern solche Robo-Advisors eine Sparrate ab einem Euro monatlich. Außerdem sind bei den meisten Robo-Advisors die Sparpläne jederzeit mit wenigen Klicks zu ändern. Die geänderte Sparrate wird dann zur nächsten Sparplanausführung berücksichtigt. Falls es einmal finanziell knapp wird, kann der Anleger einfach die monatliche Sparrate pausieren. Erfreulich ist, dass ein Sparplan bei einem Robo-Advisor üblicherweise keine zusätzlichen Kosten verursacht (s. S. 88 ff.).

Man könnte jetzt einwerfen: Lohnen sich geringe Beträge im Rahmen eines Sparplans überhaupt? Natürlich, weil bei der Geldanlage der Zinseszinseffekt gerade bei langfristigen Anlagen zu einem großen Wachstum führen kann. Welche Bedeutung der Zinseszinseffekt hat, zeigt sich daran, dass Albert Einstein ihn einst als das achte Weltwunder bezeichnete. Denn er verhilft selbst bei kleinen investierten Beträgen über einen längeren Zeitraum zu großen Erfolgen. Dies zeigt u.a. die Legende vom Reiskorn. Schon den alten Persern war der Zinseszinseffektes bekannt. So forderte der König seine Untertanen auf, ihm die Langeweile zu vertreiben. Wer es schaffte, sollte eine fürstliche Belohnung erhalten. Ein Höfling kam auf die Idee dem König das Schachspiel beizubringen. Der König war begeistert und wollte den Höfling belohnen. Zur Verblüffung des Königs sagte dieser: „Ich möchte nichts weiter als Reiskörner. Füllt einfach das Schachbrett mit Reis auf. Legt ein Reiskorn auf das erste Feld und dann auf jedes weitere Feld jeweils die doppelte Anzahl an Reiskörnern." Der König lächelte über den bescheidenen Wunsch seines Höflings und sagte sogleich die Belohnung zu. Er dachte, dass er nur ein kleines Säckchen voller Reis als Belohnung auszahlen müsste. Doch schnell musste er erkennen, dass er dank der 64-maligen Verdopplung (auf einem Schachbrett gibt es 64 Felder) mehr Reis brauchte, als auf der ganzen Erde wuchs, um die Forderung zu erfüllen.

Kehren wir von diesem abstrakten Beispiel zurück zur Anlagepraxis. Nehmen wir mal an, ein Anleger würde 20 Jahre lang 50 € monatlich in einen Robo-Advisor investieren, er zahlt also über 20 Jahre insgesamt 12.000 € ein. Die Robo-Advisors legen das Geld breit gestreut nach wissenschaftlichen Erkenntnissen an. Deswegen darf man eine durchschnittliche Rendite von 4 bis 7 % pro Jahr erwarten, wie die Vergangenheit zeigt. Bei einer durchschnittlichen Rendite von 5 % könnte der Anleger einen Wertzuwachs von 8.377 € verzeichnen und hätte somit nach 20 Jahren 20.377 €. Diese Annahme gilt natürlich nur, wenn er die Erträge während der Ansparphase immer wieder reinvestiert. Gerade deswegen ist es besonders wichtig, z. B. bei der Altersvorsorge früh zu beginnen. Dann reichen geringe Beträge aus, um die Versorgungslücke im Alter deutlich leichter schließen zu können.

Viele Anleger setzen ihren Sparplan aus, wenn sich der Markt schlecht entwickelt. Doch Angst ist ein schlechter Ratgeber. Viele historische Betrachtungen zeigen, dass die Aktienmärkte sich innerhalb einiger Monate oder Jahre wieder erholen. Anleger, die den Mut haben, in Zeiten zu investieren, in denen die Märkte auf Talfahrt gehen, haben die Möglichkeit, günstige Zukäufe zu tätigen, die dann bei Marktsteigerungen dazu führen, dass sich das Depot deutlich schneller wieder erholt. Man sollte also den Sparplan nicht in schlechten Marktphasen aussetzen.

Für wen sind Sparpläne von Robo-Advisors geeignet? Eigentlich für alle, die daran interessiert sind, Vermögen aufzubauen und die dafür regelmäßig Geld zurücklegen möchten. Sparpläne sind nicht nur für Kleinanleger und Sparer sehr gut geeignet, sondern auch für jemanden, der größere Anlagesummen anlegen möchte. Ein Grund hierfür ist der Cost Average Effect (oder Durchschnittskosteneffekt). Konsequente und regelmäßige Einzahlungen von Sparraten in gleicher Höhe führen dazu, dass sich teure und günstige Käufe ausgleichen und so die Wertpapiere insgesamt günstiger erworben werden können, als wenn das Geld in einem „Rutsch" investiert würde. Es handelt sich hierbei nicht um ein Allheilmittel, das zusätzliche Rendite erwirtschaftet, aber diese Strategie verringert die Wahrscheinlichkeit, Fondsanteile ausschließlich zu ungünstigen Zeitpunkten zu erwerben. Deshalb kann es für Anleger mit hohem Anlagevolumen und hohem Risiko (hohe Aktienquote) durchaus sinnvoll sein, ihr Geld Schritt für Schritt zu investieren. Wenn ein sehr junger Anleger einen Sparplan mit Robo-Advisors eröffnet, sollte er auf Folgendes achten: Der Robo-Advisor-Anbieter sollte genügend Musterportfolios zur Verfügung stellen, um unterschiedliche Risikostrukturen abzudecken. Denn das Risikoprofil ändert sich in unterschiedlichen Lebensphasen. Es wäre auch gut, wenn die Anleger die Möglichkeit hätten, innerhalb bestimmter Abstände das Portfolio in unterschiedliche Risikoklassen umzuschichten, ohne dafür zusätzliche Gebühren in Kauf nehmen zu müssen. Dies ist auch deshalb interessant, weil Anleger, die ihr Vermögen bald beanspruchen möchten, ihr Geld schrittweise in „sichere Häfen" umschichten sollten. Bei vielen Robo-Advisors ist dies durch einen Strategiewechsel hin zu einem höheren Anleiheanteil (risikoarm) relativ leicht möglich, da oft die gleichen ETFs in unterschiedlicher Zusammensetzung genutzt werden. Allerdings ist der Strategiewechsel bei manchen Anbietern mit Hindernissen verknüpft und kostenpflichtig. Manchmal muss sogar das Depot aufgelöst und das Vermögen in die neue Strategie wieder angelegt werden. Ermöglicht der Robo-Anbieter unkompliziert einen Strategiewechsel, so ist es möglich, dass der Robo-Advisor den Anleger über sein gesamtes Berufsleben begleitet. Der Anleger kann dann unkompliziert nach und nach von den Portfolios mit hohem Risiko in Portfolios mit niedrigem Risiko wechseln, wenn er ins Rentenalter kommt.

„Vertrauen ist gut, Kontrolle ist besser", sagte Lenin. Auch einem Robo-Advisor sollte man nicht blind vertrauen. Bevor man ihn nutzt, sollte man sich vorab intensiv damit beschäftigen, zu verstehen, wie der Robo das Geld anlegt. Gleiches gilt für das Risikomanagement, also warum und wann der Robo Umschichtungen im Portfolio vornimmt.

2.4 Wie verwalten Robo-Advisors mein Geld?

Die meisten Robo-Advisors setzen darauf, die Marktsteigerung einzelner Märkte möglichst genau abzubilden und investieren dafür in ETFs. Das heißt, sie verzichten bewusst auf Stock Picking[13] oder Market Timing[14]. Stattdessen bleiben sie möglichst lange und vollständig in einem gesamten Index investiert. Damit aber nicht der ursprüngliche Chance-Risiko-Mix im Depot aus den Fugen gerät, führen sie ein Rebalancing durch.

2.4.1 Was ist Rebalancing?

Ich gebe es gerne zu: Es gibt wenige Themen in der Finanzwelt, die mich so beeindrucken oder gar elektrisieren, wie die im Verborgenen wirkenden unscheinbaren Investmenttools, wie das Rebalancing. Wie im vorherigen Abschnitt beschrieben, arbeitet der Robo-Advisor mit dem Anleger zusammen einen Chance-Risiko-Mix aus. Prinzipiell ist der Vorschlag zur Aufteilung auf Vermögensklassen (z. B. Aktien oder Anleihen) so lange gültig, wie sich die persönli-

---

13 Als Stock Picking bezeichnet man das gezielte Investieren in einzelne, börsennotierte Unternehmen. Durch Auswahl von Aktien nach bestimmten Kriterien wird versucht, eine überdurchschnittliche Rendite zu erwirtschaften. Das Gegenteil zum Stock Picking ist das Investieren in den Gesamtmarkt, zum Beispiel durch den Kauf von ETFs.

14 Im Allgemeinen versteht man unter Market Timing eine Anlagestrategie, welche versucht, durch die Bestimmung günstiger Zeitpunkte für Ein- und Ausstieg bei einem Wertpapier eine überdurchschnittliche Rendite zu erzielen. Um diese Zeitpunkte zu finden, wird häufig die Technische Aktienanalyse eingesetzt. Im Gegensatz zum Market Timing steht die Haltestrategie (engl. buy and hold), bei der der Anleger in Aktien investiert und diese über einen langen Zeitraum hält.

che Situation und das Risikoprofil des Anlegers nicht verändert haben. Allerdings kann es im Zeitablauf zu Veränderungen auf dem Finanzmarkt kommen. Durch diese Kursänderungen verschieben sich die Anteile der Vermögensklassen im Depot des Anlegers, sodass sie nicht mehr mit der anfänglich bewussten und sorgfältig ausgewählten Aufteilung im Portfolio übereinstimmen. In einer solchen Situation erfolgt der Verkauf übergewichteter Positionen. Das dadurch frei gewordene Kapital wird im Regelfall zugunsten der im Laufe der Zeit untergewichteten Positionen investiert. So wird die ursprüngliche Depotaufteilung wiederhergestellt. Dieses regelmäßige Zurückführen des Portfolios auf sein Ausgangsgewicht nennt man in der Fachsprache „Rebalancing". Dem Rebalancing wohnt ein wunderbar antizyklisches Moment inne. Man erhöht durch das Rebalancing den Anteil der Assets, die schlecht gelaufen sind, und führt das Gewicht der Assets, die gut gelaufen sind, zurück. Das ist der Stoff, aus dem Outperformances[15] gemacht werden!

Zur Verdeutlichung sehen wir uns ein Beispiel (siehe auch Abb. 3, S. 31) an. Ein Anleger hat 20.000 €, die er investieren möchte. Zusammen mit dem Robo-Advisor erarbeitet er einen Chance-Risiko-Mix für sein Depot aus. Dies sieht so aus, dass sein Portfolio zu gleichen Teilen aus Anleihen und Aktien bestehen soll. Dies setzt der Robo-Advisor auch so um, d. h. er investiert das Kapital zu 50 % in Aktien und zu 50 % in Anleihen.

Nach der Investition des Robo-Advisors entwickeln sich beide Märkte positiv. Allerdings legt der Aktienanteil deutlich stärker zu als der Anleiheteil des Depots. Dadurch verschiebt sich das Verhältnis von Aktien zu Anleihen im Depot und liegt plötzlich bei 60 % Aktien zu 40 % Anleihen, d. h. 60 % des Gesamtkapitals des Anlegers entfällt jetzt auf Aktien und nur noch 40 % auf Anleihen. Hierdurch ändert sich der ursprüngliche Chance-Risiko-Mix im Depot. Dies ruft den Robo-Advisor auf den Plan. Er führt ein Rebalancing durch, indem er Gewinner (Aktien) verkauft und Verlierer

---

15 Mit Outperformance bezeichnet man die Tatsache, dass man mehr Rendite erzielt als der Markt. Als Markt werden in der Finanzwelt häufig die großen Indizes, wie DAX, Dow-Jones oder Euro Stoxx 50, bezeichnet.

(Anleihen) zukauft. Um den 60 %-Depotanteil der Aktien wieder auf den ursprünglichen Anteil von 50 % zu bringen, muss der Robo-Advisor so lange Aktien verkaufen, bis deren Verkaufserlös 10 % des Depotwertes (Wert der Anleihen und Aktien im Depot) entspricht. Danach investiert der Robo-Advisor den Verkaufserlös in Anleihen. So stellt er die ursprüngliche Aufteilung des Depots wieder her[16].

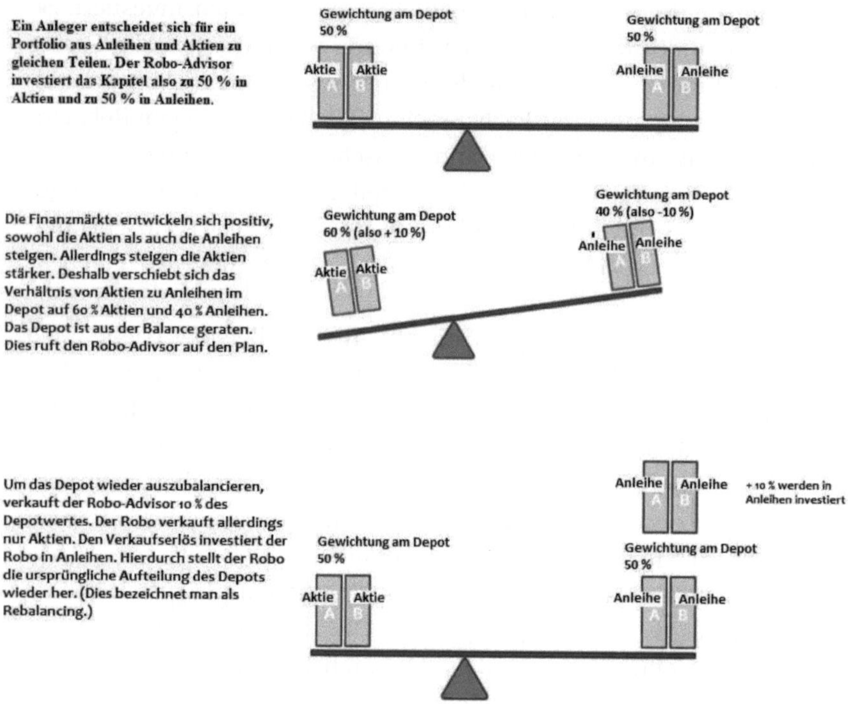

16 Alternativ zur Entnahme von Aktienvermögen kann das Rebalancing durch eine Einzahlung von Kapital erfolgen. Das nennt man „Cash-Flow-Rebalancing". Denn durch den Zukauf im Anleihebereich würde sich der Aktienanteil ebenfalls reduzieren. Diese Form wird meistens angewendet bei Sparplänen.

	Aktien-Anteil im Depot		Anleihe-Anteil im Depot	
	Betrag	Anteil	Betrag	Anteil
Start	10.000 €	50 %	10.000 €	50 %
Vor Umschichtung	16.500 €	60 %	11.000 €	40 %
Rebalancing	Es werden 2.750 € (entspricht 10 % des Depotwertes vor Umschichtung; 27.500 € = 16.500 € + 11.000 €) der Aktien verkauft und wiederum für 2.750 € Anleihen zugekauft. Das Depot ist anschließend wieder ausbalanciert.			
Nach Umschichtung	13.750 €	50 %	13.750 €	50 %

Abb. 3: Rebalancing

Dieses Rebalancing geschieht im Idealfall automatisch, ohne dass der Anleger sich gesondert darum kümmern muss. Diese Arbeit übernimmt der Robo-Advisor. Wann der Robo-Advisor eingreift, basiert auf mathematischen Formeln und dem Management, das hinter dem Anbieter steht. Jeder Robo-Advisor verwendet eine andere Regel zum Rebalancing. Die wichtigsten sind:

- Time Based Rebalancing: Das Rebalancing wird nach einem vorab bestimmten Stichtag - z. B. jeden ersten Montag im Monat - durchgeführt[17]. Die Anpassung erfolgt in der Regel täglich, wöchentlich, monatlich, quartalsweise oder auch jährlich.
- Performance Based Rebalancing: Festlegung von Grenzwerten für die Veränderung der Gewichtung der einzelnen Positionen im Portfolio, beispielsweise +/- 5 %. Das bedeutet: Über- oder unterschreitet eine Position die ursprünglich festgelegte Gewichtung um 5 %, wird das Rebalancing durchgeführt.[18] Ein Depot besteht z. B. zu gleichen Teilen aus Anleihen und Aktien, d. h. 50 % des Kapitals sind in Aktien und 50 % in Anleihen investiert. Es wird ein Rebalancing durchgeführt, wenn der Aktien- oder Anleiheanteil

17 Das zeitliche Rebalancing liefert selbst bei so langen Zeiträumen, wie quartalsweise oder jährlich, noch akzeptable Ergebnisse.

18 Studien haben gezeigt, dass relativ großzügige Intervalle (z. B. +/- 10) das Risikoprofil des Portfolios nicht so gravierend verschieben, dass ein Handeln notwendig ist.

5 % über- bzw. unterschreitet (also unter 45 % fällt bzw. über 55 % steigt). Aufgrund einer guten Entwicklung der Aktienmärkte steigt der Aktienanteil auf 56 % des Depots. Dies führt dazu, dass das Rebalancing durchgeführt wird.

Viele Studien zeigen, dass regelmäßiges Rebalancing einen Mehrwert bietet. Es dient der Risikokontrolle. Das Risikoprofil des Portfolios läuft nicht aus dem Ruder, es bleibt immer nahe an der gewählten, persönlichen Strategie des Anlegers. Man bleibt immer in allen Anlagen investiert. Selbst dann, wenn man Gewinner zu früh verkauft, ist der Schaden gering, da man mit der Gewichtung des ursprünglichen Depots immer noch in der jeweiligen Anlageklasse engagiert ist. Außerdem werden Anteile an risikoreicheren Positionen (wie z. B. Aktien) in Hochphasen tendenziell abgebaut und in Tiefphasen wieder aufgebaut. Das verbessert langfristig die Renditechancen.

Doch alle Experten wissen, dass diese Medaille eine Kehrseite hat: Rebalancing ist nicht kostenfrei. Grundsätzlich fallen beim Handeln Transaktionsgebühren (jedes Handeln kostet Gebühren; zu häufiges Handeln kostet mehr als es bringt) an[19]. Zudem fallen bei Veräußerungen von Anteilen mit Gewinn (Veräußerungsgewinn) Steuern an, die die Performance des Portfolios belasten können[20]. Allerdings sollten Anleger die Risikominimierung durch Rebalancing gegenüber der Steueroptimierung bevorzugen. Bei kleineren Vermögen reicht meist der Steuerpauschbetrag schon aus, um Steuerzahlungen zu vermeiden.

---

19 Meistens sind die Transaktionsgebühren bereits in den jährlichen Verwaltungskosten des Robo-Advisors enthalten.

20 Steuern sind auch Kosten, sie stehen für eine Wiederanlage nicht mehr zur Verfügung.

Steuern – Das Wichtigste kurz erklärt!

Um das Thema Steuern[21] besprechen zu können, müssen wir die Robo-Advisors auf das Wesentliche herunterbrechen, nämlich auf die Verwaltung von ETFs und anderen Wertpapieren. Da die meisten Robo-Advisors mit ETFs arbeiten, betrachten wir in diesem Abschnitt die steuerliche Behandlung von ETFs.

Das Jahresende 2017 bedeutete für Fondsanleger eine Zäsur. Alle Fondsanteile galten am 31. Dezember 2017 als fiktiv verkauft und an Neujahr als neu angeschafft. Ab diesem Zeitpunkt (01.01.2018) begann eine neue Ära der Investmentfondsbesteuerung mit geänderten Spielregeln. Die wichtigsten sind:

Die Steuerbefreiung von Gewinnen aus Fonds, die vor 2009 gekauft wurden, fällt weg.

Zukünftig werden alle Fonds jährlich und anhand einer Pauschale besteuert. Hierdurch fällt zugleich die Anrechnung der ausländischen Quellensteuer weg.

Deutsche Fonds zahlen künftig auf bestimmte Erträge 15 % Körperschaftsteuer und können daher weniger ausschütten oder reinvestieren. Dafür bekommt der Anleger zum Ausgleich eine Freistellung von der Abgeltungssteuer. Sie gilt für deutsche und ausländische Fonds.

Um die Tür zum Unbekannten – den Steuern – zu öffnen, muss man sich die Investmentfondsbesteuerung im Detail ansehen. Mit Einführung der Abgeltungssteuer für Fonds wurde den Fonds, die vor 2009 gekauft wurden, ein Bestandsschutz ausgesprochen. Gewinne aus Wertzuwächsen sollten nach dem Ende einer einjährigen Spekulationsfrist auch zukünftig steuerfrei bleiben. Dieser Bestandsschutz wurde verändert: Alle Kursgewinne, die ab Anfang 2018 anfallen, werden in Zukunft besteuert. Ganz gleich gestellt sind die Fonds, die vor und nach 2009 gekauft wurden, jedoch nicht. Denn für Kursgewinne aus den älteren Fonds (vor 2009 gekauft), welche nach dem Stichtag 01.01.2018 anfallen, gilt ein Freibetrag von 100.000 €. Erst wenn dieser Freibetrag ausgeschöpft ist, müssen die Gewinne versteuert werden.

Baron Rothschild stellte fest: „*Die Unkenntnis von Steuergesetzen befreit nicht von der Pflicht, Steuern zu zahlen. Die Kenntnis aber häu-*

fig." Also lassen Sie uns den nächsten Aspekt der Investmentfondsbesteuerung unter die Lupe nehmen – die sogenannte Vorabpauschale. Sie wurde im Januar 2018 eingeführt und ist für alle Fonds gleich.
Um die Vorabpauschale zu ermitteln, wird von der Bundesbank ein Basiszins festgelegt. Er wird jährlich neu ermittelt. Der Basiszins betrug für das Jahr 2018 0,87 %. Dieser Basiszins dient zur Berechnung des Basisertrags.

Basisertrag: Wert der Fondsanteile zum Jahresanfang · Basiszins (0,87 %) · 0,7	Mehrbetrag: Wertzuwachs der Fondsanteile im Kalenderjahr + Ausschüttungen

Die Vorabpauschale ergibt sich aus dem kleineren der beiden Werte (Basisertrag bzw. Mehrbetrag) abzüglich eventuell gezahlter Ausschüttungen im Kalenderjahr. Auf diese Vorabpauschale wird die jährliche Abgeltungssteuer fällig. Sie wird von der Depotbank abgeführt, d. h. die Depotbank zahlt die Steuern direkt aus dem Fondsvermögen. Falls jedoch der Fonds Wertverluste im Kalenderjahr erzielt hat, erfolgt kein Ansatz der Vorabpauschale, d. h. keine Steuerbelastungen. Steuern fallen nur bei einem Gewinn an!
Werden die Fonds später verkauft, werden die gezahlten Vorabpauschalen automatisch mit dem Veräußerungsgewinn verrechnet[22]. Hierdurch möchte der Gesetzgeber sicherstellen, dass nur der tatsächliche Wertzuwachs besteuert wird. Zusätzlich gibt es eine Teil-

---

21 Die gegebenen Informationen zur Abgeltungssteuer sind nur allgemeiner Natur. Sie sind nicht auf die spezifische Situation eines Anlegers ausgerichtet. Zudem kann sich das Steuerrecht jederzeit ändern, und das auch rückwirkend. Daher empfehle ich, gegebenenfalls geeigneten fachlichen Rat einzuholen.

22 Der Fiskus kann Anleger ausschüttender und thesaurierender ETFs im Laufe der Haltedauer unterschiedlich stark mit der Abgeltungssteuer belasten. Da dies unfair ist, gleicht sich dies beim Verkauf der ETFs wieder aus. Bei ausschüttenden Fonds erhalten die Anleger über die Jahre Erträge aus dem Fondsvermögen, die sie versteuern. Wertsteigerungen, Verkaufsgewinn und die darauf zu zahlenden Steuern fallen dann kleiner aus, wohingegen bei thesaurierenden ETFs insbesondere der niedrige Basiszins dazu führt, das während der Haltedauer geringe Vorabpauschalen und entsprechend wenig Steuern gezahlt werden müssen. Das ist ein zeitlicher Vorteil gegenüber ausschüttenden Fonds, weil die wiederangelegten Erträge den Wert des Fonds steigern, weshalb beim Verkauf ein größerer Betrag zu versteuern ist.

steuerbefreiung von pauschal 30 % für Aktienfonds[23], 15 % für Mischfonds, 60 % für Immobilienfonds, 80 % für Immobilienfonds mit ausländischen Immobilien (Auslandsimmobilienquote >51 %) und 0 % für alle anderen Investmentfonds. Hierfür fällt die Anrechenbarkeit der ausländischen Quellensteuer weg. Bei ausschüttenden Fonds werden die Dividenden von der Vorabpauschale abgezogen und unabhängig besteuert. Dieses Verfahren ist für den Anleger bequem, weil die Depotbank die Steuern automatisch einbehält und an das Finanzamt abführt, ohne den persönlichen Steuersatz des Anlegers kennen zu müssen.
Samuel Smiles erkannte: „*Das Beispiel ist einer der erfolgreichsten Lehrer, obgleich es wortlos lehrt.*" Deswegen sehen wir uns die Berechnung der Vorabpauschale am besten anhand von mehreren Beispielen an.

Beispielrechnung für Vorabpauschale für einen ausschüttenden Aktienfonds:

Ausschüttung im Jahr 2018:	50,00 €
Wertzuwachs Wert der Fondsanteile zum 01.01.2018: Wert der Fondsanteile zum 31.12.2018: Daraus ergibt sich ein Wertzuwachs von:	 10.000 € 10.500 € 500 €
Mehrbetrag (Wertzuwachs im Kalenderjahr (von 500 € + Ausschüttungen von 50 €))	550 €
Basisertrag = 10.000 € · 0,87 % · 0,7	60,90 €
Der Mehrbetrag ist größer als der Basisertrag. Daher ist der Basisertrag für die Berechnung der Vorabpauschale zu berücksichtigen.	
Ausschüttung im Jahr 2018	50 €
Vorabpauschale (= Basisertrag – Ausschüttung)	10,90 €
Steuerpflichtige Vorabpauschale = 10,90 € · (1 - 30 %) (die 30 % ergeben sich aus der Teilfreistellung bei Aktienfonds)	7,63 €
Ausschüttungen werden auf den Basisertrag bzw. Mehrbetrag angerechnet. Ist die Ausschüttung größer als der Basisertrag bzw. Mehrbetrag, wird nur die Ausschüttung versteuert und keine Vorabpauschale angesetzt.	

Beispielrechnung für Vorabpauschale für einen thesaurierenden Aktienfonds:

Wertzuwachs Wert der Fondsanteile zum 01.01.2018: Wert der Fondsanteile zum 31.12.2018: Daraus ergibt sich ein Wertzuwachs von:	 10.000 € 10.500 € 500 €

Mehrbetrag = Wertzuwachs im Kalenderjahr	500 €
Basisertrag = 10.000 € · 0,87 % · 0,7	60,90 €
Der Mehrbetrag ist größer als der Basisertrag. Daher ist der Basisertrag zu berücksichtigen und als Vorabpauschale wird 60,90 € angesetzt.	
Steuerpflichtige Vorabpauschale = 60,90 € · (1 - 30 %) (die 30 % ergeben sich aus der Teilfreistellung bei Aktienfonds)	42,63 €

All dies hat natürlich Auswirkungen auf die Ausschüttungen eines Fonds. Auf dem Konto des Anlegers wird künftig weniger Geld landen, denn der Fiskus besteuert nicht mehr nur die Erträge des Anlegers, sondern die Fondsgesellschaften zahlen bereits direkt aus dem Fondsvermögen ca. 15 % Körperschaftsteuer auf deutsche Dividenden, deutsche Mieterträge und auf Gewinne aus dem Verkauf deutscher Immobilien[24]. Der Rest wird an den Anleger ausgezahlt. Von dieser Körperschaftsteuer verschont bleiben ausländische Dividenden und Immobilienerträge, Gewinne aus Wertpapierverkäufen, aus Termingeschäften sowie Zinserträge. Deshalb sind reine Rentenfonds von diesem Aspekt nicht betroffen.

Wichtig und nützlich ist, bei der Depotbank einen ausreichenden Freistellungsauftrag einzureichen, um die Abgeltungssteuer soweit wie möglich abzudecken. Denn durch die Nutzung des Sparer-Pauschbetrags[25] müssen Privatanleger jährliche Kapitaleinkünfte (z. B. aus Kursgewinnen, Dividenden, Zinsen usw.) bis zu einer Höhe von 801 € (für Singles) bzw. 1.602 € (für Ehepartner) nicht versteuern[26]. Ungenutzte Freibeträge (bzw. Sparer-Pauschbeträge) lassen

23 Dies bedeutet: Bei einem Aktienfonds bleiben 30 % der Erträge steuerfrei.

24 Zum Ausgleich hierfür erhält der Anleger auch die Teilbefreiungen von der Abgeltungssteuer.

25 Muss der Anleger die Vorabpauschale zahlen, wenn er seiner Depotbank einen Freistellungsauftrag erteilt hat? Nein. Die Bank zieht die Pauschale erst ab, wenn der Freistellungsauftrag erschöpft ist. So muss der Anleger in Zukunft damit rechnen, dass der Freistellungsauftrag schneller ausgeschöpft ist als früher. Denn künftig fallen ja auch auf ausländische thesaurierende Fonds jährliche Steuern (Vorabpauschale) an. Falls die Fondsgesellschaft diese Vorabpauschale nicht aus dem Fondsvermögen abführt, was bei ausländischen Fondsgesellschaften die Regel ist, belastet die Depotbank den Anleger direkt mit dieser Steuer. Sie bucht die Steuer also vom Giro- bzw. Verrechnungskonto ab.

26 Dies ist die Gesamtsumme. Sie gilt für alle in einem Jahr erteilten Freistellungsaufträge. Wer also bei mehreren Banken Konten hat, auf die Erträge anfallen können, sollte den Sparerpauschbetrag sinnvoll auf die verschiedenen Banken verteilen. Reicht die Höhe des jeweiligen Freistellungsauftrages nicht aus, um die anfallenden Erträge bzw. Kursgewinne vollständig abzudecken, so ist die

sich nicht ins Folgejahr übertragen, aber Freistellungsaufträge können jederzeit unterjährig angepasst werden. Anleger können über einen sog. Freistellungsauftrag bei ihrer depotführenden Bank sicherstellen, dass die Bank die Abgeltungssteuer bis zum Erreichen des Sparerpauschbetrags nicht abführt, sodass keine unnötige Steuerbelastung entsteht[27]. Ist dies überhaupt nötig? Ja. Denn die Abgeltungssteuer beträgt pauschal 25 %. Hinzu kommt noch der Solidaritätszuschlag in Höhe von 5,5 %[28]. Somit beläuft sich die gesamte Steuerbelastung auf 26,38 % (= 25 % + 5,5 % von 25 %). Gehört der Anleger einer Kirche an, fällt zusätzlich auch die Kirchensteuer an. Liegt der Wohnsitz in Bayern oder Baden-Württemberg, liegt die Kirchensteuer bei 8 %. Dagegen werden in allen anderen Bundesländern 9 % abgezogen. Allerdings gibt es noch eine kleine Ermäßigung, sodass die Steuerbelastung 27,82 % (bei 8 % Kirchensteuer) bzw. 27,99 % (bei 9 % Kirchensteuer) beträgt. Die Steuerbelastung errechnet sich wie folgt:

Kirchensteuer:	8 % (Bayern/BaWü)	9 % (restliche Bundesländer)	keine Kirchensteuer
Abgeltungssteuer:	100 : 4,08 = 24,51 %	100 : 4,09 = 24,45 %	25 %
Kirchensteuer auf Abgeltungssteuer	1,96 %	2,20 %	---
Soli (5,5 %):	1,35 %	1,34 %	1,38 %
Abgeltungssteuer insgesamt:	27,82 %	27,99 %	26,38 %

Beispielrechnung für die Abgeltungssteuer:
Ein Anleger hat ein Guthaben von 50.000 €. Dafür bekommt er 2 % Zinsen im Jahr. Die Rechnung sieht so aus:

Auf 50.000 € Sparguthaben bekommt der Anleger 2 % Zinsen, also einen Kapitelertrag von:	1.000 €
Abzüglich des Sparerpauschbetrags:	-801 €

Bank verpflichtet, für den „überschüssigen Teil" des Ertrages bzw. Kursgewinns die Abgeltungssteuer an das Finanzamt abzuführen.

27 Ohne Freistellungsauftrag lassen sich zu viel gezahlte Steuern nur über die Steuererklärung zurückholen.

28 Ab 2021 sollen nach einem jetzt beschlossenen Gesetzentwurf hohe Freigrenzen beim Soli gelten, so dass für 90 % aller Zahler diese Abgabe von der Einkommenssteuer wegfällt. Unverändert bleibt der Soli bei Kapitalerträgen, zur Abgeltungssteuer in Höhe 25 % kommen weiterhin 5,5 % Soli hinzu.

Bleibt ein zu versteuernder Kapitalertrag von:	199 €
Von den 199 € muss der Anleger 24,45 % Abgeltungssteuer zahlen, weil er 9 % Kirchensteuer zahlen muss.	48,66 €
Zuzüglich Solidaritätszuschlag (5,5 %) von 48,66 € (Abgeltungssteuer)	2,68 €
Zuzüglich Kirchensteuer (9 %) von 48,66 € (Abgeltungssteuer)	4,37 €
Der Anleger muss also 55,71 € an Steuern zahlen.	

Achtung: Hat der Anleger kein gesondertes Verrechnungskonto bei der Depotbank, darf die Depotbank künftig die fälligen Steuern vom Girokonto einziehen, auch wenn es dadurch ins Minus rutscht. Um diesem vorzubeugen, kann der Anleger ausdrücklich widersprechen. Dann muss er allerdings in seiner Steuererklärung die Kapitaleinkünfte angeben, d. h. er muss die Kapitaleinkünfte selbst dem Finanzamt mitteilen.

Ein Sprichwort lautet: „*Wenn sich eine Tür schließt, öffnet sich meistens ein Fenster, aus dem man seinem Schicksal entkommen kann.*“ So ist es auch bei der Abgeltungssteuer. Hier gibt es die Möglichkeit einer sog. Günstigerprüfung. Liegt der persönliche Steuersatz unterhalb von 25 %, so kann der Anleger im Rahmen der Günstigerprüfung die Veranlagung seines persönlichen Steuersatzes anstatt der Abgeltungssteuer verlangen. Stellt sich im Rahmen der Günstigerprüfung heraus, dass die Veranlagung nicht günstiger für den Anleger bzw. Steuerpflichtigen ist, werden die Kapitaleinkünfte bei der Steuerfestsetzung automatisch nicht berücksichtigt, d. h. die Abgeltungssteuer greift. Liegt dagegen der persönliche Steuersatz oberhalb von 25 %, so ist die Abgeltungssteuer immer die günstigere Variante.

Überdies kann ein Anleger die Abgeltungssteuer umgehen, wenn er eine Nichtveranlagungsbescheinigung (bekommt man beim Finanzamt) vorlegen kann. Erhalten kann der Anleger diese Bescheinigung, wenn sein zu versteuerndes Einkommen unter dem Grundfreibetrag (in 2018 9.000 €, in 2019 9.168 € (wird jährlich angepasst)) liegt. Bei Verheirateten verdoppeln sich die Einkommensgrenzen entsprechend. Der Vorteil der Nichtveranlagungsbescheinigung ist, dass der Anleger auch höhere Kapitalerträge als 801 € haben darf, zum Beispiel 1.000 €, und trotzdem keine Abgeltungssteuer zahlen muss. Denn diese Bescheinigung stellt ihn von der Abgeltungssteuer frei. Dabei ist zu beachten, dass die gesamten Einnahmen – also zum Beispiel Gehalt und Kapitalerträge – unter dem Grundfreibetrag bleiben. Es gilt also:

- Gehalt + Kapitalerträge < Grundfreibetrag → Nichtveranlagungsbescheinigung: Kapitalerträge sind über die Grenze von 801 € hinaus steuerfrei
- Gehalt + Kapitalerträge > Grundfreibetrag → Freistellungsauftrag:
  Kapitalerträge bis 801 € bleiben steuerfrei

Soweit zur Theorie. Grundsätzlich fallen Erträge, die aus dem Kauf oder Verkauf von ETFs erzielt werden, oder Ausschüttungen der ETFs unter die Abgeltungssteuer. Dabei ist es egal, ob Sie als Anleger direkt die ETFs verkaufen oder kaufen oder der Robo-Advisor das für Sie übernimmt. Beides ist steuerlich gesehen gleich. Folglich fällt beim Rebalancing auf mögliche Kursgewinne die Abgeltungssteuer an.
Allerdings gibt es Unterschiede auf ETF-Ebene bei der Versteuerung der Ausschüttungen. Dies werden wir uns im Kapitel Grundkurs ETFs (s. S. 57) näher ansehen.

Jeder Robo-Advisor-Anbieter versucht bei der Aufstellung seiner Rebalancing-Regel den Spagat zwischen akzeptabler Abweichung gegenüber der ursprünglichen Depotzusammensetzung auf der einen Seite sowie den Transaktionskosten und Steuern auf der anderen Seite zu finden. Wie führen die Robo-Advisors diesen Spagat durch?

2.4.2 Die Anlagestrategie der Robo-Advisors

Jede Rebalancing-Strategie hat seine Tücken. Anleger mit gemischten Aktien-Renten-Portfolios, die Ende 2008 Aktien an einem Tiefpunkt der Märkte nachkauften, konnten sich 2009 über phantastische Renditen freuen. Doch es gibt nicht nur kurzfristige Kurskorrekturen, sondern auch länger andauernde Marktturbulenzen. Sie stellen Rebalancing-Strategien bzw. die Anlagedisziplin auf eine harte Probe, wie die drei verlustreichen Aktienjahre 2000, 2001 und 2002 eindrucksvoll zeigten. Hätten Sie angesichts der DAX-Verluste von 7,5 % im Jahr 2000, im folgenden Jahr von 20 % und dem darauffolgenden 44-Prozent-Absturz im Jahr 2002 die Nerven besessen, jeweils zum Jahresende stoisch in Aktien umzuschichten und ihre Gewinner-Anleihen zu verkaufen? Ein Robo-Advisor hätte das. Er setzt anhand klarer Regeln und ohne Emotionen das Rebalancing um. Doch das Vorgehen der Robos unterscheidet sich voneinander.

Grob lässt sich die Anlagestrategie von Robo-Advisors zweiteilen. Auf der einen Seite gibt es Robo-Advisors, die eher einer aktiven Anlagestrategie folgen. Auf der anderen Seite stehen die Robo-Advisors, die einen passiven Investmentansatz umsetzen[29]. Was bedeutet das genau?

[29] Um detaillierte Informationen zur Anlagestrategie zu bekommen, gehen Sie auf der Webseite des Robo-Advisors. Dort veröffentlichen die meisten Robo-Advisors die jeweilige Anlagestrategie in Form von Whitepapers im Detail.

Strategie	passiv	semipassiv	semiaktiv	aktiv
Anlagen	passiv gemanagte ETF und ETC	passiv gemanagte ETF und ETC	passiv gemanagte ETF und ETC	aktiv gemanagte Fonds, Aktien, Anleihen, Rohstoffe usw.
Generelle Strategie	Bei der passiven Strategie wird die Zusammensetzung des Portfolios nach der Depoteröffnung nicht mehr geändert, d. h. es findet kein aktives Umschichten statt. Die Rendite dieser Strategie hängt vom Wachstum der Märkte ab.		Bei der aktiven Strategie sind die Robos jederzeit in der Lage, die Portfolios umzuschichten, um auf aktuelle Entwicklungen an den Aktienmärkten zu reagieren. Damit besteht die Chance, die Marktrendite zu schlagen. Ob das gelingt, liegt allerdings am Geschick des Robos.	
Beschreibung	Der Chance-Risiko-Mix des Depots soll dauerhaft gleich bleiben, daher werden einmal jährlich die Gewichte auf die Ausgangswerte zurückgesetzt (statisches Rebalancing).	Sobald der Risiko-Mix des Depots (Mischung der Assetklassen zueinander) festgelegte Abweichungsgrenzen überschreitet (z. B. Abweichung um ± 10 %), wird der ursprüngliche Mix wiederhergestellt. Kleine Korrekturen können schon bei Ein- oder Auszahlungen vorgenommen werden.	Hier wird nicht die Mischung der Anlageklassen im Portfolio konstant gehalten, sondern das gewünschte Anlagerisiko. Wenn sich das Risiko erhöht, werden Aktien und andere Risikopapiere abgebaut und verstärkt risikoärmere Titel, wie Anleihen, gekauft. Sinkt dagegen das Risiko, so läuft das Prozedere umgekehrt.	Die Mischung der Assetklassen (wie Aktien, Anleihen usw.) wird je nach Markt- und Kapitalmarktlage umgeschichtet und/oder neu zusammengestellt. Ähnliches gilt, wenn technische Analysen für einen Ein- und Ausstieg an der Börse beachtet werden oder einzelne Anlagen neu bewertet werden.

*Eine eindeutige Kategorisierung der Robo-Advisor ist nur schwer möglich, weil sich die Anlagestrategien teilweise untereinander vermischen oder die Anbieter verschiedene Modelle anbieten. Besuchen Sie deshalb immer die Webseite des Anbieters und informieren Sie sich im Detail über die Anlagestrategie.

Abb. 4: Anlagestrategie der Robo-Advisors

Werfen wir zunächst einen Blick auf die Robo-Advisors, die einen passiven Ansatz folgen. Wer diesen Ansatz mit Passivität gleichsetzt, hat ein falsches Bild vor Augen. Denn schon Carmen Sylva fand: „*Die Geduld ist nicht passiv. Im Gegenteil, sie ist eine Tat, sie ist konzentrierte Kraft.*" Denn die Robo-Advisors, die sich diesem Ansatz verschrieben haben, verteidigen die mit dem Anleger zusammen erarbeitete Aufteilung des Depots gegen die Stürme an den Finanzmärkten. Deswegen findet nach der Eröffnung des Depots keine Veränderung der Gewichtung von Anleihen zu Aktien mehr statt. Damit dies gelingt, findet monatlich, quartalsweise oder jährlich ein Rebalancing statt, sodass die ursprüngliche Aufteilung der Gelder auf Aktien, Anleihen usw. wieder erreicht wird[30].

Aus diesem Grund sind die erzielbaren Renditen in großem Maß davon abhängig, wie sich die Finanzmärkte entwickeln. Denn ein passiver Robo-Advisor versucht nicht durch aktive Umschichtungen die Marktrendite zu übertreffen, sondern er versucht so nah wie möglich die Marktrendite nachzubilden[31]. Er arbeitet nicht gegen den Markt, sondern mit ihm. Steigt die Börse, dann gewinnt auch das Portfolio an Wert. Fällt sie, dann kann auch die Maschine kaum mehr tun, als die Verluste durch Diversifikation zu begrenzen.

Ein Vorteil des passiven Ansatzes ist, dass die Rendite nicht von den Geschicken des Robo-Advisors abhängig ist. Zudem ist die passive Anlagestrategie nahezu risikolos, allerdings nur, wenn sie als Langzeitstrategie (mehr als zehn Jahre) angewendet wird. Es gibt weltweit nur wenige bedeutende Indizes, die über die letzten Jahrzehnte im Mittel Verluste eingefahren haben. Der Haken ist, dass viele Indizes auch jahrelange Phasen des Abstiegs aufweisen, d. h., dass der Anleger jahrelang auf Verlusten sitzenbleiben kann. Doch meist wird die Geduld des Anlegers belohnt, die Indizes keh-

---

30 Dies wird auch als abweichungsinduziertes Rebalancing bezeichnet.

31 In der Börsenwelt sind mit dem „Markt" die wichtigsten Indizes der Welt gemeint. DAX, Dow-Jones, Euro Stoxx 50, MSCI World und S&P 500 gehören zu diesem erlesenen Kreis. „Den Markt outzuperformen" bedeutet also, eine bessere Rendite zu erzielen als z. B. der DAX, wenn man den deutschen Markt schlagen möchte.

ren wieder in die Gewinnzone zurück und somit auch das Portfolio des Anlegers.

Warum entscheiden sich die passiven Robo-Advisors für diese Strategie? Dahinter steckt die Erkenntnis, dass die allermeisten Fondsmanager den Markt nicht dauerhaft schlagen können. John Bogle, einer der Väter der ETF, sagte dazu: *„Suchen Sie nicht nach der Nadel im Heuhaufen, kaufen Sie einfach den Heuhaufen."* Folglich ist es eher entscheidend, Märkte möglichst genau und kostengünstig abzubilden. Da ETFs in die großen, breiten Indexe – wie DAX, Dow-Jones, S&P 500 usw. – investieren und deren Entwicklung nahezu 1:1 abbilden, sind sie genau die richtigen Investmentvehikel für Robo-Advisors. Zudem sind sie noch sehr kostengünstig. Bringt man es auf den Punkt, so sieht der passive Ansatz eigentlich „nur" vor, die Geldanlage möglichst gut zu streuen – meist mit den breit diversifizierten ETFs, um dann im Anschluss immer wieder die ursprüngliche Allokation (Gewichtung der Anlageklassen) herzustellen. Durch dieses Rebalancing entsteht zudem ein antizyklisches Investment, weil die Anleger dann mehr in die Märkte investieren, wenn diese nicht stark nachgefragt sind, und dafür Anteile der Märkte verkauft werden, die sich gerade sehr gut entwickelt haben. Ketzerisch könnte man sagen, dass man für den passiven Ansatz, abgesehen von Feinheiten wie dem Rebalancing, gar keinen Computer bräuchte. Jeder halbwegs informierte Anleger könnte selbst ein ETF-basiertes 50-45-5-Portfolio aus Aktien, Anleihen und Rohstoffen zusammenstellen. Aber dann wird es knifflig: Führt der Anleger das Rebalancing strikt nach vorher festgelegten Regeln durch oder schichtet er sein Portfolio bei der erstbesten Gelegenheit doch wieder um? Die eigentliche Stärke der passiven Robo-Advisors liegt nicht in der Rechenpower, sondern darin, eine Strategie konsequent durchzuziehen, was die meisten Anleger aufgrund ihrer Emotionalität nicht schaffen.

Natürlich werden die Anlegergelder nicht nach Gutdünken auf verschiedene ETFs verstreut, sondern nach dem Konzept der modernen Portfoliotheorie angelegt. Hierzu berechnen die Robo-Advisors mithilfe der Markowitz-Theorie die optimalen Depots, d. h. die beste Aufteilung des Geldes auf Anlageklassen für eine bestmögliche Diversifizierung, um auch schweren Zeiten an den Finanzmärkten trotzen zu können. Folglich ermöglichen passive Robo-Advisors eine günstige Anlage nach Lehrbuch.

Was ist die Markowitz-Theorie?

Harry Markowitz, ein US-amerikanischer Ökonom, nahm Folgendes an:

1. Kein Experte kann die Entwicklung der Märkte sicher vorhersagen. Jegliche Vorhersagen zur Entwicklung von Einzelaktien bzw. Märkten sind lediglich Meinungen.
2. Risiko und Ertrag sind voneinander abhängig. Je höher der Ertrag, desto höher ist das Risiko, das entsprechende Titel einbrechen und einen hohen Verlust erleiden.

Börsenguru André Kostolany stellte einmal treffend fest: „*Börsengewinne sind Schmerzensgeld.*“ Nicht jeder Anleger ist bereit, sich dem Risiko solcher Schmerzen auszusetzen. Dummerweise versprechen gerade die risikoreichen Anlagen höhere Renditen, wohingegen Anleihen deutlich geringere Risiken als Aktien haben, weshalb spektakuläre Gewinne aber auch nicht zu erwarten sind. Man muss also, das Vermögen so aufteilen, dass Risiko und Rendite in einem „optimalen“ Verhältnis zueinander stehen. Die meisten Anleger werden einen Teil ihres Vermögens sicher anlegen und einen anderen Teil etwas spekulativer. Wie groß die jeweiligen Teile sind, wird von der Risikoneigung des Investors bestimmt.
Erinnern Sie sich noch daran, dass Anleger in die Anlageberatung von Robo-Advisors starten, indem sie einen Fragenkatalog beantworten? Die Befragung soll ermitteln, welchen Sparbetrag Anleger sich vorstellen, welche Anlagedauer ihnen vorschwebt, und wie risikobereit sie sind. Für den Robo-Advisor sind die Risikoneigung und Renditewünsche des Anlegers besonders interessant. Diese spielen nämlich bei der Markowitz-Theorie eine zentrale Rolle.
Grob gesagt, wird mit Markowitz eine Aufteilung des Vermögens (in z. B. Aktien und Anlagen) für ein optimales Risiko-Rendite-Verhältnis berechnet. „Optimiert“ bedeutet, dass es bei gleichem Risiko keine andere Aufteilung des Vermögens gibt, die eine höhere Rendite verspricht.

Ich möchte Ihnen die Markowitz-Theorie so nahebringen, dass Sie kein Mathematikdiplom benötigen, um sie zu verstehen. Deswegen werde ich sie nur in groben Zügen erläutern[32]. Markowitz fasst das Risiko als die Schwankungsbreite des Kursverlaufes eines Anlageproduktes auf. Klingt ziemlich abstrakt, oder? Vergleicht man die Wertentwicklung des deutschen Aktienindexes DAX mit der des deutschen Rentenindexes REXP, so stellt man fest, dass der DAX deutlich höhere Renditen erzielt als der REXP, aber mit deutlich größeren Schwankungen. Ein mathematisches Maß für diese Schwankungen ist die Volatilität. Je stärker der Kurs einer Anlage schwankt, umso höher ist die Unsicherheit bzw. das Risiko, welches mit dem Investment verbunden ist. Die Volatilität des DAX liegt bei 13 %, die des REXP bei 6 %. Die Kehrseite der Medaille ist die Rendite. So konnte der DAX eine Rendite von 10 % p.a. erzielen, während der REXP „nur" 3 % p.a. erreichte.

Stellen Sie sich jetzt ein Depot vor, dass zur Hälfte in einen DAX-ETF (deutsche Aktien) und zur anderen Hälfte in einen REXP-ETF (deutsche Renten) investiert hat. Natürlich entspricht die Rendite (10 % p.a.) und das Risiko (13 %) des DAX-ETF genau dem des DAX. Ebenso entspricht die Rendite (3 % p.a.) und Risiko (6 %) des REXP-ETF dem des REXP. Aus der vergangenen Wertentwicklung des DAX kann man die zukünftige Rendite des DAX-ETF von 10 % p.a. ableiten. Ebenso kann man aus der vergangenen Wertentwicklung des REXP annehmen, dass der REXP-ETF eine zukünftige Rendite von 3 % p.a. erwirtschaften kann.

Logischerweise sollte die Rendite des Aktien-Renten-Depots, welches zur Hälfte aus dem DAX-ETF und zur anderen Hälfte aus dem REXP-ETF besteht, 6,5 % betragen.

$$50\,\% \cdot 10\,\% + 50\,\% \cdot 3\,\% = 6{,}5\,\%$$

Nach derselben Logik dürfte man ein Risiko des Gesamtportfolios von 9,5 % erwarten, wenn man annimmt, dass die zukünftige Volatilität des DAX-ETF 13 % und die des REXP-ETF 6 % beträgt.

$$50\,\% \cdot 10\,\% + 50\,\% \cdot 6\,\% = 9{,}5\,\%$$

[32] Für mehr Informationen und Beispielrechnungen siehe: Götte, Rüdiger: Das 1 x 1 des Portfoliomanagements. ibidem-Verlag, Stuttgart: 2005.

Tatsächlich liegt die Volatilität des Depots bei lediglich 5,9 %, also deutlich niedriger als man zunächst vermuten kann. Diese Tatsache bezeichnen einige auch als das Wunder der Diversifikation (Streuungseffekt). Denn das Risiko des Gesamtdepots ist immer geringer als die Summe der Risiken seiner Bestandteile. Hieraus leitet sich auch die Börsenweisheit *„Lege nicht alle Eier in einen Korb"* ab. Der Knackpunkt ist nämlich, dass nichts und niemand mit Sicherheit sagen kann, welche Aktie der „Winner" und welche der „Loser" sein wird. Deswegen investieren Robo-Advisors so gerne in die breit diversifizierten ETFs. Denn durch das Halten eines diversifizierten Portfolios wird das Risiko der einzelnen Aktien bzw. Wertpapiere minimiert.

Wodurch entsteht dieses Phänomen – Diversifikation? Sie kommt dadurch zustande, dass die Kursentwicklung des DAX-ETF und des REXP-ETF manchmal gegenläufig ist. So kommt es häufig vor, dass z. B. der DAX-ETF an einem Tag um 0,8 % fällt, während der REXP-ETF um 0,5 % steigt. Ein Aktien-Renten-Depot, das zu 50 % in Aktien und zu 50 % in Renten investiert ist, verliert an einem solchen Tag „nur" -0,15 % (= 50 % · -0,8 % + 50 % · 0,5 %)

Auf der anderen Seite bedeutet dies, dass die Tagesschwankung des Gesamtdepots (-0,15 %) sowohl geringer war als die des DAX-ETF (-0,8 %) als auch die des REXP-ETF (0,5 %). Da es öfter solche Tage gibt, an denen Renten und Aktien sich gegenläufig verhalten, kommt es zum Diversifikationseffekt. Das ist der Grund, aus dem die Streuung des Vermögens auf mehrere Investments sinnvoll ist, weil erfahrungsgemäß die Wertentwicklung verschiedener Anlageprodukte unterschiedlich ist. Deswegen investieren Robo-Advisors die Kundengelder in unterschiedliche Anlageprodukte.

Eine Abwandlung eines Sprichwortes von Mark Twain lautet: *„Seien Sie vorsichtig mit Wirtschaftsbüchern – Sie könnten wegen der Vereinfachung eines Sachverhaltes Verluste erleiden."* Deswegen müssen wir noch tiefer in die Materie Diversifikationseffekt eintauchen. Der Diversifikationseffekt tritt nämlich nur auf, wenn sich die Kurse der unterschiedlichen Anlageprodukte gegenläufig verhalten. Als Maß für die Gegenläufigkeit von Kursentwicklungen könnte man

z. B. die Korrelation[33] verwenden. Die Korrelation kann zwischen +1 und -1 liegen. Wenn z. B. zwei Aktien perfekt korreliert sind, d. h. eine Korrelation von eins aufweisen, entwickelt sich ihr Kurs ähnlich. Dies bedeutet: Steigt Aktie A um einen Euro, so tut dies der Kurs der Aktie B ebenfalls. Für ein Portfolio wäre das natürlich ungünstig, da sich das Risiko nicht verringern würde. Es gibt also keine Risikominimierung. Bei einer Korrelation von -1 verhält es sich genau andersherum. Fällt die Aktie A um einen Euro, so steigt die Aktie B um einen Euro, d. h. die beiden Aktien sind perfekt negativ korreliert. Die Aktien verhalten sich also genau invers, was so viel wie spiegelverkehrt heißt. Hierdurch heben sich die Schwankungen der beiden Kurse auf. Das Risiko wäre also gleich null, doch gleichzeitig heben sich die Gewinne (Rendite strebt gegen null) gegenseitig fast auf. Bei einer Korrelation von null entwickeln sich die Kurse der beiden Aktien völlig unabhängig voneinander. Mal steigen oder fallen beide Aktien und ein anderes Mal steigt Aktie A und Aktie B fällt. Die beiden Aktien stehen in keinerlei Verbindung zueinander. Das ist der optimale Fall, denn so erhält man den größten Diversifikationseffekt.

Dumm nur, dass die Aktienmärkte der großen Industrienationen einen Korrelationskoeffizienten zwischen +0.4 und +0.9 aufweisen. Solange die Korrelation nicht +1 beträgt, kann man jedoch seine Anlagen auf diese Weise diversifizieren[34].

Bei den Indizes DAX und REXP sieht die Welt ganz anders aus, dort beträgt die Korrelation nur 0,159.

John M. Templeton formulierte es mal so: *„Der einzige Investor, der nicht diversifizieren sollte, ist derjenige, der immer 100 % richtig liegt!“*

Die Robo-Advisors investieren die Kundengelder nicht nur innerhalb einer Anlageklasse (z. B. Aktie), sondern über mehrere Anlageklassen hinweg, um eine möglichst große Diversifikation zu erreichen. Man könnte nun durch Ausprobieren das Aktien-Renten-Depot finden, welches die bestmögliche Diversifikation bietet. Das ist allerdings sehr mühselig und zeitaufwendig. Darum wird es in der Regel berechnet. Dazu benötigt man drei Werte: geschätzte künftige Ren-

---

33 Im Allgemeinen beschreibt die Korrelation die Beziehung zwischen zwei Variablen. In unserem Fall sind die Variablen DAX-ETF und REXP-ETF.

34 Außerdem diversifizieren die Robo-Advisors auch innerhalb einer Assetklasse, beispielsweise würden sie Aktien der großen Blue Chips (wie Daimler, Allianz, Bayer usw.) mit Aktien kleiner und mittlerer Firmen ins Depot aufnehmen, weil sie eine geringe Korrelation haben.

dite der Anlageprodukte, die geschätzten künftigen Volatilitäten sowie die Korrelationen der Anlageprodukte miteinander. Die sehr komplizierte Berechnung des optimalen Depots zeigt folgendes Schema.

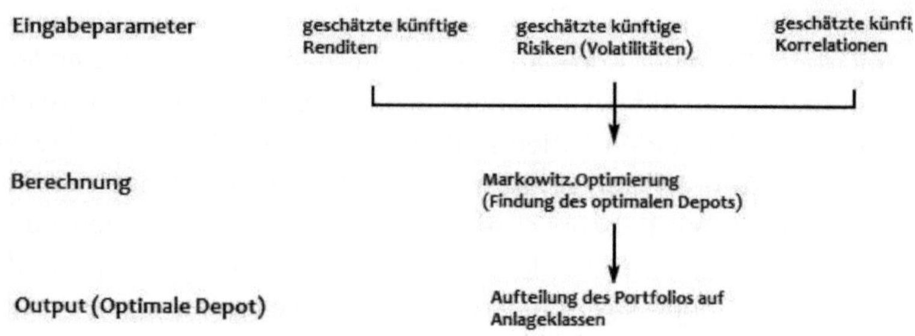

Mittels der von Markowitz aufgestellten Formeln lassen sich für verschiedene Gewichtungen von DAX-ETF und REXP-ETF jeweils Rendite und Risiko berechnen. Üblicherweise werden die Werte für die unterschiedlichen Gewichtungen in 10-Prozent-Schritten in folgende Grafik eingezeichnet:

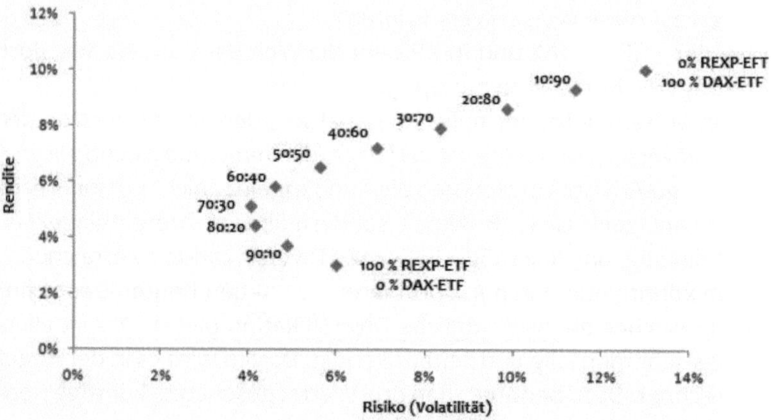

Da die Korrelation nicht 1,0 beträgt, sondern 0,159, ergibt sich für die verschiedenen Aufteilungen des Depots auf die beiden ETFs keine Gerade zwischen den Punkten „100 % DAX-ETF" und „100 % REXP-ETF". Was bedeutet dies?

Nehmen wir an, Sie möchten Ihr Geld zu 100 % in den DAX-ETF investieren. Dann haben Sie eine erwartete Rendite von 10 % bei einem damit verbundenen Risiko von 13 %. Bei einer hälftigen Aufteilung (50 % DAX-ETF und 50 % REXP-ETF) sinkt die Rendite auf 6,5 % und das Risiko auf 5,9 %. Betrachten wir jetzt den umgekehrten Fall: Sie investieren zu 100 % in den REXP-ETF. Ihre erwartete Rendite beträgt 3 % bei einem Risiko von 6 %. Sehen Sie sich nochmals das hälftige Depot an. Sie erkennen, dass Sie bei dieser Aufteilung deutlich mehr Rendite erzielen und gleichzeitig einem geringeren Risiko von Kursschwankungen ausgesetzt sind als das Depot, welches zu 100 % aus dem REXP-ETF besteht.

Markowitz bezeichnet ein Portfolio als effizient, wenn kein anderes Portfolio eine höhere Rendite bei gleichem oder geringerem Risiko aufweist oder kein anderes Portfolio ein geringeres Risiko bei gleicher oder höherer Rendite aufweist. Diese Portfolios liegen auf eine sog. Effizienzlinie (in der Grafik dargestellt mit den Kästen). Diese Linie liest man so: Sucht man ein Depot mit einer Volatilität von 10 %, so sollte man das Depot mit 80 % DAX-ETF und 20 % REXP-ETF wählen. Dieses Depot hat bei dem gegebenen Risiko (Volatilität von 10 %) die höchste zu erwartende Rendite. Auch die Robo-Advisors ermitteln die optimalen Portfolios für ihre Kunden auf diesem Weg. Meine Ausführungen verschleiern etwas den gewaltigen mathematischen Aufwand, der hinter der Markowitz-Optimierung steht. Bei zwei Anlagealternativen sind es nur fünf Größen, aber schon bei 10 sind 65 und bei hundert sind ca. 5.150 Größen zu berechnen. Das ist der Grund, warum die Robo-Advisor-Anbieter auf vorgefertigte Musterportfolios setzen, die sie nach Risiko- und Rendite-Aspekten erstellt haben. Der Robo-Advisor sucht dann nur noch anhand der Anlegerantworten auf den Fragebogen das Depot aus, welches am besten zu den Risiko- und Renditewünschen des Anlegers passt.

Marie von Ebner-Eschenbach stellte fest: *„Theorie und Praxis sind eins wie Seele und Leib, und wie Seele und Leib liegen sie großenteils miteinander in Streit.“* So ist es nicht verwunderlich das auch die Markowitz-Theorie nicht unumstritten ist.

Der Hauptkritikpunkt ist, dass die Renditen, Volatilitäten und Korrelationen geschätzt werden müssen. Dabei nimmt man als Indikator für deren Größen die Vergangenheitswerte. Hier macht es aber einen Unterschied, ob man ein Jahr zurückgeht, zwei, drei oder gar zehn Jahre. Je nachdem erhält man eine andere Schätzung, wie die folgende Tabelle zeigt.

	8,5 Jahre		3 Jahre		2 Jahre	
	DAX	REXP	DAX	REXP	DAX	REXP
Rendite p.a.	18,6 %	7,3 %	7,5 %	4,6 %	10,4 %	2,3 %
Volatilität	20,4 %	3,3 %	26,3 %	3,3 %	23,1 %	3,3 %
Korrelation (DAX)	1	0,159	1	-0,062	1	0,012
Korrelation (REXP)	0,159	1	-0,062	1	0,012	1

Bei aller berechtigten Kritik an Markowitz haben aber viele Studien gezeigt, dass Anleger ihr Risiko – bei gleicher Renditeerwartung – senken können, wenn sie ihr Geld auf verschiedene Anlageklassen verteilen. Es gilt: Je mehr Anlageklassen man kombiniert, die nicht vollständig miteinander korrelieren, umso besser das Ergebnis – egal wie die Zukunft auch aussehen mag.

Die vom Anleger angestrebte Rendite entscheidet über das Risiko, welches er in Kauf nehmen muss – oder umgekehrt: Die Risikotoleranz des Anlegers hinsichtlich Schwankungen des Depots bestimmt die maximal erzielbare Rendite.

Ein Bonbon liefert die Portfoliotheorie auch noch, und zwar in Form einer Extra-Rendite durch konsequentes Rebalancing, was bedeutet, sich entgegen der vorherrschenden Meinung zu verhalten: Anlagen, die „gut gelaufen" sind, werden reduziert (verkauft), und diejenigen, die sich unterdurchschnittlich entwickelt haben, werden aufgestockt (gekauft). Das ist der Grund, aus dem Robo-Advisors überhaupt ein Rebalancing durchführen. Letztlich bedeutet nämlich diversifizieren, dass von Zeit zu Zeit die ursprüngliche Gewichtung der Anlageklassen im Portfolio wiederhergestellt werden muss.

Aus dem hier Gesagten folgt, dass die Robo-Advisors nicht nur innerhalb der Assetklassen, z. B. Aktien, diversifizieren, sondern auch noch unterschiedliche Assetklassen ins Depot aufnehmen. Zusätzlich nehmen sie auch noch eine geografische Diversifikation vor. Ein solches Depot könnte so aussehen:

Aktien Industrieländer	HSCB S&P500 ETF (Nordamerika) iShares Stoxx Europe 600 (DE) ETF (Europa) UBS MSCI Pacific Ex Japan A ETF (Pazifik) iShares MSCI Japan UCITS ETF (Dist) (Japan) iShare Core MSCI EM IMI UCITS ETF (Schwellenländer)
Aktien kleine und mittlere Unternehmen	iShares S &P Small Cap 600 Fund ETF (USA) iShares Euro Stoxx Small Cap ETF (Europa)
Unternehmensanleihen	iShares Global Corp Bond Eur Hedged UCITS ETF (weltweit)
Hochzinsanleihen	iShares Euro Corporate Bond BBB-BB UCITS ETF- EUR (Europa)
Staats- und Unternehmensanleihen höchster Bonität	iShares Pfandbriefe UCITS ETF (DE) – EUR (Deutschland) iShares Global Govt Bond UCITS ETF (weltweit)
Immobilien	iShares European Property Yield UCITS ETF – EUR (Industrieländer)

Bedenken Sie also immer: Wenn der Robo-Advisor Ihnen einen Anlagevorschlag unterbreitet, ist sein Ziel, bei gleichbleibender Rendite-Erwartung (Ihrer) das Risiko zu verringern oder bei gleichbleibender Risiko-Erwartung (Ihrer) die Rendite zu erhöhen.

Theodor Fontane erkannte schon: *„Der Zauber steckt immer im Detail."* Um uns verzaubern zu lassen, sehen wir uns nun im Detail an, wie die Robo-Advisors das Rebalancing durchführen. Ein typischer Vertreter der passiven Robo-Advisors ist easyfolio mit seinen drei Anlagestrategien 30, 50 und 70. Die Zahlen 30, 50 und 70 entsprechen der jeweiligen Gewichtung von Aktien im Depot, der Rest entfällt auf Anleihen. Die prozentuale Verteilung der einzelnen Regionen im Aktienteil erfolgt entsprechend der wirtschaftlichen Bedeutung. In der Regel umfasst jedes Depot 15 ETFs. Easyfolio führt quartalsweise ein Rebalancing durch.

Bei vielen semipassiven Robo-Advisors erfolgt das Rebalancing schon, wenn die Anlageklassen um einen bestimmten Prozentsatz vom ursprünglichen Gewicht abweichen (abweichungsinduziertes Rebalancing). Nach diesem Ansatz managt der Robo-Advisor von fintego die angebotenen Portfolios: „Ich will's defensiv", „Ich will's konservativ", „Ich will streuen", „Ich will mehr" und

„Ich will alles". Je nach Risiko schwankt der Aktienanteil zwischen 10 bis 90 %. Investiert wird anhand der Risikotoleranz des Anlegers in Aktien global, Aktien Schwellenländer, Staatsanleihen Europa, Unternehmensanleihen Euro sowie Rohstoffe. Anders als beim passiven Ansatz legt fintego eine Obergrenze für die Abweichungen von der ursprünglichen Depotaufteilung fest. Bei einer 15 %-igen-Abweichung von der ursprünglichen Gewichtung erfolgt das Rebalancing. Zusätzlich führen viele passive Robo-Advisors, wie Ginmon, ein smartes Rebalancing durch. Hierbei werden bei jeder Anlage (Einmalanlage oder Sparplan) die Anlagebeträge so aufgeteilt, dass sich das Depot des Kunden so gut wie möglich wieder an die ursprünglich gewählte Struktur anpasst.

Mit diesen passiven, geduldigen Robo-Advisors konkurrieren die aktiven, hibbeligen Robo-Advisors um die Gunst der Anleger. Bei den aktiven Robo-Advisors wird nicht die „Anlagemischung" (Aufteilung des Depots z. B. zwischen Aktien und Anleihen) verteidigt, sondern das Risiko im Depot wird konstant gehalten. Hierzu misst der aktive Robo-Advisor jeden Tag aufs Neue, welchem Risiko jedes einzelne Kundendepot ausgesetzt ist. Hierfür muss der Robo eine Unmenge von Daten sammeln, z. B. darüber, wie sehr die Kurse einzelner Wertpapiere steigen und nachgeben und wie die Entwicklungen verschiedener Wertpapiere miteinander zusammenhängen. Schwankt der Kurs einer Aktie stärker (als üblich), steigt das Risiko, damit Verluste zu erleiden, und der Robo-Advisor tauscht die Aktie ganz oder teilweise gegen weniger riskante Anlagen aus. Da allerdings „nur" die Gewichtung der Assetklassen (wie Aktien, Anleihen, Rohstoffe usw.) aktiv je nach Marktentwicklung verändert wird, wird diese Strategie als semiaktiv bezeichnet.

Beispielsweise verfolgt der Robo-Advisor von Scalable Capital eine semiaktive Strategie. Er bietet 23 Risikokategorien mit jeweils 10 bis 15 ETFs an. Zudem beobachtet er die Märkte dauerhaft und versucht Ereignisse, die zu großen Verlusten führen können, schon im Vorfeld zu erkennen, um dann rechtzeitig umzuschichten. Dafür stützt er sich auf die Risikokennzahl Value at Risk (VaR). Diese Kennzahl gibt an, dass eine bestimmte Verlustschwelle (vom Anleger festgelegt) mit 95- %-iger-Wahrscheinlichkeit nicht überschritten wird. Natürlich kann dies dennoch vorkommen, weil sich bestimmte Risiken nicht ausschalten lassen und unwahrscheinliche Ereignisse eintreten können. Je nachdem, was der Value at Risk sagt, schichtet der Robo-Advisor zwischen risikoreicheren oder risikoärmeren Anlageklassen um.

Erst wenn die Robo-Advisors noch eine Stufe weitergehen, wenn sie also Einzeltitel bzw. Fonds gezielt kaufen, kommen wir zu der „echten", aktiven Vermögensverwaltung. Sie führt ein Stock Picking durch, d. h. der Robo-Advisor sucht nach der besten Aktie am Markt. Um diese Aktie zu finden, muss der Robo-Advisor Prognosen über die künftige Marktentwicklung anstellen und sie in seine Investmententscheidung miteinfließen lassen. Er sucht demnach die besten Ein- und Ausstiegschancen an den Börsen (dies wird als „Timing-Strategie" bezeichnet). Ein aktiver Robo-Advisor würde eine Aktie ins Portfolio aufnehmen, wenn er erkennt, dass sich die Aktie in einem Aufwärtstrend befindet. Erkennt er dagegen, dass sich eine Aktie in einem Abwärtstrend befindet, so verkauft er. Auf diese Weise versuchen die aktiven Robo-Advisors die Krisen und Chancen an den Börsen für sich auszunutzen, während die passiven Robo-Advisors geduldig der Dinge harren müssen, die über sie hereinbrechen. Allerdings besteht natürlich auch die Möglichkeit für Fehlentscheidungen. Ein aktiver Robo-Advisor ist z. B. Fundamental Capital.

Aus dem hier Gesagten wird deutlich, wie vielfältig die Methoden des Rebalancing der Robo-Advisors sind. Eine kleine Auswahl zeigt die folgende Tabelle.

Tabelle 2: Rebalancing-Strategien ausgewählter Robo-Advisors

Robo-Advisor (am Markt seit)	Anbieter	Anlageprodukte (Risikoklassen)	Anlagestrategie	Rebalancing-Strategie
ROBIN (November 2017)	Deutsche Bank	ETF (Risikoklassen: individuell)	semi-aktiv	börsentägliche Überwachung, bei Bedarf erfolgt ein Rebalancing
Solivest (Mai 2015)	DJE Kapital AG	Aktien, Anleihen (Risikoklassen: 4)	aktiv	regelmäßige Anpassung an die ursprünglichen Gewichte
Privatbank Portfolio konservativ (2013)	Sutor Bank	ETFs, Indexfonds (Risikoklassen: 4)	semi-passiv	kein festes Intervall, mindestens monatliche Überprüfung
Liqid Global (September 2016)	Liqid	ETF, ETC (Risikoklassen: 10)	aktiv	tägliche Überwachung, automatische Anpassung bei Erreichen bestimmter Schwellenwerte
growney (Mai 2016)	growney	ETFs (Risikoklassen: 4)	passiv	einmal jährlich wird Rebalancing durchgeführt
Wüstenrot ETF Managed D. (Oktober 2016)	Wüstenrot Pfandbrief-bank	ETFs (Risikoklassen: 5)	semi-passiv	Rebalancing findet bei einer Abweichung von mehr als 15 % vom Risikoprofil statt
Easyfolio (Januar 2014)	Hauck & Aufhäuser (Januar 2014)	Dachfonds aus ETFs (Risikoklassen: 4)	passiv bis semi-aktiv	es findet ein quartalsweises Rebalancing statt (bei easyfolio 30, 50, 70), dagegen findet bei easyfolio flex die Anpassung kontinuierlich statt

(Stand: 12.10.2018)

Die Tabelle macht deutlich, dass jeder Anleger die Website des Anbieters besuchen sollte, bevor er in einen Robo-Advisor investiert. Dort gibt es oft die sog. Whitepapers, die die Rebalancing- und Anlagestrategie im Detail erläutern. Ein Anleger sollte einen Robo-Advisor nur dann kaufen, wenn er die Rebalancing- und Anlagestrategie verstanden hat und entscheiden kann, ob sie zu ihm passt.

3… 2… 1… der Ring ist eröffnet. Es stehen sich gegenüber: Die aktiven und die passiven Robo-Advisors. Wo liegen die Schwächen und Stärken? Es ist natürlich aufwendiger, viele Märkte ständig zu beobachten und regelmäßige Umschichtungen vorzunehmen. Deswegen sind aktive Robo-Advisors üblicherweise teurer als passive. Bislang liegen noch keine aussagekräftigen Vergleichsmöglichkeiten darüber vor, ob ein Robo-Advisor mit aktiver oder passiver Strategie nach Abzug der Kosten die besseren Renditen erzielt. Die Zeiträume, in denen sie existieren, sind zu kurz, um tatsächlich belastbare Daten zu liefern. Zurzeit ergibt sich ein gemischtes Bild: Mal haben die passiven die Nase vorn, ein anderes Mal die aktiven Robos. Allerdings besteht mit einem aktiven Robo-Advisor die Möglichkeit, eine höhere Performance als die des Gesamtmarktes zu generieren. Es sind jedoch auch kleinere Gewinne und höhere Verluste möglich. Verantwortlich dafür ist die Qualität der finanzmathematischen Methode, anhand derer der Robo-Advisor die Chancen und Risiken an den Börsen erkennt.

Ein weiterer Vorzug der aktiven Robo-Advisors sind die kontinuierlichen Risikoberechnungen. Der Anbieter Whitebox gibt an, die Gewichtung seiner Anlageklassen mittels Risikomanagement-Modellen alle 14 Tage zu überprüfen und bei Bedarf automatische Umschichtungen vorzunehmen. Dagegen erklärt Scalable Capital sogar, täglich zu überprüfen, ob das Portfolio noch zu den Risikovorgaben passt, die der Kunde festgelegt hat.

Da passive Robo-Advisors fast nur mit ETFs arbeiten, die wiederum nur den Marktdurchschnitt abbilden, ist es praktisch unmöglich, eine überdurchschnittliche Rendite zu erzielen. Abzüglich der laufenden Kosten haben sie sogar in der Regel eine minimale, aber konstante Underperformance gegenüber dem Markt.

Welchen Robo-Advisor-Ansatz sollte der Anleger nun wählen? Zunächst muss man über seinen Anlagezeitraum nachdenken. Bei einem kurzfristigen Zeitraum von unter fünf Jahren würde ich zu einem aktiven Roboter tendieren, weil sie durch ihre cleveren Algorithmen ein ausgereiftes Risikomanagement durchführen können, was Schaden vom Vermögen abwendet. So läuft man nicht Gefahr, sein Portfolio mit Verlust verkaufen zu müssen, weil man eine schwache Marktphase erwischt hat. Möchte man langfristig sein Geld anlegen (mehr als fünf Jahre), hat man die Qual der Wahl. Beide Optionen kommen infrage. Das Dilemma lässt sich relativ leicht lösen, man splittet einfach das Kapital auf aktive und passive Robo-Advisors auf. So kann man die Vorteile von beiden Modellen genießen und als Bonbon bekommt man noch eine breite Diversifikation seines Kapitals dazu.

Jede Generation lacht über Moden, aber folgt den neuen treu. So ist es auch bei den Robo-Advisors. Neuerdings drängt sich bei den Robo-Advisors der Slogan „Nachhaltigkeit der Investments" immer mehr in den Vordergrund. Vielleicht haben Sie ja auch im Fernsehen die 2. Staffel der TV-Serie „Bad Banks" gesehen. In der Staffel steht ein fiktiver, nachhaltiger Robo-Advisor im Mittelpunkt. Solche Robo-Advisors mit Schwerpunkt Nachhaltigkeit gibt es wirklich. Robo-Advisors mit dem Schwerpunkt Nachhaltigkeit orientieren sich am Kürzel ESG. Dieses Kürzel steht für Umwelt (Environment), Soziales (Social) sowie Unternehmensführung (Governance). Nachhaltige Robo-Advisors investieren nur in ETFs oder aktive Fonds, die diese Kriterien erfüllen. So sind beispielsweise in diesen Fonds keine Unternehmen enthalten, die sich mit Waffen, Erwachsenenunterhaltung, Tabak, Spirituosen, Gentechnik, Atomindustrie, Kohlebergbau oder Tierversuchen beschäftigen. Bei Staatsanleihen sind die Regeln nicht ganz so klar. Jeder Anbieter von Fonds setzt dabei auf seine eigenen Nachhaltigkeitsregeln. Dazu kommt noch, dass jeder Robo-Advisor seine eigenen Regeln hat. Beispielsweise lässt growney nur Staatsanleihen aus Ländern zu, die demokratisch und als Rechtsstaat organisiert sind, das Pariser Klima-Abkommen ratifiziert haben, Todesstrafe und Kinderarbeit verbieten, Menschen- und Arbeitnehmerrechte einhalten sowie eine niedrige Korruptionsrate vorweisen. Dagegen sieht die Welt bei Unternehmensanleihen relativ einfach aus. Die Robo-Advisors berücksichtigen nämlich nur die Unternehmensanleihen, die von Unternehmen ausgegeben werden, die ESG-Regeln einhalten.

Bei den Robo-Advisors gibt es Anbieter, die rein auf Nachhaltigkeit setzen, und solche, die daneben noch herkömmliche Portfolios anbieten. So bietet z. B. der Robo-Advisor Liqid eine Doppelstrategie an, d. h. sie haben neben konventionellen Strategien auch nachhaltige Anlagemöglichkeiten im Portfolio. Dagegen setzt Vividam ausschließlich auf Nachhaltigkeit. Hierzu bietet Vividam derzeit vier verschiedene Strategien an. Sie unterscheiden sich hinsichtlich ihrer Aktienquote (von 30, 50, 70 und 100 %) und somit ihres Risikos. Vividam setzt zur Umsetzung seiner Strategie hauptsächlich auf aktiv gemanagte Fonds. Außerdem steigen immer mehr Robo-Advisors auf nachhaltige Strategien um, wie z. B. Solidvest oder growney. Dies liegt u. a. daran, dass immer mehr Kunden gezielt nach nachhaltigen Investments fragen und dass auf Seiten der ETFs immer mehr nachhaltige Produkte auf den Markt kommen.

Wie schon gesagt, führen die Robo-Advisors eine Strategie nach Lehrbuch durch. Eine generelle Regel lautet: *Diversifikation ist Trumpf.* In Bezug auf Aktien bedeutet dies auf verschiedene Aktien, Märkte, Länder und Themen zu setzen. Denn es zeigt sich: Je breiter die Streuung, umso geringer sind die Auswirkungen, die von der Entwicklung einer einzelnen Aktie ausgehen. Wie realisieren die Robo-Advisors dies? In dem sie die Anlegergelder in ETFs investieren. Deshalb sollten wir uns auch kurz mit den ETFs auseinandersetzen. Sie sind schließlich das Vehikel, mit dem die Robo-Advisors Ihre Anlageziele umsetzen.

2.4.3 Grundkurs ETFs

ETF ist das erfolgreichste Buchstabenkürzel der jüngeren Finanzgeschichte[35]. ETF ist die Abkürzung für Exchange Traded Funds. Am

---

35 Für mehr Informationen empfehle ich das Buch: Götte, Rüdiger: Exchange Traded Funds (ETFs) – Grundlagen, Funktionsweise und praktischer Einsatz. Das 1x1 der Exchange Traded Funds, ibidem-Verlag: Stuttgart, 2010.

besten lässt sich die Funktionsweise eines ETFs anhand der drei Teile, aus denen sich der Begriff zusammensetzt, erklären.

ETF	=	börsengehandelter	+	Index	+	Fonds
		jederzeit handelbar		Marktbarometer		Sondervermögen

Das Grundprinzip der Indexfonds, so die Bezeichnung im Deutschen, ist denkbar einfach. Der Fonds bildet schlicht die Wertentwicklung eines Börsenindex[36] ab. Legt z. B. der DAX um 5 % zu, gewinnt auch der Indexfonds 5 %. Verliert der DAX 5 %, so ist der Indexfonds ebenfalls mit 5 % im Minus. Die Investments eines Indexfonds (Titel und Gewichtung) werden vom Index genau vorgegeben. Somit hat der Anleger den Vorteil, dass er jederzeit weiß, worin sein Geld investiert wird[37], da die Zusammensetzung des zugrunde liegenden Indizes stets bekannt ist[38].

Der Erfolg der Indexfonds ruht auf der Erkenntnis, dass kaum ein Fondsmanager auf Dauer eine bessere Wertentwicklung erzielt als die großen Börsenbarometer. Die Konsequenz für viele Anleger aus dieser niederschmetternden Erkenntnis ist: Wenn es sowieso so gut wie niemandem gelingt, im Schnitt besser abzuschneiden als der Aktienmarkt, dann kann man doch gleich den ganzen Markt kaufen (also den Index, der diesen Markt abbildet). Außerdem ist der Kauf eines Indexfonds deutlich günstiger als ein Investment in einen klassischen Fonds, bei dem sich die Manager ihre Arbeit üblicherweise recht teuer bezahlen lassen. Als Sahnehäubchen kommt hinzu, dass es sich bei den Anlegergeldern, also dem Geld, das in ETFs investiert wird, um ein Sondervermögen handelt, das treuhänderisch von einer Depotbank verwaltet wird und vom Vermögen der Fondsgesellschaft rechtlich getrennt ist. Deshalb sind die Anlegergelder auch bei einer Insolvenz der Fondsgesellschaft geschützt.

---

36 Indizes sind Marktbarometer, welche die Wertentwicklung ganzer Märkte wiedergeben.

37 Bei klassischen Fonds erfahren die Anleger dies nur durch die Halb- oder Jahresberichte.

38 Der DAX enthält die Aktien der 30 größten deutschen Aktiengesellschaften gewichtet nach ihrer Größe. Ab September 2021 wird der DAX um zehn Unternehmen auf insgesamt 40 Unternehmen aufgestockt.

Es wird sogar noch besser. ETFs sind ebenso wie Aktien an der Börse handelbar. Deshalb können Anleger ETFs während der Börsenöffnungszeiten jederzeit kaufen und verkaufen. Im Vergleich dazu werden klassische Publikumsfonds nur einmal am Tag über die Fondsgesellschaft gehandelt. Zudem fallen bei ETFs anders als bei klassischen Publikumsfonds keine hohen Ausgabeaufschläge an. Der Anleger zahlt beim Börsenhandel von ETFs nur die Ordergebühren der Bank und eine meist geringe Differenz (Spread) zwischen An- und Verkaufskurs.

So einfach das Grundprinzip der ETFs auch sein mag, umso schwerer fällt die Auswahl, da es fast für jeden Index auch den passenden Indexfonds gibt. Ob Brasiliens Aktienbarometer Ibovespa, der thailändische Aktienindex MSCI Thailand oder ein Index auf die Wertentwicklung Schweizer Staatsanleihen, alles ist möglich. Es gibt fast alles im Gemischtwarenladen der Indexfonds. Wie soll man sich da entscheiden? Für Einsteiger empfiehlt es sich, zunächst einmal auf bekannte Indizes zu setzen, wie DAX, Dow-Jones, Euro Stoxx 50 usw. Diese haben den Vorteil, dass sich ihr aktueller Stand jederzeit problemlos in Zeitung, Fernsehen oder Internet verfolgen lässt.

Für welchen Index ein Anleger sich auch entscheidet, er darf die goldene Regel bei der ETF-Anlage niemals außer Acht lassen:

Anleger sollten wissen, nach welchen Regeln sich der jeweilige Index zusammensetzt.

Die meisten Aktienindizes, u. a. auch der DAX, folgen dem Prinzip der Marktkapitalisierung. Das heißt: Je mehr Aktien eines Unternehmens sich im Umlauf befinden und umso höher dessen Börsenkurs ist, desto größer ist das Gewicht des Unternehmens im Index – und umso mehr hängt die Wertentwicklung des gesamten Indizes von diesem Unternehmen ab. Dagegen haben viele Anleiheindizes eine besondere Tücke. In diesen Indizes bekommt das Land oder Unternehmen mit der höchsten Schuldenlast auch das höchste Gewicht. Bei europäischen Staatsanleihen sind dies Deutschland, aber auch das angeschlagene Italien.

Aber allein mit der Auswahl eines Indizes ist es noch nicht getan. Man muss auch den dazu passenden ETF finden. So bietet z. B. jeder ETF-Anbieter, der etwas auf sich hält, in Deutschland einen DAX-ETF an. Es gibt mittlerweile mehr als elf Stück. Welchen soll man nehmen? Um diese Frage zu beantworten, sieht man sich die Baupläne, nach denen die Anbieter ihre Indexfonds zusammenzimmern, an. Die meisten ETF bauen die Indizes nach dem physisch-replizierenden oder den Swap-basierten Ansatz (oft auch synthetischer Ansatz genannt) nach.

Beim physisch-replizierenden Ansatz (oder Replikation genannt)[39] kauft der Indexfonds stets die Aktien, die zu einem Index gehören. Im Falle des DAXs würden die Indexfonds also die Aktien sämtlicher 30 enthaltenen Firmen (ab September 2021 40) entsprechend ihrer Gewichtung im Index kaufen.

„Rennfahren ist ein sehr komplexer Vorgang, ein ständiger Informationsaustausch aller Körperteile vom Fuß bis zum Kopf", sagte Michael Schumacher. Das gleiche gilt für Swap-ETFs. Deswegen ist ihr Bau auch wesentlich komplexer als bei der physischen Replikation. Im Prinzip ist ein Swap-Geschäft nichts anderes als ein „Renditetausch". Dies verdeutlicht folgende Abbildung:

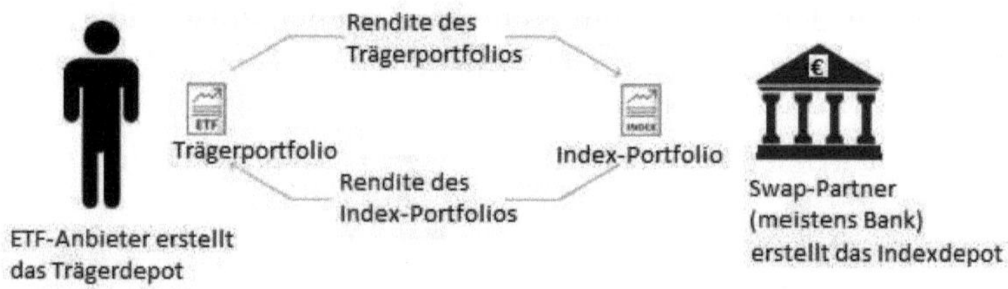

Abb. 5: Swap-Geschäft

(Quelle: Eigene Darstellung nach https://www.weltsparen.de/geldanlage/etf/swap-etf/, Stand 27.01.2019)

Aus der Abbildung kann man entnehmen, dass das Swap-Geschäft zwischen zwei Kontrahenten (ETF-Anbieter und Swap-Partner

[39] Bei großen Indizes kommt darüber hinaus oftmals das Sampling zum Einsatz. Hierbei werden nur diejenigen Titel aus einem Index erworben, die den größten Einfluss auf den Kurs des Index haben.

(meist Großbank)) stattfindet. Hierzu schließen diese einen Tauschvertrag miteinander ab. Um diesen Vertrag mit Leben zu erfüllen, muss der ETF-Anbieter des Swap-ETFs ein sog. „Trägerportfolio" aus Aktien zusammenstellen[40]. In dieses „Trägerportfolio" investieren die ETF-Anleger. Auf der anderen Seite hält der Swap-Partner das Portfolio des Indexes (sog. „Indexportfolio"), dass der Swap-ETF abbildet. Jetzt vereinbaren der ETF-Anbieter und der Swap-Partner ein Tauschgeschäft (Swap), wobei die jeweiligen Renditen der verschiedenen Portfolios getauscht (geswapt) werden. Sehen wir uns hierzu ein Beispiel an. Nehmen wir an, Sie möchten einen Swap-ETF auf den MSCI World kaufen. Der ETF-Anbieter hält das Trägerportfolio, während der Swap-Partner den Index des MSCI World hält. Wie geht es weiter? Um dies zu verstehen, hilft uns ein Blick auf die folgende Abbildung.

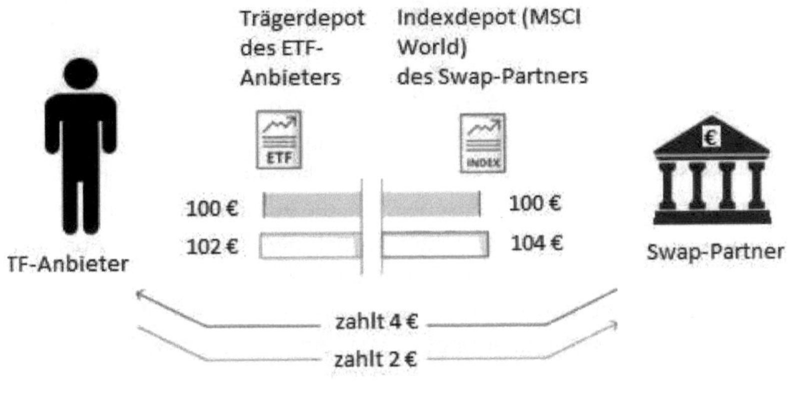

Abb. 6: Funktionsweise eines Swap-ETFs

(Quelle: Eigene Darstellung nach https://www.weltsparen.de/geldanlage/etf/swap-etf/, Stand 27.01.2019)

---

40 Die Zusammensetzung des Trägerportfolios muss nicht mit der Zusammensetzung des Index identisch sein, den der Swap-ETF abbildet. Die Zusammensetzung wird eher unter den Gesichtspunkten minimaler Kosten, Steuern und natürlich den gesetzlichen Vorgaben zur Risikostreuung vorgenommen. Das heißt, in einem ETF auf den DAX können beispielsweise auch europäische Aktien enthalten sein.

Der Einfachheit halber gehen wir davon aus, dass beide Portfolios (Träger- und Indexportfolio) zu Beginn des Tauschgeschäfts einen Wert von 100 € haben. Der MSCI World steigt um 4 %. Dementsprechend legt das Indexportfolio auf 104 € zu. Dagegen erzielt das Trägerportfolio eine Rendite von 2 %. Somit hat es einem Wert von 102 €. Wegen des Tauschvertrags zahlt nun der Swap-Partner dem ETF-Anbieter 4 €, wohingegen der ETF-Anbieter die Rendite des Trägerportfolios von 2 € an den Swap-Partner zahlt[41]. Auf diese Weise erhalten die Anleger des Swap-ETFs die Rendite des MSCI World. Kritiker werfen dieser Methode vor, dass solche Swap-Geschäfte trotz manch zusätzlicher Absicherung riskant sind, denn eine nicht auszuschließende Pleite einer der beteiligten Banken würde auch die ETF-Besitzer treffen.

Steuern – der kleine Unterschied!

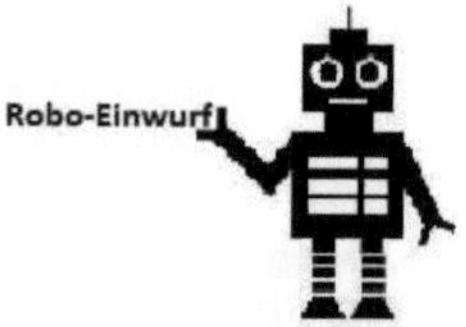

Rein synthetische ETFs, die den Markt überwiegend durch Tauschgeschäfte künstlich nachbilden, haben keine Teilfreistellungen, d. h. Sie müssen für die gesamten Erträge Abgeltungssteuer abführen. Dies gilt nur für synthetische ETFs, die ausschließlich aus einem Swap bestehen. Zum Glück bilden jedoch die meisten ETFs nur mit einem aus steuerlicher Sicht unbedenklich kleinen Teil ihrer Kapitalbeteiligungen künstlich ab, sodass Sie von den Teilfreistellungen profitieren. Dies gilt allerdings nur, wenn die ETFs mehr als die Hälfte ihrer Investitionen in „echten" Anlagen, wie Aktien, halten. Dagegen können bei physisch replizierten ETFs immer Teilfreistellungen erlangt werden.

Eine amerikanische Redensart sagt: *„Die meisten Menschen wollen lieber durch Lob ruiniert als durch Kritik gerettet werden."* Dies ist im Universum der ETFs nicht der Fall. Wegen der zunehmenden Kritik am swap-basierten Ansatz stellen immer mehr ETF-Anbieter auf den physisch-replizierenden Ansatz um. Aber hier ist Vorsicht ge-

---

41 Im umgekehrten Fall muss der ETF-Anbieter einen höheren Betrag an den Swap-Partner zahlen.

boten. Fachleute weisen darauf hin, dass viele Indexfonds die Aktien in ihrem Portfolio kurzfristig gegen eine Leihgebühr an andere Marktteilnehmer verleihen. Ein nettes Zusatzgeschäft, wenn alles glatt läuft. Allerdings birgt dieses Verfahren auch ein zusätzliches Risiko, falls der Ausleiher einmal in Schwierigkeiten gerät. Deswegen sollten risikoscheue Anleger nur in Indexfonds investieren, die Aktien direkt kaufen und nicht weiterverleihen.

In der Theorie sollte jeder Indexfonds die Wertentwicklung des ihm zugrunde liegenden Indizes exakt abbilden. In der Praxis sieht es allerdings anders aus. Es gibt immer mal wieder kleine Abweichungen zwischen der Wertentwicklung des Indexfonds und des dazugehörigen Indizes. Um zu messen, wie stark diese ausfallen, wird der Tracking Error gemessen. Ein Tracking Error von null signalisiert, dass die Wertentwicklung des ETF zu jedem Zeitpunkt exakt der Wertentwicklung des Indizes entspricht. Zeigen sich hier hohe Differenzen, empfiehlt sich der Kauf nicht. Generell sollte man, wenn mehrere ETFs zur Auswahl stehen, immer den mit dem kleinsten Tracking Error vorziehen.

Eine andere Kennzahl, die man als Anleger im Blick haben sollte, ist die sogenannte Tracking Difference. Sie gibt an, inwieweit die Rendite des ETF und des dazugehörigen Indizes voneinander abweichen. Dies läuft zwar dem Kerngedanken von Indexfonds entgegen, zahlt sich aber für den Anleger aus. Kommt also z. B. ein DAX-Indexfonds im Zeitraum eines Jahres auf eine Tracking Difference von 0,5 Prozentpunkten, bedeutet dies: Der Indexfonds hat die Wertentwicklung des DAXs um 0,5 Prozentpunkte übertroffen. Darum lohnt es sich, in einen Indexfonds mit einer leicht positiven Tracking Difference zu investieren. Man sollte aber auch im Hinterkopf haben, dass die zusätzliche Rendite sich in der Regel daraus ergibt, dass der Indexfonds kurzfristig gegen eine Gebühr Aktien aus seinem Portfolio verleiht. Ein anderer Grund für das Plus könnten Steuererstattungen sein, die der Anbieter an seine Kunden weiterreicht. Der Anleger sollte also bei einer positiven Tracking Difference kritisch hinterfragen, wie diese Zusatzrendite zustande kommt.

Zum Schluss muss der Anleger noch einen Blick auf die Gebühren der Indexfonds werfen. Sie sind zwar im Vergleich zu klassischen Fonds deutlich niedriger, trotzdem gibt es auch hier Unterschiede je nach Anlageregion und Anbieter. Die ETF-Anbieter verbergen die Kosten auf ihren Internetseiten häufig unter dem Kürzel „TER" – englische Abkürzung für „Gesamtkostenquote". Wie bei eigentlich allen Finanzprodukten gilt auch bei ETFs:

Je höher die Kosten, umso stärker schmälert dies die Rendite!

Viele Anleger vernachlässigen dies, weil die Kostenunterschiede zwischen den ETFs auf den gleichen Index meistens im Bereich von Zehntelprozentpunkten liegen und als sehr gering erscheinen. Aber bei längeren Anlagezeiträumen kann aus dem vermeintlich kleinen Kostenunterschied eine recht stattliche Differenz werden. Aus diesem Grund sollte sich ein Anleger zwischen zwei Indexfonds, die sich ziemlich ähnlich sind, immer für den günstigeren entscheiden.

2.4.3.1 ETF-Namen entschlüsseln

Um die Anleger zu verwirren, haben sich die ETF-Anbieter monströse Namen für ihre Produkte ausgedacht. So hat z. B. der UBS ETF (LU) Barclays MSCI US Liquid Corporates Sustainable UCITS ETF (hedged to EUR) A-acc. ganze 91 Zeichen voller Fachbegriffe und Abkürzungen. Um sie zu verstehen, braucht man eine Art „Code-Buch". Dieses „Code-Buch" werden wir in diesem Abschnitt aufschlagen und darin etwas lesen, denn richtig gelesen fördert der Code schnell die wichtigsten Merkmale des ETFs zu tage.

Xtracks	S&P500	UCITS ETF	(DC) 1 C (Euro hedged)
Anbietername	Index	regulatorischer Hinweis	Merkmale des ETFs

Abb. 7: Grundstruktur eines ETF-Namens

Um den Code zu verstehen, betrachten wir die Bestandteile der Grundstruktur eines ETF-Namens näher[42]. An erster Stelle steht

[42] Natürlich kann es vorkommen, dass die Reihenfolge der Namensbausteine abweicht oder dass einzelne Bausteine wegfallen. Zudem sind alle Angaben im ETF-Namen meistens in Englisch.

meist die Marke des ETF-Anbieters, wie z. B. Xtrackers, iShares usw. ETF-Anbieter sind in der Regel Tochtergesellschaften großer Banken oder Vermögensverwalter. So ist beispielsweise Xtrackers die ETF-Marke der Deutschen Bank, iShares gehört zu Blackrock (aus den USA stammender weltweit größer Vermögensverwalter). Manchmal steht hinter den Anbieternamen der Begriff „Core" (o. ä.). Dies deutet auf eine Untergruppe innerhalb der Angebotspalette des jeweiligen Anbieters hin. Core-ETFs sind häufig sehr kostengünstige und populäre Indexfonds, wie z. B. auf den DAX.

An zweiter Stelle steht der Index, den der ETF abbildet, beispielsweise S&P 500, DAX oder EURO STOXX 50 usw. Der Indexname gibt ebenfalls Aufschluss über die abgedeckte Region sowie die Anzahl der Einzeltitel im Index. So bietet z. B. der EURO STOXX 50 Zugang zu Aktien der Eurozone und enthält die 50 größten börsengehandelten Unternehmen dieser Region. Als Zusatz zur Index-Beschreibung findet man häufig die Kürzel TR, NR oder TRN. Dabei steht TR für Total Return, NR bzw. TRN stehen für Net Return. Diese Angaben sagen aus, ob die Wertentwicklung des nachgebildeten Indizes mit (TR) oder ohne Dividenden (TRN) berechnet wird.

An dritter Stelle folgen meistens die regulatorischen Hinweise. Sie sind wichtig für den Anlegerschutz. Hinter vielen Index-Namen folgt häufig die Abkürzung „UCITS". Dies steht für die „UCITS"-Richtlinie. In ihr werden eine Reihe von Mindestanforderungen festgelegt, an welche sich Anlagefonds in Europa halten müssen, z. B. zur Diversifikation. So dürfen u. a. höchstens 20 % des Nettovermögens eines Fonds in Wertpapiere eines einzelnen Unternehmens investiert werden. Ein weiterer wichtiger regulatorischer Begriff an dieser Stelle ist „ETF". Dieser grenzt den ETF deutlich von anderen börsengehandelten Anlage-Instrumenten wie

ETCs[43] oder ETNs[44] ab, die oft unter dem Überbegriff ETPs (Exchange Traded Products) zusammengefasst werden.

Am Schluss des ETF-Namens befinden sich meist Abkürzungen, welche Rückschlüsse zur Anteil-Scheinklasse zulassen. Dies ist notwendig, weil es häufig mehrere Anteilscheinklassen mit unterschiedlichen ISINs (Internationale Wertpapier-Kennnummern) von ein und demselben Indexfonds gibt. Die unterschiedlichen Anteil-Scheinklassen unterscheiden sich in der Regel in der Höhe der Gebühren, der Währung oder der Art der Ertragsverwendung.

Die Ertragsverwendung informiert darüber, ob Dividenden der Aktien bzw. bei Anleihen die Zinserträge im Fonds ausgeschüttet oder reinvestiert werden (Thesaurierung). Dabei werden ausschüttende ETFs (eng. distributing) abgekürzt mit D, Dis oder Dist. Dagegen werden thesaurierende ETFs (engl. accumulating) üblicherweise durch folgende Abkürzungen gekennzeichnet: C oder Acc.

Die Währung der Anteil-Scheinklasse gibt Aufschluss darüber, ob der Anleger ein Währungsrisiko eingeht. Unser Xtrackers-Beispiel-ETF enthält zudem den Zusatz „EUR hedged". Die S&P-500-Aktien, welche gewöhnlich in US-Dollar gehandelt werden, sind somit währungsgesichert (engl. hedged) in EUR, d. h., das US-Dollar-Währungsrisiko entfällt. Oftmals findet man im Fall von währungsgesicherten ETFs die Zusatzangabe „Daily" oder „Mon-

---

43 **Exchange Traded Commodities (ETC)** sind Wertpapiere, die an die Wertentwicklung eines oder mehrerer Rohstoffpreise gekoppelt sind. Rechtlich gesehen handelt es sich um Schuldverschreibungen (Anleihen) des Emittenten, z. B. einer Bank. ETCs stellen somit kein Sondervermögen dar.

44 **Exchange Traded Notes (ETN)** sind börsengehandelte Schuldverschreibungen, die an die Wertentwicklung eines festgelegten Marktindizes gekoppelt sind. Üblicherweise sind dies Devisen- und Aktienindizes oder Volatilitätsindizes (Indikator für Schwankungsanfälligkeit der Finanzmärkte). ETNs sind rechtlich gesehen dasselbe wie ETCs. Allerdings hat es sich am Markt etabliert, Wertpapiere, die die Preisentwicklung von Rohstoffen abbilden, als ETCs zu bezeichnen. Ein Unterschied zwischen ETC und ETN ist, dass derzeit nahezu alle ETCs im Handel an der Börse Frankfurt durch physische Hinterlegung von Rohstoffen oder treuhänderische Sicherheiten besichert sind. Bei ETNs ist das nicht so häufig der Fall, sodass bei ETNs und unbesicherten ETCs das Emittentenrisiko lauert. Das bedeutet: Wird der Herausgeber der ETCs bzw. ETNs insolvent, geht der Anleger leer aus oder bekommt nur einen Teil seines eingesetzten Kapitals aus der Konkursmasse zurück.

thly". Diese Bezeichnung bestimmt, ob die Währungsabsicherung täglich oder monatlich erfolgt.

Zugegeben, die ETF-Namen sind auf den ersten Blick nicht leicht zu verstehen und müssen entschlüsselt werden. Nun kennen Sie die wichtigsten Begriffe bzw. Abkürzungen.

Erhard Blanck stellte trefflich fest: *„Auf 100 Risiken kommt ein Erfolg. Die anderen 99 werden nicht gezählt. Aber jedes dieser 99 Risiken kann Ihnen ein Bein stellen und Ihnen einen Strich durch die Rechnung machen!"* Deswegen müssen wir noch ein im Verborgenen wirkendes Risiko im Detail betrachten, nämlich das Währungsrisiko.

2.4.3.2 *Währungsrisiko*

Häufig setzen Robo-Advisors auch auf ETFs, die Titel außerhalb der Eurozone in ihrem Portfolio haben. Durch Investitionen im Ausland versuchen Robo-Advisors, die Rendite des Portfolios zu verbessern, während die Volatilität (sprich Risiko) sinkt. Aber es gibt kein „Free-Lunch" an der Börse – man muss für die zusätzliche Rendite und das geringere Risiko bezahlen. Die Bezahlung erfolgt durch das Währungsrisiko.

Prinzipiell besteht ein Währungsrisiko immer dann, wenn ein Investment nicht in der Landeswährung des Anlegers stattfindet. In diesem Fall treffen mindestens zwei Währungen aufeinander, und diese Währungen stehen in Relation zueinander. Dies bedeutet, dass sie ihren Wert in Abhängigkeit von der jeweils anderen Währung bilden. Daher kann der Wert des US-Dollars beispielsweise in Euro angegeben werden – und umgekehrt. So kann eine Währung gegenüber einer anderen Währung im Wert sinken oder steigen. Mit anderen Worten ist mit dem Währungsrisiko gemeint: Die Währung des Landes, in das Sie Ihr Geld anlegen, kann im Vergleich zu Ihrer heimischen Währung fallen oder steigen[45]. Dies hat Auswirkungen auf den Wert Ihrer Anlagen in heimischer Währung. Schwächt sich der US-Dollar gegenüber dem Euro ab, dann verlieren z. B. ihre US-Papiere in Euro an Wert, auch wenn sich die

45 Generell gilt: Als Anleger aus dem Euroraum gewinnen Sie bei einer Abwertung des Euros und verlieren bei einer Aufwertung des Euros gegenüber der Fremdwährung.

Kurse in der Zwischenzeit nicht verändert haben. Diesem Risiko steht aber auch eine Chance gegenüber. Wird der US-Dollar stärker gegenüber dem Euro, so gewinnen ihre US-Aktien in Euro an Wert, auch wenn sich die Kurse in der Zwischenzeit nicht bewegt haben.

Da *„ein Gramm gutes Beispiel mehr wirkt als ein Zentner Worte"* (Franz von Sales), sehen wir uns hierzu ein Beispiel an. Angenommen, der Robo-Advisor kauft einen ETF auf den US-amerikanischen Index Dow-Jones. Der Dow-Jones-ETF kostet 1.200 US-Dollar. Der aktuelle Kurs von US-Dollar zu Euro liegt bei 1,2:1, d. h., dass der Euro gegenüber dem US-Dollar sehr stark ist. Dies bedeutet, dass der Robo-Advisor für jeden investierten Euro 1,2 US-Dollar erhält. Somit kann er den ETF im Wert von 1.200 US-Dollar bereits für 1.000 € kaufen. Nach einer gewissen Zeit führt der Robo-Advisor ein Rebalancing durch. Er stellt fest, dass er den Dow-Jones-ETF verkaufen muss. Der Einfachheit halber nehmen wir an, dass sich sein Börsenkurs nicht verändert hat, der Wert des ETFs liegt somit immer noch bei 1.200 US-Dollar. Allerdings hat sich in der Zwischenzeit der Wechselkurs der beiden Währungen geändert. Jetzt liegt er bei nur noch 1,1:1, d. h., dass der US-Dollar im Vergleich zum Kaufzeitpunkt gegenüber dem Euro gewonnen hat. Beim Verkauf des Dow-Jones-ETFs wird nun zum aktuellen Wechselkurs von 1,1:1 in die ursprüngliche Währung, in Euro, umgerechnet. Der Dow-Jones-ETF hat in US-Dollar einen Wert von 1.200 US-Dollar. Da der US-Dollar gestiegen ist – also mehr Euro wert ist –, bekommt der Robo-Advisor für die 1.200 US-Dollar nun 1.090.91 €. Ergo beschert ihm die günstige Wechselkursveränderung einen Gewinn von 90,91 €, und dass trotz eines unveränderten Kurses des Dow-Jones-ETFs.

Seinen janusköpfigen Charakter zeigt das Wechselkursrisiko beim umgekehrten Fall. Betrachten wir das gleiche Beispiel nun aus einer anderen Perspektive. Der Robo-Advisor kauft einen Dow-Jones-ETF im Wert von 1.200 US-Dollar (1.000 €) bei einem Wechselkurs von 1,2:1. Wiederum verändert sich der Kurs des ETFs nicht, der Robo-Advisor verkauft den ETF für einen Betrag von 1.200 US-Dollar. Doch diesmal hat der Euro gegenüber dem US-Dollar in der Zwischenzeit weiter zugelegt – er ist also noch mehr US-Dollar wert. Der aktuelle Kurs liegt bei 1,3:1. Dies führt dazu, dass der

Wert des ETFs – in Euro gerechnet – gesunken ist, da der US-Dollar verloren hat. Beim Verkauf des Dow-Jones-ETFs wird zum aktuellen Wechselkurs von 1,3:1 in die ursprüngliche Währung, in Euro, umgerechnet. Deswegen bekommt der Robo-Advisor beim Verkauf des ETFs nur noch 923,08 € ausbezahlt. Er macht also 76,92 € Verlust.

So einfach ist es mit dem Währungsrisiko natürlich nicht. Sehen wir uns den iShares Core MSCI World UCITS ETF an. Er bildet den MSCI World Index ab, welcher aus über 1.600 Aktien aus 23 Industrieländern besteht. Dieser ETF wird an der Frankfurter Börse in Euro gehandelt. Zur Ermittlung des Fondswertes des Indexfonds hat der Anbieter iShares hingegen US-Dollar festgelegt. Das Währungsrisiko des unterliegenden ETFs verteilt sich hingegen auf viele Währungen, u. a. US-Dollar, Euro, Japanischer Yen, Schweizer Franken, britische Pfund.

Bei genauerer Betrachtung erkennt man, dass es drei verschiedene Währungsdefinitionen gibt.

1. Fondswährung: Dies ist die Währung, in welcher der Wert des ETF-Fondsvermögens berechnet wird. Sie ergibt sich in der Regel aus der Indexwährung, wird aber durch den ETF-Anbieter festgelegt. Bei unserem Beispiel MSCI World ETF ist es US-Dollar.
2. Handelswährung: Dies ist die Währung, in der der ETF an der Börse gehandelt wird. Üblicherweise ist dies in der Eurozone der Euro. Aber an den Börsen werden auch ETFs in US-Dollar, Schweizer Franken, britischen Pfund usw. gehandelt. Die Handelswährung des Beispiels MSCI World ETF ist der Euro.
3. Währung der abgebildeten Titel innerhalb des ETFs: Dies sind bei unserem Beispiel des MSCI World ETF u. a. US-Dollar, Euro, Japanischer Yen, Schweizer Franken, britische Pfund.

Aus dem Beispiel iShares Core MSCI World UCITS ETF erkennt man, dass alle drei Währungsdefinitionen bei ein und demselben ETF gänzlich unterschiedlich ausfallen können. Allerdings betrachtet man sowohl die Fondswährung als auch die Handelswährung nur als Rechnungswährungen, welche keinen direkten Einfluss auf die Rendite des ETFs haben. Das Währungsrisiko für Sie als Anleger dagegen wird maßgeblich durch die Währung der abgebildeten Titel bestimmt. Dies kann im Falle eines Regionen-ETFs, wie es der MSCI World ETF ist, sogar ein Mix aus verschiedenen Fremdwährungen sein.

Um dem Währungsrisiko aus dem Weg zu gehen, können ETFs mit Währungsabsicherung erworben werden. Bei währungsgesicherten ETFs gleichen die ETF-Anbieter die Währungsschwankungen aus, sodass nur die Entwicklung der Vermögenswerte in ihrer Ursprungswährung ausschlaggebend ist. Die Währungsabsicherung ist natürlich nicht umsonst. Sie kann die Kosten für ein ETF-Investment deutlich erhöhen. Zudem muss man bedenken, dass das Währungshedging nicht immer perfekt funktioniert. Wenn z. B. der Währungshedge monatlich angepasst wird und man nicht am Hedgetag selbst investiert, können indirekt Kosten entstehen. Dieses Problem versuchen viele ETF-Anbieter zu umgehen, indem sie das Währungshedging auf täglicher Basis durchführen.

So viel zum Thema ETFs. Was haben ETF und Robo-Advisor gemeinsam? Ihre Vielfalt!

2.5 Robo ist nicht gleich Robo

Hier greift das alte Sprichwort: „*Wenn zwei das Gleiche tun, ist es immer noch nicht dasselbe.*" Robo-Advisors bieten unterschiedliche Servicegrade an. Auch die Lizenz der Robo-Advisors macht einen großen Unterschied zwischen den einzelnen Anbietern aus. Blicken wir zunächst auf die Service-Stufen der Robo-Advisors, weil sich die Lizenz, welche die Robos benötigen, um ihre Geschäfte zu tätigen, aus dem Servicegrad ergibt.

2.5.1 Was leistet ein Robo-Advisor für mich? – Service-Stufen der Robos

Um sich im Irrgarten der Robo-Advisors nicht zu verirren, sollte sich der Anleger auch der Frage widmen: Wie viel Kontrolle möchte ich über meine Geldanlage abgeben? Je nachdem, wie viel

Arbeit der Robo-Advisor dem Anleger abnehmen soll, wird zwischen Full-Service, Half-Service und Self-Service-Robo-Advisors[46] unterschieden.

- Full-Service: Diese Robo-Advisors übernehmen die Vermögensverwaltung des Kunden komplett. Sie machen nicht nur einen Anlagevorschlag und vermitteln das Portfolio, sondern verwalten das Depot des Anlegers danach eigenverantwortlich. Sie werden auch Finanzportfolio- oder Vermögensverwalter bezeichnet.
- Half-Service: Sie funktionieren ähnlich wie Full-Service-Robos. Der entscheidende Unterschied ist, dass der Robo vor jeder Umschichtung des Depots den Anleger um Zustimmung bitten muss. Der Anleger hat also ein bisschen mehr Aufwand als bei den Full-Service-Robos. Diese Robos bezeichnet man als Finanzanlagen- oder Anlagenvermittler.
- Self-Service: Wer seine Geldanlage in den eigenen Händen behalten will, ist bei den Self-Service-Robos an der richtigen Stelle. Sie sind reine Tippgeber. Diese „Selbstbedienungs-"Robo-Advisors bieten je nach Risikoappetit des Anlegers unterschiedliche Einkaufslisten für Portfolios zur eigenen Zusammenstellung an. Um die Abwicklung seiner Geldanlage – d. h. Kauf und Verkauf von Anlageprodukten, Eröffnung eines Depots usw. – muss der Anleger sich selbst kümmern.

Häufig werden die Full-Service-Robo-Advisors auch als Vermögensverwalter bezeichnet, weil sie das Kundenvermögen selbstständig verwalten. Der Robo-Advisor übernimmt sämtliche Tätigkeiten, die auch eine klassische Vermögensverwaltung durchführt. So werden unter anderem bestehende Portfolios bei Bedarf angepasst und das Vermögen des Anlegers wird umstrukturiert. Das heißt, der Robo-Advisor kümmert sich um alles, auch darum, dass bei Marktschwankungen die Kundendepots nicht aus dem Ruder laufen. Damit die Full-Service-Robo-Advisors nicht mit den ihnen

---

46 Diese Einteilung wurde u. a. von der Zeitschrift Finanztest eingeführt.

anvertrauten Kundengeldern Schabernack treiben, werden sie direkt von der Bundesanstalt für Finanzdienstleistungsaufsicht (BaFin) überwacht. Allerdings ist dies kein Freibrief für Vertrauen. Schließlich unterliegen die Banken auch der BaFin-Aufsicht, und deren Beratung ist zuweilen nicht zu empfehlen.

Innerhalb der Gruppe der Full-Service-Robo-Advisors ist die Bandbreite sehr groß, ihr Vorgehen ist unterschiedlich. So schließt der Anlage-Lotse der Sutorbank aus Hamburg mit seinen Kunden einen Vermögensverwaltungsvertrag ab. Um diesen mit Leben zu erfüllen, stellt er ausführlich Fragen, ähnlich wie ein Bankberater. Das Risikoprofil wird anhand von sieben Fragen ermittelt. Anschließend muss der Kunde zunächst Kontakt zur Bank aufnehmen, ansonsten bekommt er keine Anlagevorschläge. Dagegen gibt es bei Whitebox die Möglichkeit, verschiedene Anlageziele, wie z. B. größere Anschaffungen oder langfristiges Sparen, zu formulieren. Für jedes Ziel kann der Anleger Anlagedauer und Risikostufe einzeln festlegen. Wenn der Anleger etwas nicht versteht, kann er jederzeit mit dem Robo chatten.

Tabelle 3: Einige Full-Service-Robo-Advisors: Der Roboter kümmert sich um die komplette Vermögensverwaltung

Anbieter	Solidvest	Whitebox	Scalable Capital
Webadresse	vaamo.de	whitebox.eu	scalable.capital
Sitz in	Deutschland	Deutschland	Deutschland
Angebot	direkte Investition in Aktien und Anleihen	fondsgebundene Vermögensverwaltung	fondsgebundene Vermögensverwaltung
Veranlagung in	Aktien und Anleihen	ETFs, ETCs	ETFs
Portfolioangebot	4 Standardportfolios	10 Standardportfolios mit bis zu 18 ETFs und ETCs	23 Standardportfolios
Aktienquote	30-100 %	15-98 %	30-90 %
Mindestbetrag Einmalertrag/Sparrate	10.000 € / 100 €	5.000 € / 5 €	10.000 € / flexibel
Verwaltungsgebühren (p.a. exkl. Kosten Dritter)	1,10 %	0,95 % (unter 30.000 €) bis 0,35 % (ab 500.000 €)	0,75 %
Spezifika	Konten und Depots bei der Baader Bank	monatliche Auszahlung möglich, Verwahrstelle ist die biw Bank	Konten und Depots bei der Baader Bank

*Stand der Angaben: März 2019

Wie die Faust aufs Auge trifft der Spruch „*Mach es dir bequem und du wirst erstaunt sein, wie erholsam dies sein kann*" auf die Full-Service-Robo-Advisor zu. Deren größter Vorteil ist, dass sie Anlegern einen Weg für den langfristigen Vermögensaufbau ebnen, die keine Zeit oder Lust haben, sich mit der Geldanlage zu beschäftigen. Das kostet natürlich Geld, dafür haben es die Anleger aber auch bequem. Aus dieser Komfortzone müssen die Anleger heraustreten, wenn sie Half-Service-Robo-Advisors nutzen möchten.

Die Half-Service-Robo-Advisors konzentrieren sich auf die Vermittlung von Finanzprodukten und treten somit als Finanzvermittler auf. Dies liegt daran, dass Robo-Advisors dieser Gruppe dem Anleger mehr oder minder individuelle Anlagestrategien und auf Wunsch auch gleich die passenden Anlageprodukte servieren, die er selbst umsetzen muss. Der Anleger gibt also seine Geldanlage nicht vollständig aus der Hand. Er sitzt gemeinsam mit dem Robo-Advisor am Steuer. Gemeinsam bedeutet, dass der Anleger sich nicht selbst überlassen ist, sondern mit dem Robo-Advisor zusammen an der richtigen Anlagestrategie arbeitet. Dieser hat jedoch keine Vollmacht. Das bedeutet, dass Änderungen am Depot erst vom Anleger abgesegnet werden müssen. Diese Vorgehensweise kann vereinfacht werden, wenn der Half-Service-Robo mit einem Portfolioverwalter, wie z. B. einer Bank, zusammenarbeitet, der dann das Management übernimmt. Dazu muss der Kunde einen separaten Vermögensverwaltungsvertrag mit dem Portfolioverwalter abschließen. Dort ist unter anderem geregelt, dass der Portfolioverwalter auf Weisung des Robo-Advisors Umschichtungen im Kundendepot vornehmen darf.

Auch bei den Half-Service-Robo-Advisors gibt es Unterschiede in der Breite der Dienstleistungen. Die Anlagestrategie von Ginmon setzt ausschließlich auf ETFs. Aus den mehr als 2.000 verschiedenen ETFs am Markt werden nach Analyse knapp 100 ETFs ausgewählt. Aus diesem Pool wird der Anlagevorschlag zusammengestellt. Erkennt der Robo-Advisor Optimierungspotenzial, werden einzelne Fonds ausgetauscht. Hierfür wird eine Gebühr nach dem High-Watermark-Prinzip[47] erhoben. Dagegen sieht sich United Signals als Marktplatz, auf dem andere Anbieter ihre Investmentstrategien einstellen können. Zudem kann jeder Kunde selbst einstellen, nach welchen Regeln er sein Depot rebalancen möchte.

[47] Diese Gebühr fällt nur an, wenn neue Höchststände erreicht werden. Auch hier zeigt sich wieder einmal, wie dynamisch es bei den Robo-Advisors zugeht. Diese Gebühr wurde Anfang 2019 von Ginmon abgeschafft und durch ein neues Gebührenmodell ersetzt.

Tabelle 4: Einige Half-Service-Robo-Advisors: Anlagevorschläge und Produktvermittlung

Anbieter	Ginmon	United Signals	growney
Webadresse	Ginmon.de	United-signals.com	Growney.de
Sitz in	Deutschland	Deutschland	Deutschland
Angebot	automatisierte ETF-Portfolios	automatisierte ETF-Portfolios und aktive Anlagestrategien	automatisierte ETF-Portfolios
Veranlagung in	ETFs, Indexfonds	ETFs, ETCs, Devisen, CFDs, Futures, Aktien	ETFs
Portfolioangebot	10 Standardportfolios mit je 5 Fonds	3 Standardportfolios mit je 10 ETF plus weitere aktive Strategien	5 Standardportfolios mit je 6-8 Fonds
Aktienquote	10-100 %	keine Angabe	keine Angabe
Mindestbetrag Einmalertrag/Sparrate	5.000 €/ 50 €	ETF-Musterportfolios: 5.000 € bis 10.000 € Aktive gemanagte Strategien: 2.000 bis 100.000 €	1 €
Verwaltungsgebühren (p.a. exkl. Kosten Dritter)	0,39 % plus 10 % Gewinnbeteiligung (seit 2019 Fixgebühr von 0,75 % pro Jahr)	für ETF-Portfolios: 0,49 % unter 10.000 €, 0,39 % unter 100.000 €, 0,29 % ab 100.000 €	0,99 % unter 10.000, 0,69 % unter 50.000, ab 50.000 € 0,39 %
Spezifika	Kontoeröffnung bei Ginmon Partnerbank DAB-Bank, Anlage-Algorithmus basierend auf dem Dreifaktorenmodell von Prof. Eugene Fama und Prof. Kenneth French	keine Beratung durch United Signals	Produkt-Varianten mit Immobilien später möglich

*Stand der Angaben: März 2019

Im Vergleich zum Full-Service-Robo-Advisor ist beim Half-Service-Robo-Advisor der Leistungsumfang deutlich eingeschränkter. Allerdings funktionieren sie ähnlich wie die Full-Service-Robo-Advisor, mit einem entscheidenden Unterschied: Vor jeder Umschichtung des Depots fragt der Robo den Anleger um Zustimmung. Man hat dadurch ein bisschen mehr Arbeit, behält dafür aber sein Depot im Auge. Deshalb eignen sich Half-Service-Robo-Advisors nur für Anleger, die sich noch mit ihrer Geldanlage beschäftigen möchten. *Wer die Arbeit nicht scheut,* ist bei den Half-Service-Robo-Advisors gut aufgehoben.

Die Self-Service-Robo-Advisors sind reine Tippgeber. Anleger können sich über Fonds informieren und erhalten Vorschläge für ihre eigenen Anlagepläne – mehr aber auch nicht. Hierzu bieten die „Selbstbedienungs-"Robo-Advisors je nach Risikoappetit des Anlegers unterschiedliche „Einkaufslisten" für ein Portfolio zum Selberbauen an. Um die Abwicklung muss sich der Anleger selbst kümmern, d. h. der Anleger muss aus der Vorschlagsliste selbst die Fonds auswählen, die er kaufen möchte, und sein Depot selbst betreuen. Zudem müssen die Anleger bei den meisten Self-Service-Robo-Advisors sogar ihr Risikoprofil selbst festlegen, nur wenige stellen Fragen und helfen dem Anleger, sein Risikoprofil zu ermitteln. Damit Sie bei der Ermittlung Ihres Risikoprofils nicht im Dunkeln tappen, empfehle ich Ihnen die Webseite simulator.behavioral-finance.de. Sie zeigt Ihnen, wie Sie Ihr Risikoprofil bestimmen.

Auch Self-Service-Robo-Advisors unterscheiden sich in ihrem Angebot. Der von Moneyfilter angebotene kostenlose Anlageassistent kann jederzeit anonym genutzt werden. Die damit erstellte „Einkaufsliste" kann der Anleger eigenhändig umsetzen. Dagegen muss man sich bei JustETF registrieren, um den Anlageassistenten nutzen zu können. Er stellt dem Anleger ein ETF-Portfolio zusammen, welches der Anleger in Eigenregie überwachen muss. Es gibt auch eine kostenpflichtige Alarmfunktion, die auf Abweichungen vom erstellten Plan hinweist und Lösungsvorschläge präsentiert.

Tabelle 5: Einige Self-Service-Robo-Advisors: Anlagevorschläge zum Selberbauen

Anbieter	justETF	moneyFilter	Comdirect
Webadresse	justetf.de	moneyfilter.de	comdirect.de
Sitz in	Deutschland	Deutschland	Deutschland
Angebot	Ideen für Anlagestrategien zum Selberbau	Ideen für Anlagestrategien zum Selberbau	Ideen für Anlagestrategien zum Selberbau
Veranlagung in	ETFs	ETFs, ETCs, Immobilien, Tagesgeldkonten	ETFs und aktive Fonds
Portfolioangebot	individuell	36 Standardportfolios mit bis zu 7 ETFs	18 Standardportfolios mit je 2-9 Fonds
Aktienquote	individuell	0-80 %	0-80 %
Mindestbetrag Einmalertrag/Sparrate	keine	Keine	3.000 € / 500 €
Verwaltungsgebühren (p.a. exkl. Kosten Dritter)	Ein Portfolio kostenlos, 9,90 € je Monat bis zu 5 Portfolios, 19,90 € je Monat bis zu 25 Portfolios	keine (es fallen Verwaltungsgebühren der Fonds und Transaktionsgebühren der Bank, bei der das Depot liegt, an)	keine (es fallen Verwaltungsgebühren der Fonds und Transaktionsgebühren der Bank, bei der das Depot liegt, an)
Spezifika	keine	keine	vereinfachte Ordererteilung bei Comdirect

*Stand der Angaben: März 2017

Meiner Ansicht nach gibt es gute Gründe, sich für eine Geldanlage in Eigenregie zu entscheiden. Man kann sich mit ETFs ein maßgeschneidertes Portfolio erstellen. Da gibt es nur ein Problem: Es gibt mehr als 2.000 verschiedene ETFs am deutschen Markt. Aus dieser Menge von ETFs den richtigen für sich zu finden, ist schwierig. Der Vergleich von z. B. Replikationsmethoden, Kosten oder Trackingeffizienz verlangt Ausdauer. Genau an dieser Schnittstelle greifen die Self-Service-Robo-Advisors ein. Sie sind ein Wegweiser im ETF-Dschungel und helfen dem Anleger bei der ETF-Auswahl. So vermittelt z. B. justetf.com ein umfangreiches Wissen zu ETFs. Als Anleger kann man auf dieser Plattform ganz tief in das Thema eintauchen. Man erhält gut strukturierte Informationen zu Kosten, Fondsgröße und vielem mehr.

Wer kennt nicht das Sprichwort: *„Alles über einen Kamm scheren."* Sich nicht um die Unterschiede zwischen mehreren Dingen zu kümmern, kann fatale Folgen haben. So haben Robo-Advisor je nach Servicegrad unterschiedliche Lizenzen.

2.5.2 Welche Lizenz hat mein Robo-Advisor? – Die rechtliche Einordnung

Vorab: Der Begriff Robo-Advisor ist rechtlich nicht definiert oder geschützt. Deswegen sagt die Bezeichnung nichts über den Leistungsumfang und die Regulierung des jeweiligen Robos aus.

Um ihr Geschäft abwickeln zu können, nutzen Robo-Advisors unterschiedliche Lizenzen, welche mit verschiedenen Pflichten und Befugnissen einhergehen. Aus rechtlicher Sicht gibt es zwei verschiedene Robo-Advisor-Arten:

1. Lizenz nach § 32 Kreditwesengesetz (KWG) (oder BaFin-Lizenz genannt): Der Robo-Advisor tritt als Vermögensverwalter auf.
2. Lizenz gemäß § 34f Gewerbeordnung (GewO) (oder IHK-Lizenz genannt): Der Robo-Advisor tritt als Anlageberater bzw. Anlagevermittler auf.

Was ist der Unterschied zwischen diesen beiden Lizenzen?

Tabelle 6: Vergleich der Lizenzen

Tätigkeiten, die ausgeübt werden dürfen	Finanzanlagevermittler	Finanzportfolioverwalter
Lizenz-Name (trivial)	IHK-Lizenz	BaFin-Lizenz
Rechtliche Grundlage	§ 34 f Gewerbeordnung (GewO)	§ 32 Kreditwesengesetz (KWG)
Regulierung durch die BaFin	✗	✓
Ermittlung passender Portfoliostruktur	✓	✓
Ermittlung passender Wertpapiere	✓	✓
Verwaltung des Vermögens	✗	✓
Automatisches Rebalancing	✗	✓

Johann Wolfgang von Goethe stellte treffend fest: *„Willst du dich am Ganzen erquicken, so musst du das Ganze im Kleinsten erblicken."* Deswegen müssen wir uns jetzt die einzelnen Lizenzen im Detail ansehen. Anfangen möchte ich mit der BaFin-Lizenz.

Zu dieser Gruppe zählen alle Robo-Advisors, die den Kunden eine komplette Vermögensverwaltung anbieten, also die Full-Service-Robo-Advisors. Um ihre Tätigkeit durchführen zu dürfen, benötigen sie eine BaFin-Lizenz nach §32 des Kreditwesengesetzes (oder salopp Finanzportfolioverwalter-Lizenz, BaFin-Lizenz). Um diese Lizenz zu erhalten, muss der Robo-Advisor-Anbieter u. a. ein Anfangskapital in Höhe von 50.000 € vorhalten. Ein Robo-Advisor, der die BaFin-Lizenz erhalten hat, muss sich an weitere Richtlinien halten. Hier eine kleine Auswahl:

- Der Robo-Advisor muss dem Anleger vor Abschluss eines Vertrages in Textform und leicht verständlich mitteilen, ob er eine Vergütung verlangt und in welcher Höhe sich diese bewegt. Zudem muss er darüber aufklären, ob er Zuwendungen von Dritten (z. B. Fondsgesellschaften) in Bezug auf die Anlagenberatung und -vermittlung annehmen und vor allem auch behalten darf. Hierzu zählen z. B. Provisionen, Gebühren, sonstige Geldleistungen oder anderweitige geldwerte Vorteile. Dies sollte der Anleger stets kritisch prüfen!

- Überdies sollte die Werbung des Robo-Advisors redlich, eindeutig und nicht irreführend sein.
- Der Robo-Advisor ist ferner dazu angehalten, den Anleger über die Risiken und Pflichten zu informieren, welche im Anlagevorschlag vorhanden sind.
- und so weiter ...

Zusätzlich verpflichtet diese Lizenz die Robo-Advisors die Vorgaben des Wertpapierhandelsgesetzes (WpHG) zur Einholung von Kundenangaben einzuhalten und zu prüfen, ob die Aufteilung des Depots für den Anleger wirklich geeignet ist. Dies bedeutet z. B., dass die Kundenbefragung nicht nur vollständig sein muss, sondern auch auf Verständlichkeit und Unstimmigkeiten geprüft werden muss. Zudem muss der Robo-Advisor überprüfen, ob der Kunde seine Ziele überhaupt erreichen kann und die Risiken für ihn finanziell tragbar sind. Um dies zu ermitteln bzw. zu prüfen, stellen die Robo-Advisors gleich zu Anfang eine Vielzahl von Fragen. Dabei legen die Robo-Advisors unterschiedliche Schwerpunkte, wie folgende Abbildung zeigt:

Anbieter	quirion	Whitebox	Scalable Capital
Abfrage Einnahmen/ Ausgabe	erst bei Kontoeröffnung	ja	ja
Abfrage monatliche Ausgaben	erst bei Kontoeröffnung	ja	ja
Abfrage freie monatliche Liquidität	Nein	indirekt	ja
Abfrage vorhandenes Vermögen	Ja	ja	ja
Abfrage Verbindlichkeiten	indirekt	ja	ja
Abfrage freie Reserven	nein	indirekt	ja
Abfrage Kenntnisse und Erfahrungen mit Wertpapieren	ja	ja	ja
Abfrage Risikobereitschaft	maximal tolerierbarer Verlust, Aufzeigen von Renditeaussichten und Verlustrisiken	verbal plus Anzeigen der Verlustrisiken und Ertragschancen plus Schaubild	maximal tolerierbarer Verlust in % und in Euro mit Erläuterungen

*Stand März 2018

Abb. 8: Fragen von Robo-Advisors mit BaFin-Lizenz

Außerdem überarbeitet und verschärft die BaFin regelmäßig die Anforderungen an die Lizenz. Verstößt ein Robo-Advisor gegen die Anforderungen der Lizenz, schreitet die BaFin direkt ein. Sie sehen, diese Lizenz ist an hohe Hürden geknüpft. Robo-Advisors nach § 32 KWG sind u. a.:

- cominvest
- fintego
- Ginmon
- quirion
- Scalable Capital
- Whitebox

Nicht alle in der Liste aufgeführten Robo-Advisors sind Full-Service-Robo-Advisors, wie z. B. der Robo-Advisor von cominvest. Viele Robo-Advisors streben eine BaFin-Lizenz an, weil sie sich dann frei entscheiden können, welche Strategie (passive und/oder aktive) und welchen Servicegrad sie anbieten möchten. Deshalb streben immer mehr Robo-Advisors danach, die BaFin-Lizenz zu bekommen, obwohl sie sie für ihr derzeitiges Geschäftsmodell gar nicht benötigen. Denn die IHK-Lizenz (nach § 34f Gewerbeordnung) engt die Robo-Advisors in ihrem Geschäftsmodell ein.

Dennoch arbeiten viele Robo-Advisors, die nicht vorhaben, als Portfolioverwalter zu agieren, mit der IHK-Lizenz, weil sie den Aufwand einer BaFin-Lizenzierung scheuen.

Diese Robos nehmen sich den Spruch von Goethe zu Herzen: *„Auch aus Steinen, die einem in den Weg gelegt werden, kann man Schönes bauen."* Sie haben nämlich ein „Schlupfloch" gefunden – die Bereichsausnahme des § 2 Absatz 6 Satz 1 Nr. 8 KWG. Diese sagt aus, dass eine BaFin-Erlaubnis nicht erforderlich ist, wenn ausschließlich Anlageberatung oder -vermittlung in Bezug auf Aktien oder Anteile an offenen oder geschlossenen Investmentvermögen nach dem Kapitalanlagegesetzbuch sowie auf Vermögensanlagen im Sinne des Vermögensanlagengesetzes angeboten wird. Klingt kompliziert, nicht wahr? Investmentvermögen sind insbesondere Fonds.

Da diese Robo-Advisors als Grundbaustein der Vermögensberatung auf ETFs setzen, bietet sich hier ein Weg, der strengen Aufsicht durch die BaFin zu entgehen.

Um tätig zu werden, brauchen diese Robo-Advisors eine gewerberechtliche Erlaubnis gemäß § 34f der Gewerbeordnung (GewO). Sie wird von den Industrie- und Handelskammern (IHK) vergeben. Zudem führt die IHK ein Verzeichnis für Finanzanlagenvermittler. Dort wird jeder Finanzanlagenvermittler eingetragen, der eine gültige Lizenz hat. Deshalb sollte ein Anleger einen Blick in dieses Verzeichnis werfen, weil er so schon Anhaltspunkte dafür findet, ob der Robo-Advisor seriös ist.

Diese IHK-Lizenz wird nicht einfach auf Antrag erteilt, sondern man benötigt eine vorhergehende Sachkundeprüfung gemäß § 1 der Finanzanlagenvermittlungsverordnung. Sie wird bei der zuständigen Industrie- und Handelskammer erworben. Anstelle eines Anfangskapitals, wie bei der BaFin-Lizenz, benötigt der Robo-Advisor eine Berufshaftpflichtversicherung über mindestens 1,13 Mio. € pro Versicherungsfall.

Da diese Lizenz weniger streng ist als die BaFin-Lizenz, muss der Robo-Advisor nur prüfen, ob die jeweilige Anlagemischung zum Kunden passt, also angemessen ist. Hierzu muss er lediglich die Kenntnisse und Erfahrungen des Kunden in Bezug auf Wertpapiergeschäfte abfragen. Denn der Kunde muss in der Lage sein, das Risiko der Anlage zu verstehen. Alles andere liegt dann in der eigenen Verantwortung des Anlegers!

Um die Kenntnisse und Erfahrungen des Kunden in Bezug auf Wertpapiergeschäfte abzufragen, stellt der Robo-Advisor in der Regel 5-15 Fragen. Dabei legen die Robo-Advisors einen unterschiedlichen Schwerpunkt, wie die folgende Abbildung zeigt.

Anbieter	Easyfolio	growney
Abfrage Einnahmen/Ausgabe	nein	nein
Abfrage monatliche Ausgaben	nein	nein
Abfrage freie monatliche Liquidität	ja	ja
Abfrage vorhandenes Vermögen	ja	ja
Abfrage Verbindlichkeiten	ja	nein
Abfrage freie Reserven	nein	ja
Abfrage Kenntnisse und Erfahrungen mit Wertpapieren	nur Kennnisse	bei Kontoeröffnung
Abfrage Risikobereitschaft	maximal tolerierbarer Verlust, Aufzeigen von Renditeaussichten und Verlustrisiken plus Kontrollfragen	maximal tolerierbarer Verlust, Aufzeigen von Renditeaussichten und Verlustrisiken plus Kontrollfragen

*Stand März 2018

Abb. 9: Fragenkatalog der Robo-Advisors mit IHK-Lizenz

Um die „unsichtbare“ regulatorische Grenze hin zur Anlageberatung nicht zu überschreiten, verzichten viele Robo-Advisors auch auf detaillierte Fragen zu Vermögensverhältnissen und Kenntnissen in Wertpapiergeschäften. Hiermit wollen sie verhindern, dass sie durch die Hintertür doch noch unter die BaFin-Lizenz fallen[48].

Ein Sprichwort lautet: „*Der Fuchs bellt nicht, wenn er das Lamm stehlen will.*" Deswegen findet sich bei vielen Robo-Advisors mit IHK-Lizenz im Impressum oder in den AGBs folgender Hinweis: „Da der Kunde gegenüber dem Robo-Advisor-Anbieter keinerlei bzw. nur rudimentäre Angaben zu seinen Vermögensverhältnissen oder Kenntnissen und Erfahrungen in Wertpapiergeschäften machen wird, kann und wird der Robo-Advisor keine Angemessenheitsprüfung[49] vornehmen, d. h. es findet keine Anlageberatung statt." Dies ist eine Vorsichtmaßnahme, um nicht die BaFin-Lizenz beantragen zu müssen.

Dies hat zur Folge, dass Robo-Advisors mit einer IHK-Lizenz keine eigenmächtigen Entscheidungen treffen können, sie dürfen nur Vorschläge für das Depot unterbreiten. Das bedeutet: Der Robo-Advisor schickt dem Anleger z. B. eine E-Mail mit einem Vorschlag für ein anderes Anlageprodukt. Eine direkte Umschichtung ist ausgeschlossen. Für jede einzelne Änderung muss sich der Robo-Advisor die Erlaubnis des Anlegers einholen bzw. der Anleger muss diese in seinem Depot selbst vornehmen. Dieses Prozedere kann vereinfacht werden, wenn der Robo-Advisor mit einem Portfolioverwalter (z. B. Partnerbank) zusammenarbeitet, der dann das Management des Depots übernimmt. Dazu muss der Anleger natürlich eine gesonderte Vereinbarung mit dem Portfolioverwalter abschließen. Der Anleger ermächtigt den Portfolioverwalter, die Vorschläge des Robo-Advisors im Depot umzusetzen, ohne eine gesonderte Erlaubnis des Anlegers einzuholen. In diesem Vertrag wird die Anlagestrategie, die der Anleger und der Robo-Advisor vorher ausgearbeitet haben, schriftlich fixiert, damit der Portfo-

---

48 Wird dem Robo-Advisor eine Anlageberatung nachgewiesen, muss er die BaFin-Lizenz beantragen oder seinen Betrieb einstellen.

49 Die Angemessenheitsprüfung verpflichtet den Robo-Advisor, die Kenntnisse und Erfahrungen des Kunden über Finanzinstrumente einzuholen. Der Robo-Advisor-Anbieter muss sicherstellen, dass die vorhandenen Kenntnisse und Erfahrungen des Kunden ausreichen, um die Risiken der jeweiligen Finanzinstrumente beurteilen zu können.

lioverwalter weiß, in welchem Rahmen er handeln darf. Robo-Advisors nach § 34f GewO (IHK-Lizenz) sind:

- easyfolio
- growney
- VisualVest

Allerdings umgehen einige Robo-Advisors durch Kooperation mit einem bereits entsprechend reguliertem Institut sämtliche Erlaubnispflichten sowohl nach der BaFin- als auch nach der IHK-Lizenz. In der Regel ist das regulierte Institut eine Bank mit BaFin-Lizenz. In einer solchen Kooperation übernimmt die Bank alle aufsichtsrechtlich relevanten Tätigkeiten. Der Robo-Advisor-Anbieter kümmert sich lediglich um die Entwicklung des Robo-Advisors bzw. des dahinterstehenden Algorithmus. Er stellt sozusagen nur das „FrontEnd" für den Anleger bereit.

Für viele Anleger ist es auch wichtig zu wissen, wie viel Erfahrung das Team hinter dem Robo-Advisor hat. Eine BaFin-Lizenz spricht natürlich dafür, dass es sich um ein sehr professionelles und erfahrenes Team handelt. Aber auch die Robo-Advisor mit IHK-Lizenz werden häufig von einem erfahrenen Team entwickelt und betreut. Demzufolge kann aus der Art der Lizenz nicht auf die Erfahrung des Teams um den Robo-Advisor geschlossen werden.

Ich persönlich werte es als gut, dass es diese beiden Lizenzen gibt. Die BaFin und die IHK gelten schließlich als seriöse Institutionen. Da es deutliche Unterschiede zwischen den Lizenzen gibt, sollte man sich stets über die Lizenz des Robo-Advisor-Anbieters erkundigen! Hat man zwei Robo-Advisors zur Auswahl, die die Kriterien erfüllen, würde ich persönlich immer den Robo wählen, der über eine BaFin-Lizenz verfügt, weil sie deutlich strengere Vorschriften macht.

Ein Sprichwort lautet: *„Als sie das Ziel aus den Augen verloren hatten, verloren sie auch sämtliche Scham."* So etwas kann leider auch bei Robo-Advisors vorkommen. Welche Tücken haben Robo-Advisors? Es ist bekannt, dass die Einschätzung zum Risiko bei vielen Anlegern von der Marktlage abhängig ist. Entwickelt sich der Markt gut, zeigen sie sich oftmals zu optimistisch, entwickelt sich der Markt dagegen schlecht, überwiegt eher die Skepsis. Dies kann dazu führen, dass ein und derselbe Fragenkatalog zu unterschiedlichen Zeitpunkten verschieden beantwortet wird. Hierdurch kann natürlich das Risikoprofil des Anlegers ein Stück weit verzerrt werden. Dies öffnet die Türen für eine falsche Beratung.

2.5.2.1 *Wer haftet bei einer „falschen" Beratung?*

Robo-Advisors befinden sich in einer rechtlichen Grauzone. Selbst Robo-Advisor-Anbieter einer Komplettlösung (z. B. Whitebox, Scalable Capital usw.) treten zwar als „beratend" auf und sind als Vermögensverwalter (§ 32 Kreditwesengesetz) oder Finanzanlagenvermittler (§ 34f Gewerbeordnung) zugelassen, aber sie sehen sich „lediglich" als reiner Vermittler zwischen Kunde und Depot.

Viele Experten sind deswegen der Meinung, dass die Robo-Advisors im rechtlichen Sinne keine Beratung anbieten, wie es ein Fondsmanager mit seinen subjektiven Einschätzungen tut. Andere Experten vertreten die Meinung, dass das Risikomanagement und damit eine etwaige Umschichtung des Portfolios auf Grundlage mathematischer Modelle strenggenommen eine Empfehlung und damit eine Beratung darstellen würde. Deshalb müssten die Robo-Advisor-Anbieter für Beratungsfehler haften. Wie dieser Expertenstreit ausgeht, werden wohl zukünftig die Gerichte entscheiden.

Um sich hiergegen abzusichern, haben einige Robo-Advisors in ihren AGBs (Abk. für Allgemeine Geschäftsbeziehungen) einen Haftungsausschluss aufgenommen, den der Kunde bei der Vertragseinwilligung akzeptieren muss. Also schauen Sie, bevor Sie einen Vertrag mit einen Robo-Advisor abschließen, in die AGBs, ob eine Haftungsausschluss-Klausel vorhanden ist. Ich persönlich würde immer dann, wenn mehre Robo-Advisors zur Auswahl stehen, den bevorzugen, der keine Haftungsausschluss-Klausel hat.

Um beim Kunden dem Eindruck vorzubeugen, er erhalte eine auf seine persönlichen Verhältnisse zugeschnittene individuelle Anlageempfehlung, verwenden viele Robo-Advisors ihren Disclaimer. Darin führen sie aus, dass sie trotz der Fragen keine individuellen Anlageempfehlungen erteilen. Bei genauerer Betrachtung findet der Kunde auf der Webseite des Robo-Advisors den Hinweis, dass die ihm empfohlenen Produkte keine individuellen Kaufempfehlungen sind. Hierdurch hoffen Anbieter den umfangreichen Pflichten der Anlageberatung entgehen zu können. Diese sind nämlich schwer automatisiert umzusetzen. Deshalb ist es auch schwer, einem Robo-Advisor einen Beratungsfehler nachzuweisen.

Deshalb sollte der Anleger immer einen Screenshot oder einen pdf-Ausdruck des Bildschirms machen und so die einzelnen Schritte der Fragen und Antworten des Robo-Advisors dokumentieren. So kann er im Streitfall wenigstens nachweisen, wie er geantwortet hat, wie also die gewählte Anlagestrategie zustande gekommen ist. Im Streitfall haben Anleger dann die besseren Karten, wenn der Robo-Advisor über eine BaFin-Lizenz verfügt.

Außerdem muss der Anleger immer im Hinterkopf haben, dass eine automatisierte Beratung nicht zwangsläufig objektiv sein muss. So können Voreinstellungen oder Suggestivfragen etwa zur Risikoneigung den Anleger dazu verleiten, ungünstige Entscheidungen zu treffen und höhere Risiken einzugehen. Auch wenn die Robo-Advisors regelbasiert und anders als menschliche Berater ohne eigene Absichten entscheiden, gibt es Konfliktpotenziale.

2.5.2.2 *Die dunkle Seite der Robo-Advisors*

„Eine Technologie wie die Robo-Advisors, die vollständig ohne persönliche Kommunikation auskommen, wird leicht als neutral, objektiv und interessenfrei wahrgenommen." Leider ist dies nicht immer der Fall, weil eigentlich alle Robo-Advisors ein Ziel verfolgen: Sie möchten Anlageprodukte verkaufen.

So hegt Finanztest (1/2017) Zweifel, dass Robo-Advisors immer neutral beraten. Vielmehr wird einigen Robo-Advisors, wie ihren Kollegen aus Fleisch und Blut auch, unterstellt, hauseigene Produkte zu bevorzugen. Finanztest zufolge kommt dies bei fintego im Bereich Aktien und Rohstoffe ebenso wie bei maxblue (Robo-Advisor ROBIN) oder comdirect vor.

Außerdem empfehlen mehrere Anbieter Anlagen, für die sie Provisionen erhalten. Der Anleger sollte sich immer fragen: Liegt ein Eigennutzen des Robo-Advisors oder ein Mehrwert für ihn vor? Kritisch zu bewerten ist es, wenn der ETF höhere Gebühren hat als vergleichbare Produkte. Da die Rendite der Fonds hauptsächlich durch die Wertentwicklung des abgebildeten Index erzielt wird, kann der teurere Fonds diese Mehrkosten – durch z. B. höhere Verwaltungsgebühren – selten wieder einspielen. Allerdings erstatten auch einige Robo-Advisors, wie die VisualVest, die Vertriebsprovisionen der Fonds.

Glücklicherweise kann der Anleger relativ einfach herausfinden, ob der Robo-Advisor Fonds empfiehlt, für die er Provisionen erhält. Da sich die meisten Robo-Advisors Transparenz bei den Kosten auf die Fahne geschrieben haben, wird dieses offengelegt. Dazu muss der Anleger die „Sternchen“ im Anlagevorschlag genau unter die Lupe nehmen. Dort verbergen sich nämlich meistens die Hinweise, welcher Fonds wie viel Provision an den Robo-Advisor-Anbieter zahlt. Also: Niemals blind einen Anlagevorschlag akzeptieren, immer alles genau prüfen. Es können böse Überraschungen in Form von versteckten Kosten lauern, die Ihre Rendite schmälern.

Deshalb fordern viele Verbraucherschützer, dass die BaFin mehr gesetzliche Befugnisse zur Kontrolle der Algorithmen erhält. Dabei geht es den Verbraucherschützern nicht um die „meterlangen“ Programmcodes, sondern um die Wirkung für Verbraucher und wie Robo-Advisor-Anbieter die Wirkung erklären. Es bedarf also konkreter gesetzlicher Vorgaben zur Abfrage der persönlichen Kundeneigenschaften (z. B. Risikoneigung), zur Information von Verbrauchern sowie Mindestanforderungen an die Qualität der Vorschläge.

Wenn das Wort „Kosten“ schon in unseren Kopf herumschwirrt, sollten wir den Gedanken konsequent zu Ende denken. Lassen Sie uns im Detail ergründen, was die Robo-Advisors für Kosten haben.

2.6 Weniger Gebühren, mehr Rendite! Die Kosten der Robo-Advisors

Im Allgemeinen sind Robo-Advisors im Vergleich zur „klassischen“ Vermögensverwaltung deutlich günstiger. Dies liegt daran, dass die Robo-Advisors „nur“ das Musterportfolio verwalten und die Änderungen auf die Depots der Kunden, die das Musterportfolio gewählt haben, übertragen. Wie setzen sich die Kosten eines Robo-Advisors zusammen?

Zusammensetzung der Robo-Advisor-Gebühren	
überall gleich	anbieterabhängig
ETF-Gebühren ca. 0,25 % jährlich oder, bei aktiven Fonds, bis zu 1,7 % p.a. (Bei allen Anbietern mehr oder minder gleich, Unterschiede je nach Auswahl der Fonds.)	Anbieter-Gebühren zwischen 0,25 % und 0,95 % jährlich (Je nach Robo-Advisor unterschiedlich. Aktive Robo-Advisors berechnen etwas mehr als passive. Dies liegt daran, dass aktive Robo-Advisors auch mehr leisten.)
Zum Vergleich: Bei einem klassisch aktiv gemanagten Fonds, wie z. B. der DWS Vermögensbildungsfonds I LD (ISIN: DE0008476524), fällt neben den jährlichen Gebühren von 1,45 % noch ein Ausgabeaufschlag von 5 % an. Der Ausgabeaufschlag wird, wenn man den Fonds bei einem Online-Broker kauft, noch rabattiert (ca. 50 %). Außerdem werden bei einigen Fondsvermittlern ein Teil der jährlichen Gebühren erstattet (ca. 10-30 %).	

Abb. 10: Kosten der Robo-Advisors

Aus der obigen Abbildung erkennt man: Anleger müssen bei einem Robo-Advisor-Kostenvergleich immer beachten, dass nicht alle Robo-Advisors die gleichen Leistungen (bzw. Services) erbringen. So gibt es Robo-Advisors, die deutlich mehr Aufgaben wahrnehmen (s. S. 70 ff.). Beispielsweise müssen Robo-Advisors mit einer passiven Strategie keinen großen Aufwand betreiben. Sie überwachen üblicherweise den ETF-Markt, um bessere Produkte (z. B. mit geringeren Kosten) zu finden und führen für jedes Portfolio mechanisch ein Rebalancing durch. Diese Robo-Advisors suchen im Normalfall keine neuen Anlagemärkte, um Chancen und Risiken auf den Finanzmärkten zu identifizieren. Anders sieht es bei Robo-Advisors mit aktiver Strategie aus. Sie betreiben deutlich mehr Aufwand, um Chancen und Risiken auf den Finanzmärkten zu finden. Daher sind sie häufig teurer als passive Robo-Advisors.

Ein Sprichwort aus China lautet: *„Nicht der Wind, sondern das Segel bestimmt die Richtung."* So ähnlich ist es auch bei den Kosten. Es gibt ein ganzes Füllhorn von verschiedenen Kostenarten, die erhoben werden. Deswegen muss man sich zunächst einen Überblick darüber verschaffen, welche Kosten es bei Robo-Advisors grundsätzlich gibt. Erst dann ist es sinnvoll, sich mit den verschiedenen

Gebührenmodellen auseinanderzusetzen und anschließend zu vergleichen. Folgende Kosten können erhoben werden:

- Verwaltungsgebühr (Lohn, den der Robo-Advisor für seine Arbeit bekommt)
- Fondskosten (z. B. Verwaltungsgebühr eines ETFs, Lohn des Managements des gekauften Fonds)
- Gebühr für die Verwahrung bei der Depotbank
- Transaktionskosten (Gebühren im Depot des Kunden, die für den Kauf und Verkauf der ETFs anfallen)
- Gewinnbeteiligung

Was beinhalten die hier aufgeführten Kosten im Detail? Der Hauptkostenfaktor ist bei nahezu allen Robo-Advisors die jährlich berechnete Verwaltungsgebühr, die sich am Anlagevolumen des Kunden orientiert. Es handelt sich dabei um eine Servicegebühr, die der Robo-Advisor für seine Leistungen und Dienste in Rechnung stellt. Sie schwankt zwischen den Anbietern ganz erheblich und kann Werte zwischen 0 und 1,2 % des Depotvolumens annehmen. Häufig staffeln Robo-Advisors die Verwaltungsgebühr nach dem Anlage- bzw. Depotvolumen. Die Gebühr wird in der Regel umso günstiger für den Anleger, je höher das Depot- bzw. die Anlagesumme ist. Üblicherweise wird die Verwaltungsgebühr mehrfach im Jahr berechnet[50], etwa immer zum Quartalsende oder monatlich. Die meisten Robo-Advisors nehmen als Berechnungsgrundlage den Depotwert zu einem bestimmten Stichtag. Meistens ist dies der Tag, an dem die Gebühr fällig wird. Dagegen nimmt fintego den durchschnittlichen monatlichen Depotwert. Die Gebühr wird jeweils zum 30.06. und zum 30.12. durch den Verkauf von Fondsanteilen aus dem Depot des Anlegers erhoben[51].

---

[50] Dies ist dem Umstand geschuldet, dass die meisten Robo-Advisors über keinerlei Kündigungsfrist verfügen und monatlich gekündigt werden können.

[51] Beispielsweise beträgt in den Monaten von Januar bis Februar der jeweilige Monatsultimobestand (Schlusskurs des Depots am Monatsende) 35.000 €. Im März stockt der Anleger sein Investment um 45.000 € auf, d. h. am Monatsende beträgt der Ultimobestand 80.000 €. Die jeweiligen Monatsultimobestände für April bis Juni betragen 80.000 €. Somit beträgt der durchschnittliche Anlagebetrag im Abrechnungszeitraum (Januar bis Juni) 65.000 €. Folglich werden 0,4 %p.a. Gebühren fällig, d. h. 260 €. Da die Gebühr halbjährig fällig wird,

Viele Anleger glauben, dass in der Verwaltungsgebühr alle Kosten, die anfallen können, bereits enthalten sind. Ein fataler Irrtum! So müssen die Anleger bei vielen Robo-Advisors die Transaktionskosten wie die Additional Trading Cost (ATC)[52] oder Spread-Kosten[53] zusätzlich zahlen. Diese Transaktionskosten machen durchaus bis zu 0,2 % des Depotvolumen im Jahr aus. Um dies etwas zu ent-

---

muss der Anleger 130 € Verwaltungsgebühr für die Monate Januar bis Juni bezahlen.

52 ETFs werden nicht nur an der Börse gehandelt, sondern auch außerbörslich, zum Beispiel bei Fondsplattformen (wie z. B. ebase, Fondsdepotbank, Finvesto und FFB). Anleger können ETFs dort einmal täglich zum NAV (Abk. für Nettoinventarwert) handeln. Der Nettoinventarwert, auch Net Asset Value, eines ETFs ergibt sich aus der Summe aller Vermögensgegenstände abzüglich sämtlicher Verbindlichkeiten, die der ETF enthält. Der Anleger kauft die ETF-Anteile nicht direkt von der Börse, sondern von einem Market Maker. Er stellt die Gegenpartei für den Kauf oder Verkauf. Die Börse führt „nur" den Anleger und den Market Maker zusammen, d. h. sie stellt den Handelsplatz zur Verfügung. Der Market Maker reicht über die ATCs seine Handelskosten weiter. Sie sind also nichts anderes als der Lohn des Market Makers für seine Arbeit.
Die Angabe der ATCs erfolgt in der Regel in Prozent des Kurses (NAVs) oder in Basispunkten (100 Basispunkte = 1 %). Die ATCs werden im Vorfeld festgelegt und ändern sich nur selten, weil sie einen Puffer eingebaut haben. Dies führt dazu, dass die ATCs in der Regel höher sind als die Geld-Brief-Spanne. Zudem sind die ATCs von ETF zu ETF unterschiedlich hoch. Sie variieren zwischen 0 bis 3 % des Kurswertes (im Durchschnitt 0,24 %). Außerdem weichen selbst die ATC-Kosten für ETFs auf den gleichen Index deutlich voneinander ab. So liegen beispielsweise die ATC-Kosten für den MSCI World ETF von ComStage bei 0,05 % und die des db X-trackers MSCI World ETF bei 0,35 % (Stand Mai 2017).

53 Beim ETF-Handel an der Börse gibt es zwei Preise. Der Kaufpreis eines ETFs unterscheidet sich dabei immer vom Verkaufspreis. Diese Differenz aus Ankaufskurs (Briefkurs) und Verkaufskurs (Geldkurs) bezeichnet man als die Geld-Brief-Spanne oder Spread. Der Geldkurs liegt zum selben Zeitpunkt immer unter dem Briefkurs. Mit anderen Worten: Wenn Sie zum selben Zeitpunkt eine identische Stückzahl eines ETFs kaufen und verkaufen, würde dies immer die Geld-Brief-Spanne kosten. Die Höhe des Spreads hängt von der Liquidität der zugrunde liegenden Wertpapiere eines ETFs ab. Als Faustformel gilt: Gibt es viele Marktteilnehmer, die diese kaufen und verkaufen, dann ist der Spread niedrig. Wenn hingegen nur wenige Marktteilnehmer vorhanden sind, kann der Spread sehr groß und damit teuer sein. Aus diesem Grund werden die DAX-ETFs mit kleinen Spreads gehandelt, weil die DAX-Titel sehr liquide sind. Beispielsweise betrug der Geld-Kurs für den iShares Core DAX UCITS ETF 99,53 € und der Briefkurs 99,54 € (Stand 11.10.2018). Der Spread berechnet sich nach folgender Formel:

$$\text{Spread} = \left(\frac{\text{Briefkurs}}{\text{Geldkurs}} - 1\right) \cdot 100 = \left(\frac{99{,}54}{99{,}53} - 1\right) \cdot 100 = 0{,}01\ \%$$

schärfen, bieten einige Robo-Advisors an, dass in der jährlichen Verwaltungsgebühr eine zweifache vollständige Umschichtung des Portfolios enthalten ist.

Ein weiterer Kostenfaktor können die Kosten für die jeweilige Depotbank sein, die für Transaktionen oder schlichtweg für das Führen des Depots berechnet werden. Hier muss genau geprüft werden, denn bei manchen Robo-Advisors sind diese Kosten bereits in der Verwaltungsgebühr enthalten, während andere sie separat in Rechnung stellen. Sie liegen zwischen 0,1 bis 0,3 % des Depotvolumens im Jahr.

Jean Giraudoux stellte treffend fest: *„Nicht durch unsere Entdeckungen, sondern durch unsere Ahnungslosigkeit bewegen wir uns durch das Leben und tappen allzu oft in ein Fettnäpfchen."* Robo-Advisors investieren die Kundengelder selten direkt in Aktien oder Anleihen, sondern in ETFs oder aktiv gemanagte Fonds. Diese Fonds haben ein Fondsmanagement, das sich täglich Gedanken darüber macht, wo das ihnen anvertraute Geld investiert wird. Dafür erhalten die Fondsmanager und deren Mitarbeiter von den Investoren (Robo-Advisors) Geld in Form eines Prozentsatzes des Fondsvermögens – die sog. Managementgebühr. Hiervon werden die Gehälter, die abwickelnden Institute, Marketing und der eigene Vertrieb usw. bezahlt. Die Managementgebühr entnimmt das Fonds-Haus jährlich dem Fondsvermögen. Diese Kosten werden in der Sprache der Robo-Advisors als Fondskosten (oder Produktkosten) bezeichnet.

Auf die Höhe der Fondskosten hat der Robo-Advisor keinen Einfluss. Die Fondskosten sind im Übrigen keine Besonderheit der Robo-Advisors. Schaut man sich die unterschiedlichen Portfolios der Robo-Advisors an, so stellt man schnell fest, dass die unterschiedlichen Finanzprodukte auch unterschiedlich teuer sind. So haben aktiv gemanagte Fonds – die bei einigen Robo-Advisors zum Einsatz kommen – deutlich höhere Kosten als die passiv gemanagten ETFs. Wenigstens erstatten die meisten Robo-Advisors dem Anleger die Vertriebsprovisionen für aktiv gemanagte Fonds, sog. Kickbacks. Allerdings müssen Anleger Kickbacks versteuern. Das läuft im Prinzip so ab: Zunächst müssen Anleger die Vertriebsprovision zahlen. Dann erhalten sie einen Teil davon wieder zurück. Diesen müssen sie dann zu ihrem individuellen Steuersatz versteuern. Aber ohne die Kickbacks wären die Fondskosten bei vielen Robo-Advisors deutlich höher. Deswegen muss der Anleger, in der Regel im Kleingedruckten, überprüfen, ob er Kickback-Zahlungen bekommt. Cominvest etwa erstattet für seinen Robo „Wir für Sie“ die Kickbacks, aber nicht für den Robo „Wir gemeinsam“ (Stand 08/2018).

Es gibt aber auch bei den kostengünstigen ETFs deutliche Kostenunterschiede. Die durchschnittlichen Managementgebühren der ETFs auf dem deutschen Markt liegen in etwa bei 0,03 bis 0,75 % pro Jahr, Tendenz fallend. Die Managementgebühren für Renten-ETFs liegen bei 0,03 bis 0,25 %. Zudem sind ungewöhnlichere Anlageregionen oder Anlagethemen kostenintensiver als häufig genutzte Indizes. Die Kosten für die ETFs kann ein Robo-Advisor nicht beeinflussen, es sei denn, er hat spezielle Verträge mit dem Emittenten der Fonds abgeschlossen. Auf diese Weise könnte er z. B. einen Teil der jährlichen Managementgebühren der ETFs abbekommen[54].

Einige wenige Robo-Advisor nehmen eine Erfolgs- bzw. Gewinnbeteiligung. In einem solchen Fall ist die jährliche Verwaltungsgebühr zumeist moderat. Die Gewinnbeteiligung wird üblicherweise nach dem High-Watermark-Prinzip berechnet. Es gilt also immer das bis dato beste Ergebnis zur Ermittlung der Gebühren. Nur wenn dieses überschritten wird, erhält der Robo-Advisor wieder eine Gewinnbeteiligung.

54 Dies ist bei vielen aktiv gemanagten Fonds der Fall. Beispielsweise findet man im Kleingedruckten des Unifonds den Hinweis: Zurzeit nehmen wir 1,20 % p.a Managementgebühr, maximal 1,25 % p.a. Hiervon erhält Ihre Bank (Berater) 25,00 - 35,00 %.

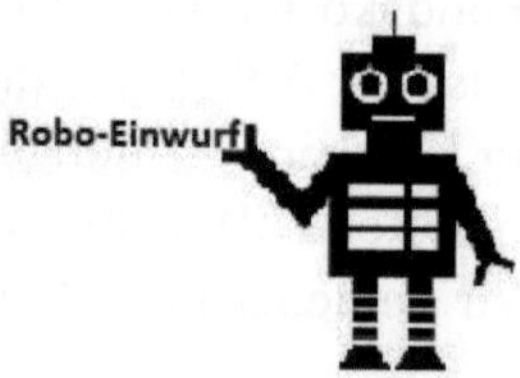

Beispiel für das High-Watermark-Prinzip

Betrachten wir ein Investment von 100.000 €. Die Gewinnbeteiligung beträgt 12 %. In der ersten Periode steigt das Portfolio um 15 %, d. h. auf 115.000 €. Es wird also eine Gewinnbeteiligung für den Robo-Advisor von 1.800 € (= 100.000 € · 15 % ·12 %) fällig. Abzüglich der Gewinnbeteiligung für den Robo-Advisor hat das Depot jetzt einen Wert von 113.200 € (= 115.000 € - 1.800 €).
In der nächsten Periode sinkt das Depot um 10 %, auf 101.880 €. Der alte Höchststand aus der 1. Periode betrug aber 113.200 €. Deshalb fällt für den Robo-Advisor keine Gewinnbeteiligung an.
In der 3. Periode kriegt das Depot wieder die Kurve. Es steigt um 15 %, auf 117.162 €. Es wird eine Gewinnbeteiligung fällig, allerdings nur auf den Abstand des aktuellen Depotwertes von 117.162 € zur „alten" High-Watermark von 113.200 €. Die Gewinnbeteiligung fällt auf die Differenz von 3.962 € an. Der Robo-Advisor bekommt also eine Gewinnbeteiligung von 475,44 € (117,162 € - 113.2000 € = 3.962 € · 12 %). Gleichzeitig wird als neue High-Watermark 116.687 € (117.162 € - 475, 44 €) festgelegt. Erst wenn der Depotwert diese neue High-Watermark von 116.687 € in einer der folgenden Perioden übersprungen hat, erhält der Robo-Advisor erneut eine Gewinnbeteiligung.

Robo-Advisors geben an, dass das Prinzip der High-Watermark-Beteiligung für Kunden vorteilhaft sei, weil der Robo-Advisor so ein Interesse daran habe, dass die Anlage des Kunden auch erfolgreich sei. Ich kann dieser Argumentation nur bedingt zustimmen. Zum einen haben natürlich Robo-Advisors, die nicht nach diesem Prinzip handeln, auch ein Interesse daran, dass sich die Geldanlage ihrer Kunden gut entwickelt, weil dies gut für die Kundenbindung und für die Werbung wichtig ist. Nichts überzeugt mehr als eine gute Rendite. Außerdem führt steigendes Anlagevolumen zu Mehreinnahmen auf Seiten der Robo-Advisors. Indirekt ist dies also auch eine Gewinnbeteiligung. Ein anderes Problem kann in schlechten Börsenzeiten entstehen. Denn dann zahlen Anleger nur noch die vergleichsweise geringen Verwaltungsgebühren, was zu

Einnahmeausfällen bei den Robo-Advisors führt. Diese Einnahmeausfälle könnten sich noch verschlimmern, wenn die Anleger ängstlich werden und ihr Kapital abziehen. Hierdurch sinken die Einnahmen erheblich. Hat der Robo-Advisor für diesen Fall nicht vorgesorgt, könnte es sein, dass er die Krise an den Finanzmärkten nicht überlebt. Der Hauptkritikpunkt ist aber, dass eine Gewinnbeteiligung für den Anleger in vielen Fällen teurer ist als eine prozentuale Gebühr. Angenommen, ein Robo-Advisor erhebt eine jährliche Verwaltungsgebühr von 0,4 % des Anlagevolumens und eine Gewinnbeteiligung von 10 %. Wenn der Robo nun eine Rendite von 6 % p.a. auf das Depot erzielt, dann bekommt er für die Performancesteigerung ein Zehntel der Rendite, also 0,6 %, als Gewinnbeteiligung. Insgesamt bekommt der Robo zusammen mit der Verwaltungsgebühr (0,4 %) also 1 % Gebühren.

Die alte Weisheit *„Der Gewinn liegt im Einkauf"* gilt auch bei Robo-Advisors. Denn je niedriger die Kosten sind, desto höher ist am Ende der Gewinn. Deswegen sollte man die Kosten immer im Blick behalten und die Gebührenmodelle der Robo-Advisors unter die Lupe nehmen. Folgende Preismodelle haben sich zurzeit am Markt etabliert:

- All-in-Gebühr (in der Gebühr sind sämtliche Kosten enthalten, aber nicht die Kosten für die Verwaltung der ETFs)
- nach Depotvolumen gestaffelte Verwaltungsgebühren
- prozentuale Verwaltungsgebühr ohne Staffelung
- Verwaltungsgebühr nebst Gewinnbeteiligung
- von der Portfoliostruktur abhängige Gebühren
- pauschale Verwaltungsgebühr in Euro

Das am häufigsten genutzte Preismodell ist aktuell die prozentuale Verwaltungsgebühr, die nach Depotvolumen gestaffelt ist. Zu den Robo-Advisors, die dieses Modell umgesetzt haben, gehört z. B. growney. Er hat folgende Preisstaffel (Stand 15.01.2020):

- bis zu einem Depotvolumen von 50.000 € fällt eine Verwaltungsgebühr von 0,68 % p.a.,
- ab einem Depotvolumen über 50.000 € eine Gebühr von 0,38 % p.a. an.

In der Verwaltungsgebühr sind die Konto- und Depotkosten, alle Ordergebühren, das Rebalancing und das Reporting enthalten. Sie wird quartalsweise durch die Veräußerung von Fondsanteilen durch die Partnerbank eingezogen. Separat muss der Anleger nur noch die laufenden Fondskosten im Durchschnitt von etwa 0,21 % pro Jahr bezahlen.

Andere Robo-Advisors nehmen einfach eine pauschale Verwaltungsgebühr in Euro. Beispielsweise erhebt Werthstein (Anfang 2019 geschlossen)[55] eine monatliche Vermögensverwaltungsgebühr von 57 €. Allerdings sind die Gebührenmodelle der Robo-Advisors nicht in Stein gemeißelt. Sie ändern sich von Zeit zu Zeit. So stellte Werthstein am 22.03.2018 sein Gebührenmodell auf eine prozentuale Gebühr je Anlagesumme um.

Aber es gibt auch eine ganze Reihe von Robo-Advisors, die eine fixe prozentuale Verwaltungsgebühr nehmen, ohne dass die Höhe der Anlagesumme dabei eine Rolle spielt. So erhebt z. B. der Robo-Advisor von VisualVest eine fixe Gebühr von 0,6 % p.a. des Depotvolumens. Darin enthalten sind alle Gebühren für die Vermögensverwaltung, alle Transaktionskosten sowie die Kosten für die Konto- bzw. Depotführung. Sie wird jährlich im Dezember abgezogen. Die laufenden Fondskosten für die eingesetzten ETFs sowie aktiv gemanagten Fonds betragen im Durchschnitt etwa 1,70 % p.a. und werden nach der Ermittlung direkt aus dem Fondsvermögen der jeweiligen Fonds entnommen.

Dagegen findet man Preismodelle, welche eine Mischung aus Verwaltungsgebühr und Gewinnbeteiligung für den Robo-Advisor beinhalten, selten am Markt. Das Gebührenmodell von Solidvest (Stand 15.01.2021) besteht aus zwei Komponenten: Erstens einer Grundgebühr in Höhe von 0,9 % bis zu einer Anlagesumme von 100.000 € (ab 100.000 € 0,8 %) pro Jahr. Zweitens zahlt der Anleger eine Erfolgsbeteiligung in Höhe von 10 % der erzielten Gewinne.

---

55 Hier zeigt sich, was viele Experten bei zahlreichen kleineren Robo-Advisor-Anbietern bereits seit geraumer Zeit erwarten. Gelingt es dem Robo-Advisor trotz entsprechender Marketing-Aktivitäten innerhalb eines Zeitraumes von zwei bis fünf Jahren (je nach Geduld der Anteilseigner) nicht, eine Kundenbasis aufzubauen, die betriebswirtschaftlich betrachtet eine entsprechende Relevanz hat, läuft er Gefahr, mit seinem Geschäftsmodell zu scheitern.

Sie wird nach dem High-Watermark-Prinzip (s. S. 93) berechnet. Hinzu kommen noch die Gebühren der Depotbank in Höhe von 0,5 % bis zu einer Anlagesumme von 100.000 € (ab 100.000 € 0,3 %) im Jahr.

Für einen anderen Weg hat sich investify entschieden. Der Robo-Advisor bietet eine All-in-Free-Gebühr in Höhe von 1 % p.a. des Depotvolumens an, inklusive aller weiterer Kosten. Natürlich muss der Anleger wiederum separat die laufenden Fondskosten bezahlen. Sie betragen für die eingesetzten ETFs im Durchschnitt etwa 0,45 % im Jahr.

Unabhängig davon, welches Gebührenmodell der jeweilige Robo-Advisor hat, sollte er die Kosten möglichst transparent darstellen, vor allem, da sich Robo-Advisors auf die Fahne geschrieben haben, die Geldanlage einfach und transparent zu machen. Hierzu zählt auch, alle Kosten übersichtlich anzugeben. Dies gilt besonders für die Gebühren, die nicht in der Verwaltungsgebühr enthalten sind. So geben z. B. bei Weitem nicht alle Robo-Advisors an, ob ATCs oder Spreads in den Gebühren enthalten sind, obwohl sie bei den meisten nicht von der Verwaltungsgebühr abgedeckt werden. Weiterhin geben nur wenige Robo-Advisors Auskunft darüber, welche Abkommen sie mit der Partnerbank getroffen haben und ob und in welchem Maße Umschichtungen – z. B. in Folge eines Rebalancing – im Preis enthalten sind. Dies sind jedoch wichtige Gebühren, die die Rendite schmälern können und an denen sich entscheidet, wie teuer ein Robo-Advisor tatsächlich ist.

Vance Packard fand: *„Die Werbung ist die Kunst, auf den Kopf zu zielen und die Brieftasche zu treffen.“* Dieses Motto nehmen sich auch die Robo-Advisors zu Herzen. Um Kunden anzuwerben, bieten sie häufig für einen begrenzten Zeitraum Rabattaktionen auf die Gebühren oder Gewinnspiele an.

Wer z. B. bei quirion bis zum 31. Januar 2019 einen Betrag von mindestens 5.000 € angelegt hatte, der hatte die Chance, 5.000 € zu gewinnen. Am Ende des Aktionszeitraums wurden fünf Gewinner gezogen. Teilnahmeberechtigt waren allerdings nur Neukunden. Dagegen bot der Robo growney Anfang 2021 eine Aktion an, mit der zwölf Monate die Gebühren erlassen wurden. Einen anderen Weg wählte WeltInvest Anfang 2021, in dem es bis zu 50 € für die

Neueröffnung eines Depots anbot. Dagegen offerierte Whitebox Anfang 2021 die Aktion „Die ersten 5.000 € kostenfrei". Solidvest versuchte Neukunden mit der Aktion „1 % Wechselbonus – bis zu 1.000 € Prämie" Anfang 2021 für sich zu gewinnen. Sie sehen aus dieser kleinen Aufzählung, dass die Robo-Advisors mit einem ganzen Füllhorn von Aktionen versuchen, potenzielle Kunden für sich zu gewinnen. Dies sind allerdings nur Nebelkerzen, bleiben Sie besonnen. Da eine Anlage in Robo-Advisors eine langfristige ist, spielen diese Rabatte für Neukunden kaum eine Rolle. Sie sind ein „Schnapper", den man mitnehmen kann, wenn man sowieso in einen Robo-Advisor investieren möchte. Aber sie sollten keineswegs ausschlaggebend für eine Anlageentscheidung sein. Vielmehr muss der Anleger sich fragen: Wie finde ich den Robo-Advisor mit dem besten Kostenmodell für mich?

Der Anleger sollte sich zunächst fragen, was der Robo-Advisor für ihn leisten soll. Welchen Servicegrad sollte der Robo-Advisor also haben: Full-Service (Vermögensverwaltung), Half-Service (Anlagevermittler) oder Self-Service (reiner Tippgeber)? Danach muss sich der Anleger fragen, welche Strategie – aktiv oder passiv – der Robo-Advisor umsetzen soll. Nachdem er das festgelegt hat, kann er sich innerhalb der infrage kommenden Robo-Advisors nach dem günstigsten umsehen. Dabei sollte er bedenken: *Kosten reißen tiefe Löcher in die Kasse.* Das heißt, dass Kosten einen Teil der Rendite vernichten. Man muss sie stets im Auge haben!

Als wichtiger Vergleichsfaktor dient das Anlagevolumen, insbesondere dann, wenn der Anleger sich einen Robo-Advisor näher betrachtet, bei dem die prozentuale Gebühr vom Depotvolumen abhängt. Oftmals sieht die Staffelung so aus, dass die Prozente bei steigendem Depotvolumen fallen. Wenn der Anleger beispielsweise einen Robo-Advisor mit einem Mitbewerber vergleicht, der eine vom Anlagevolumen unabhängige Gebührenstruktur hat, sollte er beim Vergleich mit dem Mitbewerber, der eine Staffelung vornimmt, natürlich immer sein eigenes Anlagevolumen als Grundlage nehmen. Hierdurch wird der Vergleich zwar zeitaufwendig, aber man vergleicht nicht Äpfel mit Birnen. Nur so kann der Anleger bei den verschiedenen Gebührenmodellen und Kostenfaktoren den Robo-Advisor finden, der für ihn am günstigsten ist. Wenn Sie sich beispielsweise sich für einen Full-Service-Robo-Advisor mit aktiver Strategie interessieren und 10.000 € investieren möchten, nimmt der billigste Robo-Advisor 59 € und der teuerste 142 € an Gebühren, wie die folgende Tabelle zeigt.

Tabelle 7: Kosten von einigen Robo-Advisors mit aktiver Strategie bei einer Anlagesumme von 10.000 € (Stand: 18.01.2021)

Anbieter	Kosten in € bei 10.000 € Anlage-summe (p.a.)	Gebühr	Fondskosten der im Depot enthaltenen Fonds
Scalable Capital	90 €	0,75 % p.a.	Ø 0,15 % p.a.
Vividam	276 €	1,18 % p.a.	Ø 1,58 % p.a.
cominvest	122 €	0,95 % p.a.	Ø 0,27 % p.a.
ROBIN	100 €	0,75 % p.a.	Ø 0,25 % p.a.
Solidvest	165 €	1,10 % p.a.	Ø 0,00 % p.a.
Minveo	130 €	1,00 % p.a.	Ø 0,30 % p.a.
Whitebox	115 €	0,95 % p.a.	Ø 0,20 % p.a.
Evergreen	59 €	0,00 % p.a.	Ø 0,59 % p.a.

Ist ein eigenes ETF-Portfolio günstiger als der Service der Robo-Advisors?

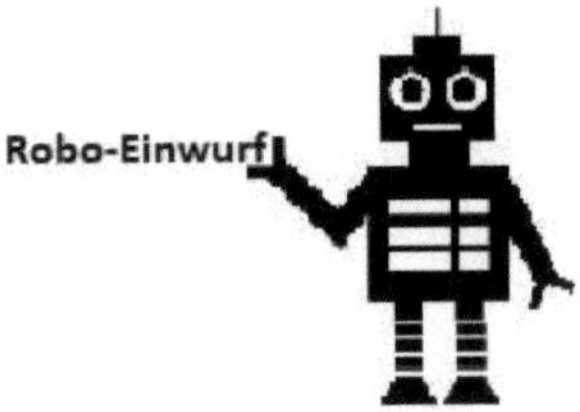

Die Mehrzahl der Robo-Advisors arbeitet mit reinen ETF-Portfolios. Sie veranschlagen aber neben den ETF-Fondskosten in aller Regel Verwaltungsgebühren. Daher stellen sich viele Anleger nicht zu Unrecht die Frage, ob es nicht in Summe günstiger wäre, ein ETF-Portfolio auf eigene Faust zu konstruieren. Natürlich ist es letztendlich immer kostengünstiger, ETFs selbst auszuwählen, als einen Experten damit zu beauftragen, der für seine Leistung bezahlt werden möchte. Aber ein Robo-Advisor kann viel mehr Daten als ein Mensch verarbeiten. Diesen Vorteil sollte der Anleger immer im Hinterkopf haben. Auch schläft ein Robo-Advisor nicht, wenn in Asien oder in den USA die Kurse einbrechen.

Der Anleger muss sich daher die Frage stellen, ob ihm die Preisersparnis den zusätzlichen Zeit- und Arbeitsaufwand wert ist, den er definitiv damit haben wird, das eigene ETF-Portfolio aufzubauen. Zudem sollte der Anleger bedenken, dass auch das selbstkonstruierte ETF-Portfolio mit Kosten verbunden ist, wie zum Beispiel Transakti-

onskosten, einer Depotgebühr und den üblichen Fondskosten, die bei ETFs immer zu berücksichtigen sind. Die meisten Broker erheben als Ordergebühr zudem eine Mindestprovision, sodass gerade Umschichtungen kleinerer Beträge oftmals unverhältnismäßig teuer sind. Wer z. B. 5.000 € bei einem Robo-Advisor anlegt, zahlt aktuell im Jahr zwischen 12 und 138 €. Wer ein Do-it-yourself-Portfolio bestehend aus fünf ETFs aufbauen möchte, zahlt bei den günstigsten Brokern im besten Fall 5 €.
Dieser Vergleich hinkt etwas, wenn man sich die Robo-Advisor-Kosten genauer betrachtet. Es handelt sich regelmäßig um All-in-Gebühren, d. h. alle Kosten, meist auch die Handelskosten, sind bereits enthalten.
Rechnen wir jetzt mit spitzem Bleistift ein anderes Beispiel durch. Nehmen wir an, dass Anleger Peter bei Robo-Advisor quirion 25.000 € anlegt. Dafür nimmt quirion eine jährliche Gebühr von 178 €. Gretchen beschließt hingegen, ihre 25.000 € in ein Do-it-yourself-ETF-Portfolio zu investieren. Bei der Anzahl der ETFs orientiert sich Gretchen an der Anzahl der von quirion verwendeten Produkte. quirion verwendet in seinen Portfolios 7 bis 15 verschiedene ETFs. Deshalb verwendet Gretchen in ihrem Do-it-yourself-ETF-Portfolio 11 verschiedene ETFs (also die goldene Mitte), um ihre Strategie abzubilden. Der Kauf der ETFs schlägt selbst bei den günstigsten Onlinebrokern mit circa 11 € zu Buche (bei Kosten von 1 € per Order). Bei einer realistischen Betrachtung müsste Gretchen noch Kosten für rebalancing-induzierte Umschichtungen einplanen. Dazu nehmen wir an, dass Gretchen quartalsweise ein Rebalancing vornimmt. Das heißt, viermal im Jahr kommt es zu Umschichtungen. Natürlich werden nicht alle Fonds verkauft oder gekauft. Nach Erfahrungswerten werden je Rebalancing von 11 ETFs 10 Transaktionen notwendig. Folglich muss Gretchen 40 Transaktionen im Jahr durchführen, um ihre Rebalancing-Strategie umzusetzen. Dies sind Kosten von ungefähr 40 €. Die externen Fondskosten können hier unter den Tisch fallen, weil Peter und Gretchen diese Kosten in derselben Höhe zahlen müssen. Sie sehen, selbst ein „billiger“ Robo ist noch teurer als ein Do-it-yourself-ETF-Portfolio.
Um einen Bezugspunkt zu erhalten, wie viele verschiedene ETFs ein Selbstbauer wie Gretchen in das Depot aufnehmen sollte, lohnt sich ein Blick auf die verschiedenen Robo-Advisors (s. S. 199 ff.). Dabei stellt man fest, dass einige Robo-Advisors in ihrem Portfolio 2 bis 5

verschiedene ETFs einsetzen. Dies sollte meiner Ansicht nach die Untergrenze für ein Do-it-yourself-ETF-Portfolio sein, um eine ausreichende Diversifikation zu erreichen.

Die Krux bei einem Do-it-yourself-ETF-Portfolio ist die richtige Auswahl der ETFs – und die fortlaufende Optimierung der ETF-Auswahl. Hier sind Robo-Advisors meist klüger und schneller als Menschen. Um dieses Problem zu lösen, gibt es im Internet kostenlose Hilfe.

So ist das kostenlose Analyse-Tool von www.ways2wealth.ch eine Alternative, um ein ETF-Portfolio selbst zusammenzustellen. Ähnlich wie bei Robo-Advisors stehen am Anfang ein paar Fragen, um etwas über die Risikobereitschaft des Anlegers zu erfahren. Im zweiten Schritt berechnet ways2wealth.ch auf Grundlage von Markowitz das optimale ETF-Portfolio für den Anleger. Ziel ist es dabei, anhand der verschiedenen ETFs das perfekte Verhältnis von Rendite und Risiko zu finden. Der Anleger kann also darauf vertrauen, einen optimierten, auf sein Risikolevel angepassten, diversifizierten Anlagevorschlag zu erhalten. Der Anleger erhält kostenlos den Anlagevorschlag und muss ihn selbstständig umsetzen, d. h. die ETFs kaufen oder verkaufen und sich ein Depot suchen. ways2wealth.ch lässt den Anleger jetzt aber nicht in Stich, sondern schickt stattdessen regelmäßig Updates zum zuvor erstellten Portfolio – eine Überwachung findet also auch statt.

Aber auch viele Finanzzeitschriften veröffentlichen ETF-Musterportfolios, welche als Orientierung für die Erstellung eines Portfolios dienen können, wie das Extra-Magazin auf der Webseite https://www.extra-funds.de/etf-portfolio/.

Wer sich die Mühe macht, selbst ein ETF-Portfolio zusammenzustellen, wird belohnt. Anleger sparen nämlich die Robo-Advisor-Gebühren. Dies kann über die Jahre eine erkleckliche Summe sein. Beträgt beispielsweise die Robo-Advisor-Gebühr 0,5 % p.a., so macht das auf 13 Jahre gerechnet bei einem ursprünglichen Anlagebetrag von 10.000 € ganze 1.517 € mehr Gewinn für Anleger, die selbst Hand anlegen. Ob die Robo-Advisors diese Gebühren gegenüber einem Anleger, der ein ETF-Portfolio selbst zusammengestellt hat, aufholen, wird erst die Zukunft zeigen. Eines ist jedoch schon jetzt klar: Jeder Anleger kann sich mit ein bisschen Wissen selbst ein gut strukturiertes, breit gestreutes ETF-Portfolio zusammenstellen. Dies ist keine Raketenwissenschaft!

Ernst Ferstl stellte schon fest: „*Die Dummheit ist rund. Niemand weiß, wo sie anfängt und wo sie aufhört.*" Damit Ihnen das nicht bei den Kosten passiert, sollten Sie auf jedem Fall nicht nur die harten Zahlen (Kosten) beachten, sondern auch, welche Dienstleistungen genau erbracht werden, und vor allem auch, welche Kosten in der Verwaltungsgebühr enthalten sind. Beispielsweise sprach comin-vest Anfang 2018 von einer „All-in-Free"-Gebühr von nur 0,95 % des verwalteten Vermögens, enthalten seien auch die Depotkosten. Tatsächlich stellte Stiftung Warentest im Juli 2018 fest, dass bei dem getesteten Portfoliovorschlag 0,92 % der Anlagesumme an Fondskosten hinzukamen. Das machte zusammen Kosten von 1,87 %.

Zieht man einen Strich und addiert alle Gebühren zusammen, welche die Robo-Advisors erheben, so liegen die Kosten zwischen 0,2 und 2,88 % des verwalteten Vermögens jährlich. Im Durchschnitt sind es 1,15 %. Diese relativ hohen Kosten sind meiner Ansicht nach ein Ausdruck der Unreife des deutschen Marktes. In anderen Ländern mit einer längeren „Tradition" in Sachen Robo-Advisor liegen die Kosten deutlich niedriger. Beispielsweise werden in den USA die Kosten auf 0,2 bis 0,5 % im Jahr geschätzt.

Doch sind die Gebühren nicht letztlich egal und es zählt nur die Performance, die unterm Strich übrigbleibt? Haben die Robo-Advisors eine magische Geldvermehrungsfunktion? Wie viel Rendite werfen sie ab?

2.7 Rendite aus der Maschine – die Performance der Robo-Advisors

Gute Robo-Advisors sollten auch gute Renditen erwirtschaften. Peter Drucker stellte vollkommen zu Recht fest: „*Was du nicht messen kannst, kannst du nicht lenken.*" Wie messen wir also die Rendite eines Robo-Advisors? Ein Rendite-Vergleich zwischen verschiedenen Robo-Advisors ist naturgemäß schwierig. Die Robo-Advisors haben in aller Regel zwischen fünf bis mehr als 10 Portfolios im Angebot, die sich u. a. an der Risikobereitschaft und den Renditewünschen der Kunden ausrichten. Portfolio 3 des einen Robo-Advisors hat nicht unbedingt dasselbe Risiko wie Portfolio 3 des anderen Robo-Advisors. Deswegen gestaltet sich die Suche nach einer

Benchmark für Robo-Advisors schwierig. Wie durchschlägt man diesen gordischen Knoten? Man muss sich zunächst darüber klar werden, dass man nicht für alle möglichen Musterportfolios bzw. Strategien der Robo-Advisors eine passende Benchmark finden kann. Deswegen sollte man sich auf die meistgewählte Strategie fokussieren. Die meisten Anleger wählen eine Strategie mit mittlerem Risiko aus. Bei einer solchen Strategie sind Aktien und Anleihen zumeist jeweils annähernd zu 50 % im Portfolio enthalten. Einige Robo-Advisors nutzen auch Investments in Rohstoffe wie Gold, andere wiederum fokussieren sich ausschließlich auf die beiden klassischen Assetklassen (Aktien und Anleihen). Deswegen hinkt der Vergleich natürlich etwas.

Wir brauchen eine Benchmark, die diese Strategie ungefähr abbildet. Dabei muss die Benchmark widerspiegeln, wie sich der weltweite Finanzmarkt entwickelt. Dies ist mit den Indizes MSCI World und Barclays Global Aggregate im Großen und Ganzen möglich. Der Index MSCI World enthält über 1.000 Einzelaktien aus 37 Industrie- und Schwellenländern. Dagegen enthält Barclays Global Aggregate über dreihundert verschiedene Staats- und Unternehmensanleihen aus über 70 Industrie- und Schwellenländern. Beide Indizes sind geographisch extrem breit diversifiziert und können deshalb optimal als Messlatte für die Robo-Advisors dienen, die das Geld ihrer Kunden weltweit anlegen.

Tabelle 8: Renditen einiger Robo-Advisors

Anbieter	November 2017	Mai 2017 bis Januar 2018
Scalable Capital	-0,8 %	+2,2 %
quirion	-0,1 %	+1,3 %
Whitebox	-1,0 %	+1,5 %
fintego	+0,0 %	-0,2 %
Vaamo	-1,7 %	+1,3 %
Easyfolio	-1,7 %	+1,1 %
Ginmon	-0,8 %	+2,0 %
growney	-0,3 %	+2,8 %
Benchmark: MSCI World + Barclays Global Aggregate	-0,1 %	+1,9 %

Die Benchmark entpuppte sich für Robo-Advisors als harte Nuss. growney schaffte es am deutlichsten, den Referenzindex zu schlagen. Der Referenzindex stieg zwischen Mai 2017 und Januar 2018 um 1,9 %, der growney-Robo-Advisor kam auf 2,8 % Rendite. Growney auf den Fersen waren im selben Zeitraum Scalable Capital (2,2 %) und Ginmon (2,0 %). Schlechter als die Benchmark performten im Auswahlzeitraum fintego (-0,2 %) oder Easyfolio (1,0 %). Um kein vorschnelles Urteil zu fällen, sehen wir uns die Rendite verschiedener Robo-Strategien im Detail an.

Tabelle 9: Wertentwicklung einiger Robo-Advisor-Strategien im Jahr 2017

Anbieter	Strategie	Rendite	Aktienquote
Investify	Core 1	- 0,61 %	0,0 %
quirion	0 % Aktien / 100 % Anleihen	0,80 %	0,0 %
Ginmon	Anlagestrategie 1	1,20 %	10,0 %
fintego	Ich will's defensiv	1,40 %	10,0 %
Wüstenrot	Ich will's defensiv	1,40 %	10,0 %
quirion	10 % Aktien / 90 % Anleihen	1,55 %	10,0 %
Whitebox	Risikostufe 1	1,15 %	11,0 %
VisualVest	VestFolio ETF 3	- 1,32 %	15,0 %
Scalable Capital	VaR 5 %	1,56 %	15,0 %
VisualVest	VestFolio aktiv 3	3,91 %	15,0 %
growney	grow20	2,73 %	20,0 %
fintego	Ich will's konservativ	2,64 %	25,0 %
Wüstenrot	Ich will's konservativ	2,64 %	25,0 %
VisualVest	VestFolio ETF 4	0,53 %	30,0 %
Whitebox	Risikostufe 3	2,79 %	30,0 %
Ginmon	Anlagestrategie 3	2,90 %	30,0 %
Easyfolio	easyfolio 30	2,93 %	30,0 %
quirion	30 % Aktien / 70 % Anleihen	3,09 %	30,0 %
growney	grow30	3,97 %	30,0 %
VisualVest	VestFolio aktiv 4	5,95 %	30,0 %
Scalable Capital	VaR 10 %	2,99 %	42,0 %
VisualVest	VestFolio ETF 5	3,06 %	45,0 %
fintego	Ich will streuen	4,40 %	45,0 %
Ginmon	Anlagestrategie 5	4,60 %	50,0 %
Investify	Core 4	6,33 %	57,0 %
Ginmon	Anlagestrategie 6	5,40 %	60,0 %
quirion	60 % Aktien / 40 % Anleihen	5,39 %	60,0 %
fintego	Ich will mehr	6,52 %	65,0 %
Ginmon	Anlagestrategie 8	6,90 %	80,0 %
Scalable Capital	VaR 20 %	6,64 %	81,0 %
quirion	90 % Aktien / 10 % Anleihen	7,72 %	90,0 %
quirion	100 % Aktien / 0 % Anleihen	8,27 %	100,0 %
growney	Grow 100	12,77 %	100,0 %
Ginmon	Anlagestrategie 10	8,40 %	100,0 %

Beim Betrachten der Tabelle geht mir sofort folgender Spruch durch den Kopf: „*Renditezahlen halten nur einen Moment fest, der für immer weg ist und den man unmöglich reproduzieren kann.*" Deswegen ist diese Rendite-Statistik nur eine Momentaufnahme. Dennoch kann man daraus Aussagen ableiten. Einerseits zeigt sich, dass es für die gemanagten Portfolios der Robo-Advisors in einer starken Aktienmarktphase schwer ist, ein starres Aktien-Anleihen-Portfolio zu schlagen. Andererseits zeigt sich, dass die unterschiedlichen Robo-Advisors mit ihren unterschiedlichen Portfolio-Zusammensetzungen durchaus unterschiedliche Ergebnisse produzieren. Außerdem muss ein Anleger, der ein ausgewogenes Portfolio mit einem Aktienanteil von maximal 50 % wählt, mit einer niedrigeren Rendite rechnen als ein Anleger, der eine offensive Ausrichtung mit höherer Aktienquote wählt. Dies zeigt die Auswertung vieler Robo-Advisor-Strategien aus dem Jahr 2017. Beispielsweise variierte die Rendite der zehn Anlagestrategien von Ginmon stark in ihrer Performance. So erreichte Anlagestrategie 1 mit einem Aktienanteil von 10 % nur 1,20 % Rendite. Die maximale Rendite von 8,40 % konnten Ginmon-Kunden mit der Anlagestrategie 10 und dem höchsten Aktienanteil von 100 % erzielen.

Bei seiner Renditeerwartung muss der Anleger berücksichtigen, dass ETFs gute und billige Standardprodukte sind. Aber sie sind auch passive Anlagen und damit von der allgemeinen Marktentwicklung abhängig. Somit können Anleger bei Robo-Advisors mit einer passiven Strategie nur eine Rendite des Marktes, also z. B. der vorgestellten Benchmark, erwarten. In der Vergangenheit ließ sich mit dieser Anlagemethode eine Rendite von durchschnittlich 4 bis 7 % pro Jahr je gewähltem Risiko erzielen. Wählt der Anleger hingegen einen Robo-Advisor mit aktiver Strategie, wie z. B. Minveo, so hat er die Chance, dass sich seine Anlage von der allgemeinen Börsenentwicklung entkoppelt und eine bessere Rendite erzielt als es mit einem Robo-Advisor mit passiver Strategie möglich ist.

Um die Rendite der Robo-Advisors noch besser einordnen zu können, muss man sie mit einem vergleichbaren Finanzprodukt vergleichen: Mischfonds, die sowohl in Aktien als auch in Anleihen investieren. Wer hat hier die Nase vorn? Die Robo-Advisors, denn laut einer Marktanalyse von Morningstar haben die Manager von Mischfonds das Börsenjahr 2016 mehr schlecht als recht gemeistert. Obwohl ihr Marketing-Versprechen lautet *„Wenn die Börsenkurse fallen, sind Mischfonds nur schwach betroffen, wenn sie steigen, profitieren sie besonders stark."* Ein ähnliches Versprechen geben die meisten

Robo-Advisors auch. Leider konnten die meisten Mischfonds dieses Versprechen nicht einlösen. So kamen global anlegende flexible Mischfonds laut einer Untersuchung von Morningstar lediglich auf ein Plus von 2,18 % nach Kosten, was nicht an die Performance eines Mischindizes aus 50 % Anleihen und 50 % globalen Aktien herankam, der in 2016 6,37 % Rendite erzielte.

Dagegen konnten die meisten Robo-Advisors ihre Benchmark 2016 schlagen. Beispielsweise erzielte der Robo-Advisor Whitebox in der geringsten Risikoklasse, in der vor allem Unternehmens- und Staatsanleihen stecken, eine Rendite von 5,2 %. Bei einem Aktienanteil von ca. 50 % waren es 8,1 %. Der Hauptgrund für den Renditevorteil der Robo-Advisors gegenüber den Mischfonds sind die vergleichsweise niedrigen Gebühren. Es gilt: Rendite entsteht auch, indem man nicht unnötig Geld ausgibt.

Alles in allem geben die vorgelegten Zahlen einen guten Fingerzeig, wo die Rendite bei Robo-Advisors hingeht. Das eigentliche Ziel der meisten Robo-Advisors ist es, die Entwicklung der Weltwirtschaft möglichst genau abzubilden, denn diese verläuft relativ konstant in eine positive Richtung. Hierfür ist der Aktienindex MSCI World ein Beleg. Trotz Finanzkrise 2008, Ölkrise in den 1970ern und Internetblase Anfang der 2000er haben Anleger mit einem Investment seit Jahr 1970 durchschnittliche Renditen von 5 bis 8 % erwirtschaftet.

Gleiche Renditeerwartungen darf man auch an die Robo-Advisors stellen, natürlich abhängig von der jeweiligen Strategie. Bei einer konservativen Strategie, die das Kapital überwiegend in Anleihen investiert, sind 3 bis 4 % ein guter Richtwert. Mit steigendem Risiko (das Geld wird überwiegend in Aktien angelegt) kann die Rendite auf 7 bis 8 % steigen[56]. Denn die Robo-Advisors haben das Rad nicht neu erfunden. Sie bieten gute Strategien an, aber nicht

---

56 Grundsätzlich lassen sich an den Finanzmärkten Prognosen über die zukünftigen Renditen nur aus den aus der Vergangenheit erzielten Renditen ableiten. Dabei ist es selbstredend, dass niemand mit Sicherheit sagen kann, dass sich die Finanzmärkte auch die nächsten 20 Jahre so weiterentwickeln, wie sie es bis heute getan haben. Es ist aber aufgrund der bisherigen Geschichte der Finanzmärkte – mit all ihren Schwankungen – davon auszugehen, dass sich gut zusammengestellte Depots auch weiterhin stabil entwickeln werden.

exorbitant hohe Renditechancen. Sie sind keine Trüffelschweine der Börse. Wer z. B. im Jahr 2005 in Apple-Aktien investiert hätte, konnte sich schon 10 Jahre danach über eine Rendite von 3.000 % freuen. Das ist mit Robo-Advisors nicht möglich! Außerdem kann es in gewissen Phasen – etwa während der Finanzkrise 2008 – durchaus zu Wertschwankungen und Verlusten kommen.

Robo-Advisors sind keine Garantiegeber für Börsengewinne. Auch ein noch so ausgeklügelter Algorithmus kann nicht in die Zukunft sehen und vor negativen Marktveränderungen oder -schwächen schützen.

Deshalb muss der Anleger vor einer Anlage in Robo-Advisors bedenken: *„Die Garantie (Rendite) entfällt, wenn man sich nicht an die Bedingungen hält."* Die Bedingung ist die Anlagedauer. Es gilt: Je kürzer die Anlagedauer, umso höher die Möglichkeit, Verluste zu erleiden. Darauf haben auch einige Robo-Advisors reagiert. Beispielsweise sind bei Liqid keine Investitionen unter einem Anlagehorizont des Anlegers von drei Jahren möglich. Insofern sollten Anleger unbedingt einen Anlagehorizont von fünf bis zehn, besser fünfzehn Jahren mitbringen. Ansonsten macht ein Investment mit Robo-Advisors keinen Sinn, weil die verwendeten Strategien langfristig ausgelegt sind[57].

Die ersten Forschergruppen widmen sich jetzt Robo-Advisors, obwohl diese erst zehn Jahre am Markt sind. So wurde im Mai 2019 in der renommierten Fachzeitschrift Review of Financial Studies eine Studie mit dem Titel „The Promises and Pitfalls of Robo-Advising" – auf Deutsch: die Versprechen und Fallstricke von Robo-Ad-

[57] Meiner Ansicht nach ist ein kurzfristiges Investment in Aktien pure Zockerei. Ein einjähriges Engagement im MSCI World brachte in den letzten knapp 50 Jahren zwischen -43,5 % und +66,1 % – eine riesige Spannweite, die auch über zwei oder drei Jahre nicht wirklich kleiner wird. Erst jenseits von fünf Jahren wird das Chance/Risiko-Verhältnis allmählich attraktiv. Dies liegt daran, dass die Erfolgswahrscheinlichkeit steigt: Wer z. B. ein Jahr investiert war, konnte nur in 69 % der Fälle einen positiven Ertrag erzielen, bei acht Jahren lag die Quote bei 90 %. Erst bei langen Zeiträumen steigt die empirische Wahrscheinlichkeit, mit weltweiten Aktien keinen Verlust zu machen, auf das Optimum von 100 %. Dies wird bei einem Anlagehorizont von 14 Jahren erreicht. Egal wann man eingestiegen ist, nach 14 Jahren Investment im MSCI World Index wurde im letzten halben Jahrhundert ausnahmslos immer Geld verdient.

visors[58] – veröffentlicht. Die Wissenschaftler werteten Daten eines indischen Online-Brokers aus, der seinen Kunden (12.000 Kunden wählten dieses Angebot) einen automatisierten Portfolio-Optimierer anbot, dessen Empfehlungen die Anleger mit „nur einem Klick" umsetzen konnten. Anhand der Daten ermittelten die Wissenschaftler die Struktur und die Performance der Portfolios – vor und nach dem Wechsel zum Robo-Advisor. Und sie verglichen die Ergebnisse mit den Depots derer, die lieber in Eigenregie investierten. Was kam dabei heraus?

1. Die Robo-Nutzer sind etwas älter, aber auch unerfahrener als die „Do-it-yourself"-Anleger. Dabei spielte das Geschlecht der Anleger keine Rolle.
2. Die Anleger, die einen Robo-Advisor nutzen, beobachteten ihr Depot häufiger und handelten häufiger.
3. Die Anleger, welche den Robo-Advisor nutzen, erwirtschafteten nach Abzug der Kosten eine höhere Performance als die „Do-it-yourself"-Anleger.
4. Anleger, deren Depot vor dem Wechsel zum Robo-Advisor wenig diversifiziert war, hatten nach dem Wechsel ein signifikant stärker diversifiziertes Portfolio. Hierdurch sank die Volatilität, d. h. das Risiko, des Depots in der Regel deutlich.
5. Bei Anlegern, die schon vor dem Wechsel stark diversifiziert waren, wirkte sich der Umstieg auf den Robo-Advisor weder bei der Performance noch Diversifikation maßgeblich aus.
6. Weiterhin tappten die Robo-Advisor-Nutzer deutlich weniger in die typischen Psychofallen, die auf Dauer meist viel Performance kosten, als die „Do-it-yourself"-Anleger. Hierzu zählt man beispielsweise die Dispositionseffekte (also das zu frühe Verkaufen von Gewinnern oder das Festhalten an Verlierern) oder das Aufspringen auf Trends (die Tendenz, verstärkt Tops und Flops zu handeln).

---

58 Francesco D'Acunto, Nagpurnanand Prabhala, Alberto G. Rossi, The Promise and Pitfalls of Robo-Advising, Review of Financial Studies, Volume 32, Issue 5, Mai 2019, S. 1983-2000.

Die Wissenschaftler kommen zu dem Schluss, dass Robo-Advisors besonders für Anleger geeignet sind, die zu psychologischen Anlagefehlern (Mehrheit der Anleger) oder Unterdiversifikation neigen. Für erfahrende Anleger mit gut diversifizierten Depots sind Robo-Advisors weniger geeignet, weil ihr Nutzen dann nicht so groß ist.

Eine andere Studie aus Juli 2019 mit dem Titel „Artificial Intelligence Alter Egos: Who benefits from Robo-Investing?"[59] ging der Frage nach: Wie stark können Investoren von quantitativen Anlagestrategien, die typisch für Robo-Advisors sind, profitieren? Hierzu untersuchten die Wissenschaftler mehr als 1,6 Mio. Aktien- und ETF-Trades von rund 23.000 belgischen Privatanlegern in den Jahren 2003 bis 2012. Zudem überprüften die Wissenschaftler, wie die Anleger im Vergleich zu drei strikt regelbasierten Investmentstrategien abgeschnitten hätten. Das Ergebnis der Studie ist, dass der typische, selbst entscheidende Anleger schlechter abschnitt als die regelbasierten Investmentstrategien der Robo-Advisors.

Diese beiden Studien deuten an, dass Anleger, die auf eine quantitative, automatisierte Investmentstrategie setzen, die obendrein systematisch die Anlagerisiken ins Kalkül zieht, langfristig mit einer besseren Performance rechnen können als typische Selbstentscheider. Robo-Advisors bieten Anlegern also einen echten Mehrwert.

Man könnte meinen, dass Investieren ganz einfach ist. Viele YouTube-Kanäle, so ziemlich jeder Robo-Advisor und selbst ernannte Finanzexperten machen es vor. Investiere in global diversifizierte Aktien- und Anleiheportfolios und blicke sorgenfrei in die Zukunft, die Gewinne kommen von ganz alleine. Dies funktionierte in den letzten zehn Jahren tatsächlich ganz gut. Aber was, wenn plötzlich der schwarze Schwan angeschwommen kommt und sich das Blatt wendet? Dann segelt man mit seinem Portfolio in einen Börsensturm, nein, vielmehr in einen Hurrikan, der droht, alles zu verschlingen. Können die Robo-Advisors das Schiff über Wasser halten?

---

59 Catherine D'Hondt, Rudy De Winne, Eric Ghysels, Steve Raymond, Artificial Intelligence Alter Egos: Who benefits from Robo-investing? 6. Juli 2019, https://papers.ssrn.com/sol3/papers.cfm?abstract id341981.

2.7.1 Der schwarze Schwan – wie verhalten sich Robo-Advisors in Krisenzeiten?

Für viele Menschen gelten die Schwäne als Symbol für Reinheit oder auch für Macht – damit sind allerdings nur die weißen Schwäne gemeint. Tatsächlich gibt es auch schwarze Schwäne in der Natur. Sie sind sehr selten. Darum stehen sie an den Finanzmärkten für ein unerwartetes, plötzlich auftretendes Szenario, welches niemand, auch nicht die Profis, auf dem Schirm hatten.

Das im Jahr 2020 aufgetretene Coronavirus war für die Weltbörsen ein solcher schwarzer Schwan. Es hat sich nicht angekündigt, sondern war plötzlich einfach da und hat die Börsenkurse im ersten Quartal 2020 abstürzen lassen. So verlor der DAX am 12. März 12,2 %. Das war der zweitgrößte Verlust in der DAX-Geschichte und der höchste seit über 30 Jahren (-12,8 % am 16. Oktober 1989). Der Dow-Jones verlor an diesem Tag 9,99 %, was immerhin für Rang fünf in der bis 1896 zurückreichenden Geschichte des Dow-Jones reichte. Größere Einbrüche hatte es davor nur im Oktober gegeben, und zwar 1931 (-10,7 %), am 29. (-11,7 %) und am 28. (-13,5 %) Oktober 1929 sowie am unvergessenen 19. Oktober 1987 (-22,6 %). Und es kam zu einem zweiten Einschlag, der noch schlimmer war: Am 16. März 2020 verlor der Dow-Jones sogar 12,9 %! Von den sechs größten Tagesverlusten der 124-jährigen Index-Geschichte ereigneten sich also gleich zwei im Abstand von nur vier Handelstagen im März 2020! Ebenso erlebte der DAX mit knapp -15 % sein Waterloo. Solche Negativ-Highlights hatte es noch nie zuvor gegeben.

Wer kennt nicht den Spruch: *„Gleich und Gleich gesellt sich gern."* So etwas passierte auch im März 2020, als kein Markt vom Corona-Crash verschont wurde. Von Jahresanfang 2020 bis zum März-Tief gerechnet verlor der S&P 500 29 %, der MSCI World 30 %, der Dow-Jones 33 %, der Stoxx Europe 600 33 %, der Dax 36 % und der Euro Stoxx 50 ebenfalls 36 %. Dieser Kurssturz ist der erste wirkliche Lackmustest für die Robo-Advisors. Da Robo-Advisors ihre Kundengelder automatisiert in verschiedene ETFs verteilen, rutschte auch der Wert der Kundenportfolios ins Minus. Zusätzlich machte sich unter den Kunden, die laufend ihre Portfolios im Blick haben, Unruhe breit. Jetzt machte es sich bezahlt, dass die meisten Robo-Advisors kräftig in ihren Service investiert haben. So wurde der Kundenservice per Telefon, E-Mail oder Chat ausgebaut. Nur so konnten die Robo-Advisors die vermehrten Kundenanfragen in den Griff bekommen. Beispielsweise haben sich bei Moneyfarm (geschlossen im Januar 2021) die Anrufe in etwa verdoppelt. Gleichzeitig versuchten Robo-Advisor-Anbieter den Kunden mit einer Informationsoffensive die Angst zu nehmen. So sendeten sie z. B. Mailings mit Betreffzeilen wie „Die Märkte fallen – was tun?", „Mit welchen Rückschlägen in meinem ETF-Portfolio muss ich rechnen?", „Sollte ich in eine niedrigere Risikokategorie wechseln?" oder „Warum es nicht sinnvoll ist, jetzt das Depot aufzulösen und auf einen günstigen Zeitpunkt für den Wiedereinstieg zu warten". Scalable Capital nahm sogar extra ein Video auf, um die Ängste der Anleger zu zerstreuen. Letztlich lautete die Parole der Robo-Advisors: Durchhalten! Auch die Blogs der Robo-Advisor griffen den Kurssturz auf, etwa: „Was kann der Anleger tun, wenn ein schwarzer Schwan die Börsen befällt? Erst einmal gar nichts. Wer an der Börse anlegt, den wird dieses Phänomen treffen. Aber das ist gar nicht so schlimm. Klar, in dem Moment, in dem es passiert, ist es ärgerlich. Aber es hat auch eine gute Seite: Nun kann man günstig Aktien kaufen, weil die Mehrzahl der Anleger hektisch wird und verkauft. Denn nach jedem schwarzen Schwan erholen sich die Börsen. Also, bleiben Sie dabei und profitieren Sie vom kommenden Aufschwung!"

Die Bemühungen der Anbieter zeigten Erfolg, nur relativ wenige Anleger änderten ihre Strategie. Auch blieben die gefürchteten Panikverkäufe[60] aus. Bis Mai 2020 wurden Depots nur im kleinen einstelligen Prozentbereich aufgelöst. Erfreulich für Robo-Advisors war, dass trotz der Krise viele vermelden konnten, dass die Mittelzuflüsse um ein Vielfaches höher waren als die Abflüsse. Diese Er-

60 Im Oktober 2008 mussten die Fondsanbieter KanAm, AXA, Pramerica und die SEB-Gruppe ihre offenen Immobilienfonds schließen, weil die Anleger massenhaft ihre Anteile verkauften, da sie im Rahmen der Finanzkrise 2008/2009 Angst um ihr Geld hatten. KanAm sollte in Deutschland im Jahr 2009 sogar zum ersten Mal einen offenen Immobilienfonds ganz auflösen, mit schmerzhaften Verlusten für die Anleger.

folgsmeldung darf aber nicht darüber hinwegtäuschen, dass das Neukundengeschäft der Robo-Advisors leicht schwächelt. Die meisten Mittelflüsse kommen also durch Bestandskunden.

Der Einbruch der Aktienkurse als Folge der Corona-Pandemie ist somit ein Härtetest für Robo-Advisors. In den vergangenen Jahren, als sich die Kurse robust entwickelten, galten Robos als verlässliche Gewinnbringer. Wie schlugen sie sich während der Corona-Pandemie? Zu Anfang des Jahres 2020 erzielten Robo-Advisors noch neue Rekordwerte. So konnte Marktführer Scalable Capital allein im Januar 200 Mio. € an Kundeneinlagen neu einwerben. Auch die anderen Robo-Advisors legten kräftig zu. Ein Grund für diese Entwicklung war u. a., dass sich die Märkte gut entwickelten und der DAX von einem Rekordhoch zum anderen stieg. Doch im Februar und März 2020 schlug das Pendel in eine andere Richtung, die Corona-Krise schlug zu.

Tabelle 10: Performance einiger Robo-Advisors im Februar 2020

Zusammensetzung des Portfolios	Anbieter	Performance im Februar 2020
Portfolios mit ca. 50 % Aktien und ca. 50 % Anleihen	easyfolio – easyfolio 50 quirion – Kapitalmarktstrategie 50/50 growney – Einfach anlegen / grow50 investify – Risikoklasse 4 Solidvest – Strategie Ertrag WeltSparen – WeltInvest 50	-2,7 % -3,9 % -4,2 % -4,1 % -3,5 %
Portfolios mit bis zu 60 % Aktien und 40 % Anleihen	Ginmon – Anlagestrategie: Ausgewogen SutorBank – ausgewogenes Portfolio ROBIN – Risikolevel 17 %	-4,3 % -3,3 % -4,7 %
Portfolio mit ca. 67 % Aktien, 19 % Anleihen, 11 % Immobilien, 3 % Cash:	Scalable Capital – Anlagestrategie: 20 % VaR (dyn. Portfolioanpassung; Stand 10.03.2020)	-7,1 %
Benchmark (50 % Anleihen und 50 % Aktien)	ETF-Depot bestehend aus iShare MSCI World (WKN: A0RPWH) und DB-Trackers II Barcl. Global AGG Bond (WKN: DBX0NZ)	-3,0 %

*Angaben: eigene Analysen und brokervergleich.de (Stand 25.03.2020)

Der Februar war für deutsche Robo-Advisors brutal. Alle stürzten mit dem Markt mehr oder minder stark ab. Manche konnten den Fall abmildern und fielen weniger stark als die Benchmark.

„Die Wahrheit kann auch eine Keule sein, mit der man andere erschlägt." (Anatole France) Vielen Anlegern wurde auf einmal klar, was hinter dem abstrakten Begriff Risiko steht, nämlich Kursverluste. Besonders schmerzhaft war dies für all jene Anleger, die mit einem hohen Anteil an Aktien ein größeres Risiko gefahren sind als jene, die auf solide Anleihen setzten.

Robo-Advisors wie Scalable Capital, die in den vergangenen Monaten (bis Ende 2019) ihre Aktienquote stark hochgefahren haben, haben Portfolios, die deutlich stärker auf die Krise reagierten, als andere mit einer kleineren Aktienquote. Dennoch konnte keiner der Robo-Advisors im Februar 2020 ein positives Ergebnis erreichen. Denn die Algorithmen und Risikobewertungssysteme der Robo-Advisors haben allesamt keinen „Crash"-Button, mit dem im Angesicht einer raschen Kursbewegung nach unten Positionen aus dem Depot in Windeseile verkauft werden, um so den Anleger vor weiteren Verlusten zu schützen.

Im März sah das Bild noch viel düsterer aus. Das Portfolio von easyfolio lag um 16,6 % im Minus – und der Marktführer Scalable Capital musste sogar einen Verlust von 27,6 % einstecken.

Tabelle 11: Performance einiger Robo-Advisors vom 20.02. bis 16.03.2020

Zusammensetzung des Portfolios	Anbieter	Performance
Portfolios mit ca. 50 % Aktien und ca. 50 % Anleihen	easyfolio – easyfolio 50 quirion – Kapitalmarktstrategie 50/50 growney – Einfach anlegen / grow50 investify – Risikoklasse 4 Solidvest – Strategie Ertrag WeltSparen – WeltInvest 50	-16,6 % -19,3 % -16,9 % -18,3 % -15,3 %
Portfolios mit bis zu 60 % Aktien und 40 % Anleihen	Ginmon – Anlagestrategie: Ausgewogen SutorBank – ausgewogenes Portfolio ROBIN – Risikolevel 17 %	-21,6 % -19,4 % -20,3 %
Portfolio mit ca. 67 % Aktien, 19 % Anleihen, 11 % Immobilien, 3 % Cash	Scalable Capital – Anlagestrategie: 20 % VaR (dyn. Portfolioanpassung; Stand 10.03.2020)	-27,6 %
Benchmark (50 % Anleihen und 50 % Aktien)	ETF-Depot bestehend aus iShare MSCI World (WKN: A0RPWH) und DB-Trackers II Barcl. Global AGG Bond (WKN: DBX0NZ)	-17,8 %

*Angaben: eigene Analysen und brokervergleich.de (Stand 25.03.2020)

Um nicht noch weiter ins Minus zu geraten, schichteten viele Robo-Advisors ihre Portfolios in sicherere Häfen (Anleihen, Cash usw.) um. Scalable Capital erhöhte seinen Bestand an Cash auf 12 %. Viele Robo-Advisors geben an, die Aktienquote sukzessive reduzieren zu wollen, wenn die Aktienmärkte weiter nach unten gehen. Meiner Ansicht nach kommt jetzt auch zum Tragen, dass viele Robo-Advisors mit aktiver Strategie das Risiko schematisch über dynamische Modelle mit Volatilitätskennzahlen steuern. Sie reagieren nicht schnell genug, und so summieren sich die Verluste. Dass es auch anders geht, zeigen die aktiv gesteuerte Strategie des Robo-Advisors von Solidvest und der über den lernenden Algorithmus nach 25 Faktoren gesteuerte Robo-Advisor von Mineo. So verkaufte z. B. Mineo seit Ende Januar schrittweise Aktien, um Risiko aus dem Portfolio zu nehmen.

Auch die statischen Modelle (passive Robo-Advisors), die durch regelmäßiges Umschichten immer wieder eine bestimmte Vermögensstruktur herstellen, genügen in solchen Crashzeiten nicht als echtes Risikomanagement, da sie die Verluste zum Großteil mitmachen und so Vermögen verbrennen. Außerdem stehen jetzt immer mehr Robo-Advisors vor einer wirklichen Bewährungsprobe, weil die Rendite auf jährlicher Basis (also von März 2019 bis März 2020) ins Minus geht. Zudem stehen auch für längere Zeiträume nur noch mickrige positive Renditen in den Büchern. Das heißt, dass die Börsengewinne der früheren Jahre durch die aktuelle Krise aufgezehrt werden.

Betrachtet man Tabelle 10 im Detail, so stellt man fest, dass die Höhe des Verlustes eng verknüpft ist mit dem Risiko. So erzielten riskantere Strategien (mit hohem Aktienanteil) einen deutlich höheren Verlust als weniger riskante Strategien (mit hohem Anleiheanteil). Dies wird besonders deutlich, wenn man sich dies bei einem Robo-Advisor ansieht, der Strategien mit unterschiedlichen Risikolevels anbietet. ROBIN etwa hat Strategien mit einen Value at Risk[61] von 5 %, 10 %, 15 % und 20 %.

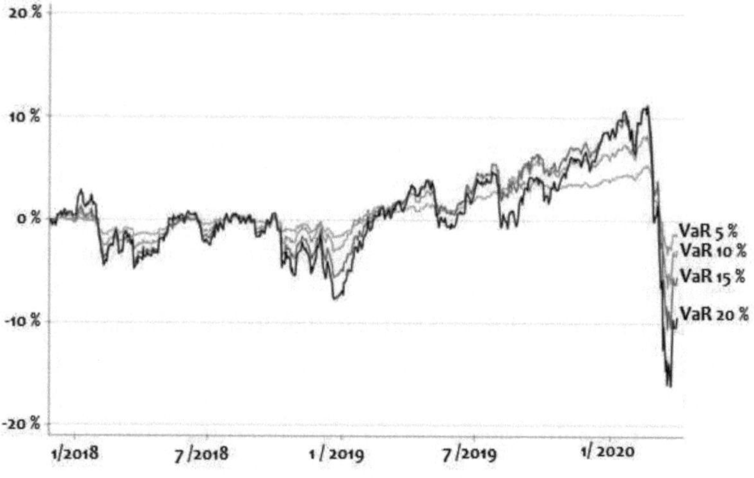

Abb. 11: Rendite von ROBIN-Strategien
(Quelle: ROBIN, 2020)

61 Der Value at Risk gibt den prozentualen Jahresverlust an, der mit einer Wahrscheinlichkeit von 95 % nicht überschritten wird.

Es zeigt sich, dass die Strategie mit dem höchsten Risiko (VaR 20 %) in der Hausse (steigende Kurse) deutlich mehr Rendite erzielt als die Strategie mit dem geringsten Risiko (VaR 5 %). Die Kehrseite der Medaille ist, dass die Strategie mit dem höchsten Risiko (VaR 20 %) auch die höchsten Verluste bei einem Börsenabschwung einfährt, während die risikoärmeren Strategien deutlich weniger Verluste anhäufen.

Eines darf der Anleger aber nicht aus den Augen verlieren: Langfristig kommt es darauf an, dass der Robo-Advisor nicht nur die Verluste reduziert, sondern auch die irgendwann folgenden Kursanstiege nicht verpasst. Abbildung 11 zeigt, dass ROBIN dies mit allen seinen Strategien schaffte, wobei die Strategie mit dem höchsten Risiko (VaR 20 %) bei Kursanstiegen besonders stark mitsteigt. Auch die meisten anderen Robo-Advisors legten nach der Krise im zweiten Halbjahr 2020 deutlich zu. Beispielsweise stieg vividam von Juni 2020 bis Dezember 2020 um 12,86 % (Strategie: vividam 50), Liqid um 8,35 % (Strategie: Liqid Impact 50) oder quirion um 8,21 % (Strategie: Kapitalmarktstrategie 50/50).

Es zeigt sich, dass Robo-Advisors keine Wunderdinge vollbringen können. Ihre Rendite liegt auch in Krisen, ähnlich wie die Rendite zu „normalen Zeiten“ (s. S. 104), um die Benchmark. Manche sind besser, andere schlechter. Das Dumme ist, dass die Rendite in Krisenzeiten im negativen Bereich liegt. Robo-Advisors bieten „nur“ einen Fallschirm an, damit die Landung nicht so schmerzhaft wird. Sie bremsen also bestenfalls die Kursverluste, können sie aber nicht gänzlich verhindern.

Trotzdem sind die Robo-Advisors weiter auf dem Vormarsch. Viele Robo-Advisors, die inmitten der Corona-Pandemie zwischenzeitliche Rückschläge hinnehmen mussten, konnten wieder mit positiven Zahlen glänzen, erreichten teilweise wieder das Niveau vor dem Lockdown oder sogar darüber. Beispielsweise hatte cominvest bereits Mitte Mai 2020 wieder das Vorkrisenniveau von 650 Mio. € an verwalteten Geldern erreicht, quirion steigerte seine Kundengelder von 404 auf 412 Mio. €.

„Was lange währt, wird endlich gut“, lehrt der Volksmund. Doch Kontrolle ist besser. Wie kann man sein Konto während der Laufzeit der Robo-Advisors im Auge behalten?

2.8 Blackbox? Robo-Advisors während der Anlage

Damit Robo-Advisors gar nicht erst in den Verdacht geraten, eine Blackbox zu sein, stellen sie umfangreiche Informationen über verschiedene Kanäle zur Verfügung. Dabei verfahren sie nach dem Motto: *Rede nur, wenn du gefragt wirst.*

Der Anleger muss sich aktiv darum kümmern, Informationen zu erhalten. Beispielsweise können Anleger den Scalable-Capital-Kundenservice telefonisch (u. a. mit einem Rückruf-Service), via Kontaktformular oder via Online-Chat montags bis freitags von 09:00 bis 19:00 Uhr erreichen. Zudem ist Scalable Capital auf Facebook, Twitter und LinkedIn aktiv vertreten. Außerdem informiert der Anbieter über aktuelle Unternehmensnews, wenn der Anleger sich in einen Newsletter einträgt. Zusätzlich gibt es bei Scalable Capital einen Blog, der als Journal bezeichnet wird. Er versorgt den Anleger mit Hintergrundwissen rund um seine Geldanlage. Ebenfalls kann ein persönliches Gespräch gebucht werden, um z. B. komplexe Vermögenssituationen zu besprechen. Das Angebot wird durch regelmäßige Infoabende in unterschiedlichen Städten sowie Webseminare abgerundet.

Hinter diesen Services müssen sich andere Robo-Advisors nicht verstecken. So kann man auch Ginmon via Live-Chat, E-Mail oder telefonisch werktags von 9.00 bis 19.00 Uhr erreichen. Auch in den sozialen Netzwerken ist Ginmon aktiv. Ebenfalls bietet Ginmon einen Newsletter an. Zusätzlich erhalten Anleger, die den Newsletter abonnieren, eine E-Mail-Serie, in der das Konzept von Ginmon relativ ausführlich erläutert wird. Zudem versorgt Ginmon seine Anleger mit Unternehmensnews. Der Ginmon-Blog versorgt den Anleger mit Hintergrundwissen rund um seine Anlage. Webseminare oder Seminare bietet Ginmon nicht an.

Quirion geht hier einen etwas anderen Weg. Natürlich kann man den Kundenservice via Live-Chat, E-Mail oder telefonisch erreichen. Auch in den sozialen Netzwerken ist quirion aktiv, auf Facebook und Twitter. Ebenfalls gibt quirion einen Newsletter heraus. Er beinhaltet aktuelle Meldungen, Kommentare, Videos sowie Studien zur Finanzwelt. Das Besondere ist, dass man bei quirion auch Beratungsgespräche zum Thema Geldanlage buchen kann.

Dieser Service ist allerdings kostenpflichtig. Die Honorarberatung findet übers Telefon statt, wo der Berater individuell auf die Bedürfnisse des Anlegers eingehen kann.

Im Großen und Ganzen unterscheiden sich die Kontakt- und Service-Möglichkeiten bei den verschiedenen Robo-Advisors nur in Nuancen. Der Service der Robo-Advisors überzeugt durch seine Vielzahl an Kommunikationskanälen. Anleger können über E-Mail, Hotline, Rückruf-Service, Online-Chat oder in einer Vielzahl von sozialen Netzwerken in Kontakt treten. Ebenso ist bei einigen Robo-Advisors eine persönliche Beratung möglich. Viele Robo-Advisors denken darüber nach, das Beratungsangebot um zusätzliche Beratungsmöglichkeiten, z. B. via Skype, zu erweitern.

Während der Laufzeit der Anlage schwirren die Fragen nur so im Kopf des Anlegers. Wie ist mein Geld angelegt? Wie hoch ist meine Rendite? Wie setzt sich mein Depot aktuell zusammen? Fragen produzieren weitere Fragen. Wäre es möglich, dass es auf alles nur eine einzige Antwort gibt, die alles erklärt? Tatsächlich haben Robo-Advisors so eine Möglichkeit, den Reporting-Service. Mit diesem Service sind die Anleger stets darüber im Bilde, wie sich ihre Anlage macht. Um das Reporting abzurufen, gibt es mehrere Möglichkeiten:

1. Der Anleger kann sich einfach auf der Homepage des Robo-Advisors einloggen.
2. Außerdem bieten eigentlich alle Robo-Advisors einen mobilen Zugang zu allen Daten und Informationen an. Dazu stellen sie eine App für iOS oder Android zur Verfügung.

Loggt sich der Anleger z. B. im Scalable-Capital-Portal ein, so hat er Zugriff auf sein persönliches Dashboard. Dort finden sich Informationen zur Wertentwicklung, der aktuellen Gewichtung, zum möglichen Sparplan, zu Ein- und Auszahlungen und Ausschüttungen. Neben dem Gesamtwert der Geldanlage wird auch die derzeitige Wertentwicklung grafisch visualisiert.

Abb. 12: Übersicht über das Kundenkonto von Scalable Capital
(Quelle: Scalable Capital; Stand 31.01.2019)

In einem begrenzten Umfang kann der Anleger auch selbst festlegen, was er im Dashboard sehen kann. Natürlich ist das Dashboard auch über eine App abrufbar.

All dies bieten in ähnlicher Form auch die anderen Robo-Advisors an. Sie setzen allerdings andere Schwerpunkte bei der Darstellung und versehen die Reports mit einigen i-Tüpfelchen. Beispielsweise ist es bei Ginmon möglich, mit einem weiteren Klick aus der Depotzusammensetzung eine kurze Beschreibung des jeweiligen Fonds zu bekommen. Bei growney können Anleger mit einem Klick auf „Details" alle Posten ansehen, die zur Renditeberechnung notwendig sind. Dazu zählen die Ein- und Auszahlungen, Kursgewinne/-verluste, Steuern, Dividenden sowie die Gebühren. Der Robo-Advisor Liqid versendet jedes Quartal per E-Mail ein ausführliches Reporting der Anlagen an seine Anleger. Darüber hinaus kann der Anleger die Performancekennzahlen seines Portfolios jederzeit detailliert online verfolgen. Dagegen ermöglicht der Robo-Advisor von Comdirect über verschiedene

Tools z. B. die Risiken der einzelnen Fonds im Depot einschätzen zu lassen.

Eigentlich legen alle Robo-Advisors über ihr Tun ausführlich Rechenschaft ab. Die Informationen sind in der Regel übersichtlich und transparent dargestellt, wobei jeder Robo-Advisor einen bestimmten Punkt im Report besonders deutlich hervorhebt, um sich von den anderen abzusetzen. Robo-Advisors sind also keine Blackbox, sondern ein offenes Buch. Zusätzlich unterstützen viele Robo-Advisors ihre Anleger gezielt, indem sie ihre Sparziele schon bei der Registrierung bei dem jeweiligen Dienst abfragen und ihre Kunden später immer wieder daran erinnern oder sogar durch Fortschrittsbalken grafisch verdeutlichen, wie lange ein Anleger noch benötigt, um sein Ziel zu erreichen. Manche Robo-Advisors nutzen in den Apps Gamification-Events, um den Anleger so noch weiter zu motivieren, seine Ziele umzusetzen.[62]

Ein deutsches Sprichwort lautet: *„Wo ein Anfang ist, muss auch ein Ende sein."* Irgendwann endet auch eine Geldanlage, wenn der Anleger die Früchte seiner Investition genießen möchte.

2.9 Kündigung – das Ende

Kaum ein Anleger denkt wohl schon am Anfang seiner Beziehung mit einem Robo-Advisor an das Ende. Trotzdem sollte der Anleger einen Blick ins Kleingedruckte werfen. In der Regel können Anleger die Geschäftsbeziehung kurzfristig beenden. Dennoch gibt es Haken und Ösen, auf die die Anleger achten müssen.

Wenn ein Anleger sein Geld über Jahre hinweg gespart hat, dann möchte er sich das Vermögen auch irgendwann auszahlen lassen, meistens schrittweise. Hierzu bietet sich ein Auszahlplan (oder Entnahmeplan) an. Der Auszahlplan legt fest, welche Geldsumme z. B. monatlich entnommen werden soll. Durch die regelmäßige Entnahme können viele Anleger besser wirtschaften, weil offensichtlicher ist, wann wie viel Geld zur Verfügung steht. Außerdem wird das zurzeit nicht benötigte Geld durch den Robo-Ad-

62 Kritiker sagen, dass dies lediglich dazu dient, die Anleger bei der Stange zu halten und keinen wirklichen Nutzen hat.

visor gewinnbringend verwaltet. Aktuell bieten neun Robo-Advisors, wie fintego oder Whitebox, einen Entnahmeplan an. Es ist allerdings wahrscheinlich, dass sich dies ändern wird, wenn die Robo-Advisors ihren Kinderschuhen entwachsen sind.

Entnahmeplan – ein Beispiel

Zur Berechnung eines Entnahmeplans wird häufig auf die Rentenrechnung[63] zurückgegriffen.

Hans-Jürgen Clever hat mithilfe eines Robo-Advisors bis zu seinem 65. Geburtstag 100.000 € angespart. Diese möchte er sich schrittweise auszahlen lassen. Er möchte von dem Geld eine Urlaubsreise machen und andere Freizeitaktivitäten finanzieren.

Er legt sein Geld in einem risikolosen Depot an. Dieses Depot erwirtschaftete im Durchschnitt in der Vergangenheit 4,4 % Zinsen p.a. Von diesem Durchschnittszinsen von 4,4 % p.a. nimmt Hans-Jürgen Clever einen Sicherheitsabschlag vor. Er geht von einer Verzinsung von 3,98 % p.a. aus. Für seine geplanten Reisen und sonstigen Aktivitäten benötigt er jährlich 10.000 €. Wie lange reicht das Kapital, wenn Hans-Jürgen Clever sich jeweils zum Jahresende 10.000 € auszahlen lässt? Gegeben sind der Rentenbarwert R_0 = 100.000 €, die Rate r = 10.000 €, die Zinsrate i = 0,0398 und der Zinsfaktor q = 1,0398.

$$n = -\frac{\ln\left[1 - \frac{R_0}{r} \cdot (q-1)\right]}{\ln(q)}$$

$$= -\frac{\ln\left[1 - \frac{100.000}{10.000} \cdot (1{,}0398 - 1)\right]}{\ln(1{,}04)}$$

$$= 13 \text{ Jahre}$$

Hans-Jürgen Clever kann sich also über 13 Jahre hinweg 10.000 € auszahlen lassen, bis sein Geld aufgebraucht ist.

---

63 Vgl. Götte, Rüdiger: Finanzmathematik im Alltag – Erfolgsfaktor für die Rendite. Das 1x1 der Finanzmathematik. ibidem-Verlag: Stuttgart, 2015, s. S. 75 ff.

Natürlich kann der Anleger auch sein gesamtes Depot beim Robo-Advisor auf einen Schlag kündigen oder Teilbeträge erlösen. Dazu muss er sich in das Portal des Robo-Advisors einloggen und unter „Ein- und Auszahlungen" den gewünschten Betrag eingeben. In der Regel dauert es vier bis sieben Tage, bis das Geld auf dem Girokonto des Anlegers ist. Es gibt dabei aber einiges zu beachten. Wenn die Auszahlung das Portfolio unter die Mindestanlage verringern würde, muss es gekündigt werden. Das ist z. B. bei Scalable Capital so geregelt. Andere Robo-Advisors verlangen, dass nach der Auszahlung ein Mindestbetrag verbleibt. Beispielsweise verlangt growney, dass 100 € im Depot erhalten bleiben. Möchte ein Anleger sich die letzten 100 € auszahlen lassen, muss er sein komplettes Depot kündigen.

Das Sprichwort „*Vertrauen ist gut, Kontrolle ist besser*" lehrt uns, dass man sich nur auf das verlassen sollte, was man auch nachprüfen kann. Deshalb sollten Anleger einen Blick auf die Kündigungsklauseln von Robo-Advisors werfen, insbesondere auf die Kündigungsfristen. Auch muss der Anleger bedenken, dass bei einigen Robo-Advisors auch die Fondsanlagen enden, wenn die Vermögensverwaltung (Komplettverkauf) aufhört. Sie werden dann zwangsverkauft und das Geld wird den Anlegern ausgezahlt. Meist wird dann auch das Depot und das Depotverrechnungskonto bei der Partnerbank gekündigt.

Bei Investify (Stand 20.05.2020) gibt es beispielsweise eine Kündigungsfrist von einem Monat. Bei einer Teil- oder auch Komplettauszahlung werden die Wertpapiere verkauft. Anschließend wird dem Investor der Erlös aus dem Wertpapierverkauf wieder zur Verfügung gestellt. Ab dem Zeitpunkt der Rücküberweisung ist die Depotführung bei der Partnerbank kostenfrei (nur bei kompletter Auszahlung). Der Anleger kann also entscheiden, ob er das Depot für spätere Investments weiterführen oder stattdessen auflösen möchte. Dagegen liegt bei Liqid die vertragliche Kündigungsfrist bei 14 Tagen.

Wiederum anders verfährt ROBIN. Es besteht nämlich keine Mindestvertragslaufzeit. Allerdings empfiehlt ROBIN einen Mindestanlagehorizont von zwei Jahren, um Schwankungen auf dem

Kapitalmarkt auszugleichen. Aber auch vor Ablauf des Mindestanlagehorizonts können die Anleger jederzeit kündigen.

Es ist festzustellen, dass die meisten Robo-Advisors keine bzw. nur sehr kurze Mindestlaufzeiten haben. Somit kann der Anleger jederzeit flexibel über seine Geldanlage verfügen. In wenigen Schritten kann er sein gesamtes Depot kündigen oder auch Teilauszahlungen vornehmen. Der mit der Auszahlung verbundene Verkauf von Wertpapieren erfolgt meistens zeitnah[64]. Der Verkaufserlös wird nach wenigen Tagen auf das Referenzkonto (meistens das Girokonto des Anlegers) überwiesen.

Alexander Freiherr von Humboldt (1769-1859) stellte ironisch fest: *„Wo ein Jäger lebt, können zehn Hirten leben, hundert Ackerbauer und tausend Gärtner."* Wer schützt Robo-Advisors vor dem „bösen" Wolf? Wie sicher sind sie?

2.10 Schutz und Sicherheit des Geldes: Wer hat Zugriff auf das bei Robo-Advisors hinterlegte Geld?

Eine gesunde Skepsis gegenüber Robo-Advisors ist berechtigt. Eine Horrorvorstellung wäre sicherlich, dass Betrüger Zugriff auf die Daten des Anlegers oder – noch schlimmer – sein Geld erlangen. Rufen wir uns die Geldflüsse zwischen Robo-Advisor und Anleger wieder ins Gedächtnis (s. S. 19) und schauen sie uns jetzt unter dem Aspekt „Schutz und Sicherheit" des Geldes nochmals an.

---

64 Anleger sollten sich jedoch bewusst sein: Geben sie den Auftrag zum Verkauf zu einem ungünstigen Zeitpunkt, kann es zu Verlusten kommen.

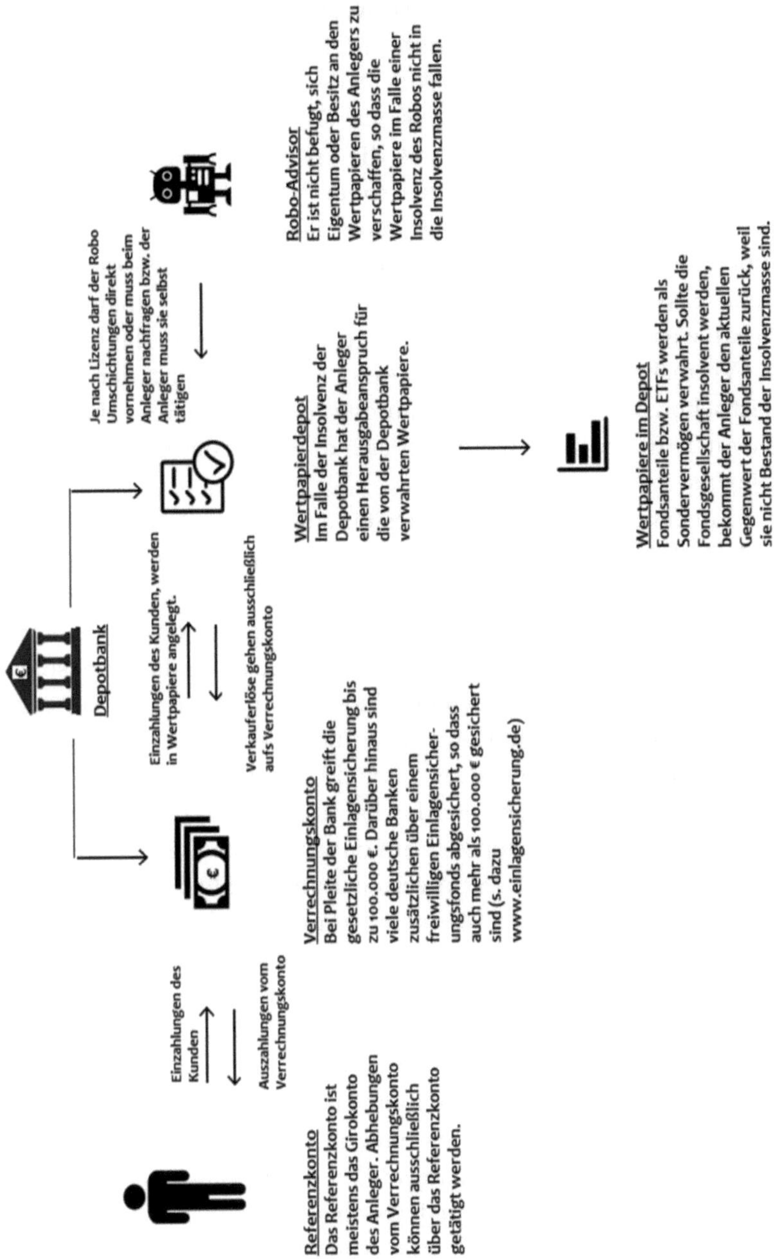

Abb. 13: Sicherheit und Schutz der Gelder

In der Abbildung finden sich Antworten auf alle unsere Fragen. Folgen wir der Spur des Geldes. Mit Vertragsabschluss zwischen Robo-Advisor-Anbieter und dem Anleger werden üblicherweise zwei Konten und ein Depot erstellt. Der Robo-Advisor-Anbieter veranlasst bei seiner Partnerbank die Eröffnung eines Depots und eines Depotverrechnungskontos (oder Verrechnungskonto). Die Eröffnung dieser Konten erfolgt in der Regel entweder mittels traditionellem Postident-Verfahren oder online per Video-Ident-Verfahren. Erst wenn der Kunde seine IBAN von der Depotbank erhalten hat, was in der Regel ein paar Tage dauert, kann er das Geld auf das Verrechnungskonto überweisen. Daneben wird der Kunde meist schon bei Vertragsschluss aufgefordert, ein Referenzkonto zu benennen. In der Regel handelt es sich dabei um das Girokonto des Anlegers.

Ein erstes Indiz für die Seriosität eines Robo-Advisors ist das Konto, auf das der Anleger sein Anlagekapital überweisen soll. Seriöse Anbieter fordern den Kunden niemals dazu auf, das Geld auf das Geschäftskonto des Robo-Advisor-Anbieters oder gar auf ein Privatkonto des Geschäftsführers zu überweisen. Stattdessen sollte der Kunde das Geld von seinem Referenzkonto auf das Verrechnungskonto überweisen. Denn aufgrund des sog. Referenzkontenprinzips ist gewährleistet, dass das Geld des Anlegers nicht auf ein fremdes Konto übertragen werden kann, denn Auszahlungen bzw. Gutschriften sind ausschließlich auf das angegebene Referenzkonto möglich. Das heißt: Vom Depotverrechnungskonto darf nur auf das Referenzkonto überwiesen werden. So laufen auch Tricks ins Leere, bei denen z. B. versucht wird, durch Abfangen von PIN und/oder TAN Beträge auf fremde Konten umzuleiten.

Selbst wenn Hacker das Passwort und den Zugangscode durch einen Trojaner auf dem heimischen Rechner ergaunert haben, müssten sie noch die m-TAN erbeuten. Denn der Anleger muss alle Transaktionen durch eine m-TAN autorisieren. Hacker müssten also neben den Zugangsdaten des Depots auch die Telefonnummer kennen, um die m-TAN abzufangen. Und selbst in diesem Szenario wäre das Geld nicht gefährdet – vom Verrechnungskonto kann nur auf das angegebene Referenzkonto zurücküberwiesen werden. Eine Änderung des Referenzkonto ist bei fast allen

Robo-Advisors mit einigen Hürden verbunden. Bei einigen ist dies nur schriftlich möglich, andere verlangen eine vorherige Identifizierung via Video-Ident-Verfahren.

„Gehe Wege, die noch niemand ging, um das Verborgene zu finden!", lehrt ein Sprichwort. Welcher Weg ist dies? Welcher Spur des Geldes müssen wir jetzt folgen? Nachdem der Anleger sich identifiziert hat, wird er vom Robo-Advisor aufgefordert, die vereinbarte Anlagesumme auf das Verrechnungskonto (oder Depotverrechnungskonto) bei der Partnerbank des Robo-Advisors[65] zu überweisen. Folglich spielt die Partnerbank im gesamten Konstrukt eine zentrale Rolle. Die Zusammenarbeit zwischen Robo-Advisor und Partnerbank trägt definitiv zur Seriosität und Sicherheit der Robo-Advisors bei. Denn die Partnerbanken unterliegen der Kontrolle der BaFin. Sie achten u. a. darauf, dass das Geld der Kunden stets zugeordnet werden kann und damit auf die Nachvollziehbarkeit der Geldtransfers.

Tabelle 12: Einige Robo-Advisors und ihre Partnerbanken (Stand 20.05.2020)

Robo-Advisor	Partnerbank
Scalable Capital	Baader Bank AG
vaamo	FFB (FIL Fondsbank)
Ginmon	DAB
growney	Sutor Bank
fintego	Ebase
VisualVest	Union Investment Service Bank AG

Vielleicht denken Sie bei einem Blick auf die Tabelle: Was sind das denn für Banken, von denen habe ich noch nie etwas gehört. Robo-Advisors arbeiten oftmals mit Banken zusammen, die sich auf Vermögensberater (also Fonds, Robo-Advisors, Pensionsfonds, Versicherungen usw.) spezialisiert haben und den meisten deswegen kein Begriff sind. Dafür sind sie jedoch hervorragend in der Lage,

65 Warum wird das Geld nicht direkt vom Robo-Advisor verwaltet? Das hat vor allem juristische Gründe: Der Robo-Advisor müsste eine eigene Banklizenz erwerben, um das Kapital verwalten zu dürfen. Er geht also eine Partnerschaft mit einer Bank ein, um sich diese Kosten zu sparen.

die Dienste zur Verfügung zu stellen, welche der Robo-Advisor benötigt, um die Anlage seiner Kunden optimal zu betreuen.

Das Geld des Anlegers liegt also nicht bei einem vielleicht noch unbekannten Robo-Advisor, sondern bei einer deutschen, lizenzierten Bank. Geht die Bank des Robo-Advisors pleite, greift für das Guthaben[66] auf dem Verrechnungskonto die gesetzliche Einlagensicherung in Höhe von bis zu 100.000 €. Viele deutsche Banken haben sich darüber hinaus freiwillig einem zusätzlichen Einlagensicherungsfonds angeschlossen, sodass es auch möglich ist, das Guthaben jenseits von 100.000 € vollständig entschädigt werden. Ob die Partnerbank eine solche zusätzliche Absicherung in welcher Höhe hat, muss der Anleger erfragen. Ich persönlich empfehle aus Gründen des einfacheren Schriftwechsels zwischen dem Anleger und der Entschädigungseinrichtung, der notwendig wäre, wenn die Bank tatsächlich insolvent würde, einen Robo-Advisor zu wählen, bei dem das Verrechnungskonto von einer in Deutschland ansässigen Bank geführt wird.

Da der überwiegende Teil des Anlegergeldes in Wertpapiere investiert ist, muss man sich auch fragen: Wie sicher ist das Depot? Das Kapital unterliegt auch hier einem besonderen Schutz. Die Wertpapiere werden nämlich als Sondervermögen verwahrt und sind strikt vom restlichen Vermögen der Bank getrennt. Daher gibt es auch in diesem Fall einen Insolvenzschutz. Aber Achtung: Der Schutz bezieht sich selbstredend nicht auf eventuelle Kursverluste, die bei ETFs oder aktiven Fonds eintreten können. Diese können entstehen, weil es immer eine gewisse Zeit dauert, bis der Anleger auf die Wertpapiere im Depot zugreifen kann, wenn die Bank pleitegeht. In dieser Zeit sind die Wertpapiere schutzlos den Stürmen an den Finanzmärkten ausgeliefert.

Geht also die Partnerbank des Robo-Advisors insolvent, sind alle Guthaben und Wertpapiere im Depot geschützt. Was passiert aber, wenn der Robo-Advisor selbst pleitegeht? Auch in diesem Fall muss der Anleger sich keine allzu großen Sorgen machen, denn eine Insolvenz des Robo-Advisors lässt sein Depot unberührt. Der Grund hierfür ist simpel: Die im Depot befindlichen Wertpapiere

66 Dies sind meistens nur wenige Prozent des Anlagevermögens.

liegen sicher verwahrt bei der jeweiligen Partnerbank. Das Gleiche gilt für das Verrechnungskonto. Zudem gehören manche Robo-Advisors auch Entschädigungseinrichtungen an, Scalable Capital etwa gehört der Entschädigungseinrichtung der Wertpapierhandelsunternehmen (EdW)[67] an.

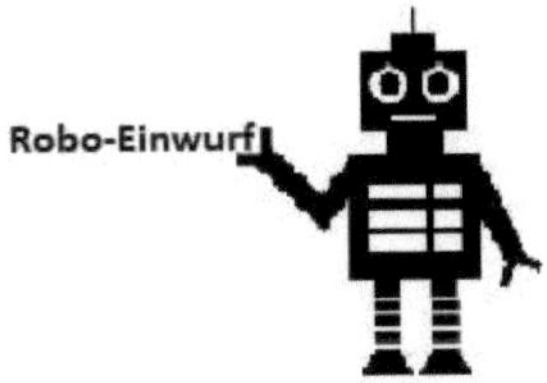

Die Pleite von Cashboard

Mit Cashboard ist schon ein Robo-Advisor pleitegegangen. Der Robo-Advisor finanzierte sich zum Teil über Rückvergütungen von Produktanbietern und durch eine 10-prozentige Beteiligung am Anlageerfolg der Depots. Dies war scheinbar nicht genug. So musste Cashboard am 10. Mai 2017 einen Insolvenzantrag (Aktenzeichen: 36c IN 2469/17) beim Amtsgericht Berlin-Charlottenburg stellen. Die Partnerbank war ebase, d. h. sowohl das Verrechnungskonto als auch das Depot mit den Wertpapieren lagen bei ebase. Die Anleger brauchten sich keine Sorgen zu machen, da die Wertpapiere sicher im Depot bei ebase lagen. Sie wurden nicht zur Insolvenzmasse von Cashboard herangezogen. Der Anleger verliert also nichts! Ebenso brauchten sich Cashboard-Anleger auch über ihr Geld auf dem Verrechnungskonto wenig zu sorgen. Da auch dieses von ebase geführt wurde, sind die Gelder geschützt.

Dennoch hatte die Insolvenz Folgen für die Anleger. Beispielsweise garantierte Cashboard bei manchen Produkten, wie dem Paket „Kapitalschutz", eine Mindestverzinsung von 2 %. Wenn also das gekaufte Wertpapierpaket eine Jahresrendite von unter 2 % erzielte, versprach Cashboard, die Differenz auszugleichen. Aktuell sind diese Auszahlungen durch den Insolvenzantrag blockiert. Ebenfalls betroffen sind Prämien, zum Beispiel durch Aktionen wie Kunden-werben-Kunden. Auch sie wurden nicht ausgezahlt. Die zugesicherten Prämien und Zinszahlungen wurden Teil der Gläubigermasse.

67 Wenn ein Vermögensverwalter seinen Verbindlichkeiten aus dem Vermögensverwaltungsvertrag gegenüber seinen Kunden nicht nachkommen kann, werden durch die Entschädigungseinrichtung der Wertpapierhandelsunternehmen (EdW) 90 % der Forderungen gedeckt. Dies gilt bis zu einer Grenze von max. 20.000 € pro Anleger.

Eine Auszahlung würde anteilig anhand der festgesetzten Insolvenzquote erfolgen. Cashboard bot zeitweise auch Tagesgeld mit einem garantierten Zinssatz von 1 % p.a. an. Da diese Verzinsung nicht von der Depotbank stammt, ist sie gefährdet – nicht aber das Geld auf dem Tagesgeldkonto. Dieses liegt sicher bei der Depotbank. Ein weiteres Problem ist, dass die von Cashboard angebotenen Depotlösungen zwar zum Großteil Investmentfonds enthielten, aber auch als spekulative Beimischung Privatkredite (Social Lending) oder Crowdfunding. Deswegen können diese Depots nicht schnell aufgelöst werden, da die Anleger bei Privatkrediten oder Crowdfunding in der Regel an Mindesthaltefristen gebunden sind.

Sollte also der Robo-Advisor oder die Depotbank pleitegehen, bleibt das Vermögen des Anlegers erhalten. Doch was passiert, wenn der Emittent (Herausgeber) des aktiven Fonds oder ETFs zahlungsunfähig wird? Auch in diesem Fall ist das Geld des Anlegers nicht in Gefahr, weil die Anleihen oder Aktien, die sich im Fonds befinden, ebenfalls Sondervermögen sind. Das heißt, dass die Fonds getrennt vom Vermögen des jeweiligen Fondsanbieters verwahrt werden, sodass sie bei einer etwaigen Insolvenz der Fondsgesellschaft nicht in deren Insolvenzmasse fließen.

„Die Welt ist nun einmal voller Haken und Ösen." So ist es auch hier. Es gibt einen Pferdefuß: Wenn der ETF nicht physisch den zugrunde liegenden Index nachbildet, indem er die Aktien oder Anleihen direkt kauft, sondern diesen mithilfe von Finanzinstrumenten, wie Swaps (synthetische Replikation, s. S. 60), nachbildet. Der wesentliche Unterschied eines Swap-ETFs zu einem physischen ETF ist die Einbindung einer dritten Partei, dem Swap-Kontrahenten. Das ist zumeist eine Großbank (z. B. Deutsche Bank AG). Diese liefert die Performance des zu replizierenden Indizes gegen ein Entgelt. Hierdurch betritt eine neue Art des Risikos das Spielfeld. Es entsteht durch das Ausfallrisiko des Swap-Kontrahenten (Bonitätsrisiko) für Zahlungsverpflichtungen, die nicht durch Sicherheiten hinterlegt sind. Um dieses Kontrahenten-Risiko möglichst klein zu halten, ist es laut UCITS-Richtlinien nicht erlaubt, dass der Wert des Swaps größer 10 % des Netto-Inventarwertes (NIW), also des Fondsvermögen des ETFs, werden darf. Dies wird auf täglicher Ba-

sis zu den aktuellen Kursen berechnet. Erreicht der Swap-Wert den Grenzwert von 10 %, so wird der Swap-Wert zurückgesetzt (Resetting). Nach dem Resetting bestehen keine offenen Forderungen zwischen dem Fonds und dem Swap-Kontrahenten. Bei einer Insolvenz eines Swap-Kontrahenten kommt ein Anleger nur dann zu Schaden, wenn unbesicherte Forderungen gegenüber dem Kontrahenten bestehen. Um dies zu verhindern, verlangen die ETF-Anbieter zusätzliche Sicherheiten von ihrem Swap-Partner, die dem aktuellen Swap-Wert entsprechen bzw. diesen sogar überschreiten.

Die Welt des Robo-Advisors sind Zahlen, jeder Begriff, jede Information wird zerlegt in numerische Werte, damit der Robo-Advisor sie verarbeiten kann. So gewinnt ein anderer Aspekt, den viele nicht auf der Agenda haben, an Bedeutung: *„Die Statistik ist eine Hure."* Sie biedert sich an, indem sie suggeriert, dass ein Börsencrash, wie im Jahr 2008, nur selten eintreffe.

Was sie verschweigt, ist, dass der nächste Crash morgen oder nächste Woche kommen kann. Nach dem beliebten Gaußschen Modell dürfte z. B. ein „Börsenkrach" wie im Oktober 1987 nur einmal in 10 hoch 87 Jahren vorkommen. Historisch betrachtet ist mit einem solchen Mega-Kursrutsch aber etwa alle 38 Jahre zu rechnen. Seit kurzem beobachtet man an den Börsen, dass Börsenkrachs in immer kleineren Abständen auftreten. Das heißt: Es wird immer schwieriger, Börsenkrachs vorherzusehen, weil sich die alten Zusammenhänge an den Finanzmärkten auflösen und sich neue bilden. Deshalb unterschätzen viele mathematische Modelle (Grundlage der Robo-Advisors) auch regelmäßig die Risiken.

Deshalb können Robo-Advisor-Anleger auch nicht zu 100 % vor Verlusten schützen. Trotz des optimierten Depots verbleibt immer ein Restrisiko, weil die Börsenentwicklung nicht exakt vorhersehbar ist. Es kommt immer wieder zu Überraschungen, die die alten statistischen Zusammenhänge außer Kraft setzen können. Dann taumeln Robo-Advisors, wie eigentlich alle Anleger an der Börse, in den Seilen. Verluste sind die Folge.

Eine andere Gefahr, die im Verborgenen wirkt, entsteht aus der simplen Tatsache, dass Robo-Advisors letztlich nichts anderes sind als ein Computerprogramm. Leider gibt es auf der Erde kein halbwegs komplexes Computerprogramm, das absolut fehlerfrei ist. Als Anleger muss man darauf vertrauen, dass die Robo-Advisor-Anbieter ihre Algorithmen umfassend getestet, die Robo-Advisors mit den richtigen Anlageregeln gefüttert und sie gut justiert haben, um die richtige Anlagestrategie zu ermitteln.

Für die meisten Anleger sind ihre finanziellen Daten sehr sensibel. Wer möchte schon, dass eine Panne oder ein Datenleck beim Robo-Advisor dazu führt, dass der Nachbar über die eigene Vermögenssituation Bescheid weiß. Oder vielleicht verkauft der Robo-Advisor diese Daten oder das Profil des Anlegers? Die persönlichen Daten werden keinem Dritten zugänglich gemacht, nur der Robo-Advisor sowie seine Partnerbank können sie einsehen bzw. verarbeiten. Damit die Daten sicher zum Robo-Advisor-Anbieter gelangen, nutzen eigentlich alle Anbieter eine SSL-Verschlüsselung ihrer Webseite sowie der jeweiligen Plattform. Des Weiteren haben viele Robo-Advisors ihr Rechenzentrum in Deutschland, was ich persönlich für einen weiteren wichtigen Aspekt zur Datensicherheit halte. Zusätzlich werden die Webseite, Server und Apps regelmäßig mit den neuesten Sicherheitsupdates aktualisiert. Außerdem setzen einige Anbieter, wie z. B. Scalable Capital, auf den Einsatz von Cloud-Infrastrukturen mit mehreren Datenzentren, um im Falle von Naturkatastrophen bzw. außerordentlichen Lastspitzen eine kontinuierliche Systemverfügbarkeit sicherzustellen. Weiterhin bemühen sich immer mehr Robo-Advisor-Anbieter um ein Datenschutzzertifikat, z. B. vom TÜV. Growney hat beispielsweise ein solches Zertifikat.

„Im Leben kommt es darauf an, Hammer oder Amboss zu sein – aber niemals das Material dazwischen.“ (Norman Mailer) Um nicht zwischen Hammer und Amboss zerquetscht zu werden, muss der Anleger sich immer kritisch mit dem Schutz seiner Daten auseinandersetzen. Trotz aller Sicherheitsvorkehrungen der Robo-Advisors können die Daten in die Hände Dritter gelangen, z. B. durch Hackerangriffe. Beispielsweise musste Scalable Capital am 19. Oktober 2020 seine Kunden über einen schweren Datenschutzvorfall informieren. Es wurden persönliche Daten (wie Personalien und Kontaktdaten; steuerliche Daten, Referenzkontoverbindung usw.) von 20.000 Kunden entwendet. In einem solchen Fall raten Datenschützer, sofort Kontakt mit dem Robo-Advisor aufzunehmen und

zu klären, welche Daten gestohlen wurden. Aus Sicherheitsgründen sollte das Passwort sofort geändert werden!

Aber Achtung: Vor Kursschwankungen sind die Anlagen der Robo-Advisors nicht gefeit (dies wird als Anlagerisiko bezeichnet). Das heißt, es ist möglich, mit Wertpapieren – insbesondere mit Aktien – hohe Kursverluste zu erleiden, wie der März 2020 gezeigt hat. Deshalb ist es wichtig, dass der Robo-Advisor den Anleger über die Renditemöglichkeiten und das damit einhergehende Risiko von Kursverlusten ausführlich informiert. Der Robo-Advisor versucht natürlich, Kursverluste zu verhindern bzw. zu minimieren, er kann aber keine Garantie abgeben, dass das auch klappt. Um sich möglichst gut abzusichern, investieren Robo-Advisors in ETFs mit mehreren zehntausend Einzelwerten mit unterschiedlichen Risiken. Daher kann der Robo-Advisor das Anlagerisiko fast immer nicht nur bestimmen, sondern auch möglichst gering halten. Hierzu nutzen Robo-Advisors wissenschaftliche Erkenntnisse, die zu einem langfristigen Anlageerfolg führen sollen. Im Regelfall wird das Anlagerisiko umso geringer, je langfristiger der Anleger sein Kapital investiert. Allerdings muss man immer auf der Hut sein, weil sich diese Erkenntnisse auf die Vergangenheit beziehen. Hinzu kommt, dass es keine Erfahrungswerte darüber gibt, wie sich Robo-Advisors mittel- und langfristig an den Finanzmärkten schlagen. Niemand kann also sagen, wie gut die heutigen Empfehlungen sind, wenn es zu einer Finanzkrise kommt oder zu einer längeren Abwärtsphase an der Börse.

„Die ganz Schlauen sehen um fünf Ecken und sind geradeaus blind." (Benjamin Franklin) So kommt bei Robo-Advisors ein Risiko direkt von vorne, welches die meisten Anleger nicht auf dem Schirm haben – nämlich die Schließung eines Robo-Advisors durch den Anbieter. Was passiert dann mit dem Geld des Anlegers?

Ende 2018 wurde der Robo-Advisor Werthstein geschlossen. Die Portfolios der Kunden wurden wahlweise aufgelöst, auf eine andere Bank oder den Robo-Advisor Solidvest übertragen.

Der Robo-Advisor Moneyfarm schließt Ende Januar 2021 seine Pforten. Moneyfarm schlägt seinen Kunden vor, zu Fidelity Wealth Expert zu wechseln. Möchte der Anleger dies nicht, wird sein Depot aufgelöst und der Verkaufserlös wird auf sein Referenzkonto überwiesen.

Ebenfalls stellte Prospery zum 31. Mai 2019 seinen Betrieb ein, weil man zusätzliche Gelder des Anteilseigners ABN AMRO in signifikanter Höhe gebraucht hätte, um den Kundenstamm auszubauen. Dieses Geld verweigerte ABN AMRO. Die Kunden erhielten ihr Geld zurück. Die Fonds ließen sich nicht zu einer anderen Bank übertragen, weil sie speziell für den Einsatz bei Prospery konzipiert worden waren.

Aus diesen Beispielen erkennen Sie, dass Sie keine Angst vor einem Verlust Ihres Geldes haben müssen, wenn ein Robo-Advisor geschlossen wird[68]. Die Portfolios werden zum Stichtag der Schließung des Robo-Advisors entweder aufgelöst (Kunde bekommt Verkaufserlös ausgezahlt), die Depots werden zu einem anderen Robo-Advisor übertragen[69] oder die im Depot enthaltenen Fonds werden zu einer Bank nach Wahl des Anlegers übertragen.

Trotz alledem zeigt sich bei Robo-Advisors, wie Unvereinbares – Sicherheit und Schutz – selbstverständlich zueinander findet. Das heißt, dass das Geld des Anlegers bei Robo-Advisors in sicheren Händen ist, und zwar unabhängig vom gewählten Anbieter. Dafür sorgen die Sicherheitsaspekte Partnerbanken, Referenzkontensystem, gesetzliche Einlagesicherung, Verwahrung der Fondsbestände als Sondervermögen sowie moderne Verschlüsselungssysteme. Der Anleger muss allerdings immer das Anlagerisiko im Hinterkopf behalten, d. h. es können auch Verluste eintreten.

Bei einem Urlaub in Ägypten gab uns ein Fremdenführer folgenden Spruch mit auf den Weg: „*In der Wüste kann man sich nur einmal verlaufen.*" Ganz so dramatisch ist es bei der Geldanlage nicht. Aber jedes Verlaufen kostet eine Menge Geld. Deshalb muss man sich immer fragen: Eignet sich die Geldanlageform für mich?

---

68 Dies gilt allerdings nur für den aktuellen Kontostand. Steht die Anlage im Verlust, bleiben Sie auf dem Verlust sitzen, da Sie keine Chance mehr haben, den Verlust auszugleichen.

69 Da sich die Strategie und die Portfolios von Robo-Advisor zu Robo-Advisor in der Regel unterscheiden, werden die Kundendepots auch hier aufgelöst und der Verkaufserlös wird in die neue Strategie des übernehmenden Robo-Advisors investiert.

2.11 Für wen eignet sich die Anlage in Robo-Advisors?

Eine Anlage in Robo-Advisors eignet sich prinzipiell für jeden. Aber die Grundvoraussetzung dafür, dass die Dienste eines Robo-Advisors für einen Anleger Sinn machen, ist, dass dieser sich nicht selbst um seine Anlage kümmern möchte und stattdessen eine Vermögensverwaltung haben möchte, die sein Kapital verwaltet und natürlich im besten Fall mit einer guten Rendite vermehrt.

Ob ein Investment in Robo-Advisors sinnvoll ist oder nicht, hängt im Wesentlichen von der Beantwortung folgender Frage ab: Möchte man lieber persönlich (durch Menschen) oder von einem Robo-Advisor beraten werden? Die Antwort hängt natürlich davon ab, wie wichtig einem der persönliche Kontakt ist. Überlegen Sie sich, wie es sich anfühlen würde, wenn sie nicht mal eben bei einem Berater anrufen können, wenn Sie etwas bei der Anlage beunruhigt oder sie etwas nicht verstehen. Diese Überlegung gilt besonders dann, wenn es an den Börsen kracht und der Wert Ihres Depots den Rückwärtsgang einlegt. So musste z. B. der amerikanische Online-Broker Charles Schwab im Januar 2016, als die Börsen abwärts liefen, seine Call-Center-Mitarbeiter 30 % länger arbeiten lassen, weil die Kunden in einer solch schwierigen Phase offenbar doch persönliche Beratung suchen. Ein Robo-Advisor verwaltet lediglich das Kundengeld, führt aber gegenüber seinen Kunden keine Betreuung oder Beratung im eigentlichen Sinne durch. Er kann sich nicht mit Empathie in Ihre Situation hineinversetzen, Ihnen gut zureden oder Mut machen, sodass Sie vielleicht doch lieber den Aktienfonds weiter besparen, obwohl es an der Börse kracht. Der Berater kann sie also im wahrsten Sinne des Wortes an die Hand nehmen. Dagegen punktet der Robo-Advisor damit, dass er immer Zeit für Sie hat – ob nachts oder am Wochenende. Solange Sie Zugang zum Internet haben, können Sie Ihren Robo-Advisor erreichen.

Ferner sollte der Anleger langfristig orientiert sein, denn die verschiedenen Strategien der Robo-Advisors sind ebenfalls eher mit einem langfristigen Anlagehorizont versehen. Der Grund dafür ist einfach. **Robo-Advisors sind keine Einbahnstraße zum Börsenerfolg. Sie erzielen in schlechten Börsenzeiten, wie z. B. Ende**

2018, auch Verluste. Sie sind in solchen Zeiten eine Teilkaskoversicherung, die verhindert, dass es zum Desaster kommt. Allerdings gibt es am Firmament auch einen Hoffnungsschimmer: Je länger man sein Geld anlegt, umso geringer wird das Risiko eines Kursverlustes, wie die Vergangenheit an der Börse gezeigt hat. Deswegen sollte man nur den Teil seines Vermögens in Robo-Advisors investieren, den man nicht kurzfristig benötigt. Man sollte also einen Anlagehorizont zwischen zwei bis zehn Jahren oder länger haben, wenn man in Robo-Advisors investieren möchte.[70] Für „Zocker", die auf kurzfristige Gewinne spekulieren, sind die Robo-Advisors sicherlich nicht das Richtige!

Denn es gilt: *„Es gibt alte Piloten und es gibt kühne Piloten, aber es gibt keine alten, kühnen Piloten. Gleiches gilt für die Börse, es gibt wenige alte Spekulanten."*

Deswegen eignen sich Robo-Advisors nicht für Spekulanten, Trader und kurzfristig orientierte Anleger. Außerdem eignen sich Robo-Advisors nicht für erfahrene Anleger, die sich gerne mit ihrer Geldanlage auseinandersetzen. Denn diese können relativ unkompliziert und ohne großen Zeitaufwand ein ähnliches Portfolio auf die Beine stellen.[71] Diese Portfolios sind oftmals wesentlich kostengünstiger und erzielen mehr Rendite als vergleichbare Robo-Advisor-Angebote. Allerdings muss der Anleger hier das Monitoring und Rebalancing selbstständig durchführen. Ebenfalls ist der Nutzen von Robo-Advisors für sehr vermögende Anleger eher gering. Sie können mehr von einer personalisierten Vermögensverwaltung profitieren als von Robo-Advisors, weil die personalisierte Vermögensverwaltung auch Investments in andere Anlageklassen, wie Start-Ups, Hedgefonds usw., ermöglicht. Zudem schätzen viele vermögende Anleger den persönlichen Kontakt zu ihrem Berater.

---

[70] Meiner Ansicht nach sollte man nur dann Geld in Robo-Advisors investieren, wenn der Anlagehorizont fünf Jahre und mehr beträgt. Bei riskanten Strategien sollte der Anleger sogar noch größere Anlagehorizonte haben, damit die Strategie ihre volle Wirkung entfalten kann und man nicht Gefahr läuft, bei Verlusten auszusteigen. Als Faustformel gilt: Je höher der Aktienanteil, desto länger sollte der Anlagehorizont sein.

[71] Hierzu veröffentlichen viele Webseiten, wie z. B. https://www.extrafunds.de/etf-portfolio/, Musterportfolios.

Und wie sieht es mit der Qualität der Portfolio-Ratschläge aus? Ähnlich wie ein guter Bankberater fragt der Robo-Advisor schematisch und unbeirrbar alles Wichtige ab, um Sie gut beraten zu können. Zur Erstellung des Anlagevorschlages kommen sowohl die moderne Portfolio-Theorie als auch Risiko-Optimierungs-Mechanismen zur Anwendung – es geht also äußerst professionell zu.

Wer kann in Robo-Advisors investieren? Die Antwort ist: Jeder, egal ob mit kleinem oder großem Geldbeutel. Dennoch möchte ich hier klarstellen, dass Sie mindestens zwei bis drei Nettomonatseinkommen in liquide Geldanlagen, wie ein Sparbuch oder Tagesgeldkonto, anlegen sollten. Nur Beträge, die darüber hinausgehen, können Sie mit gutem Gewissen in Robo-Advisor-Anlagen investieren. Denn Marktschwankungen können dafür sorgen, dass das Geld temporär nicht entnommen werden sollte, weil Verluste aufgelaufen sind. Nur, wenn Sie das beherzigen, können Robo-Advisors überhaupt einen Mehrwert für Sie erwirtschaften. Sie müssen also die Zeit sowie auch das Geld haben, um Verluste aussitzen zu können.

Zusätzlich ist zu beachten, dass viele Robo-Advisors Mindestanlagesummen haben. Da allerdings die meisten Robo-Advisors Sparpläne anbieten, kann man auch mit kleinen Summen einsteigen.

Meines Erachtens eigenen sich Robo-Advisors besonders für Anleger, die Fonds und ETFs kennen und mit Fachbegriffen rund um die Geldanlage vertraut sind. Außerdem ist von Vorteil, wenn der Anleger einschätzen kann, ob das vorgeschlagene Portfolio zu ihm passt. Um dieses Wissen zu erwerben, bieten viele Robo-Advisors Webseminare und Videos an. Einige Robo-Advisors gehen sogar noch ein Stück weiter und beabsichtigen in einigen Städten Beratungszentren zu eröffnen.

Der wohl größte Vorteil der Robo-Advisors ist, dass sie Anlegern einen Weg für den langfristigen Vermögensaufbau ebnen, die keine Zeit oder Lust haben, sich mit der Geldanlage aktiv zu beschäftigen.

Jean de la Fontaine sagte einmal: *„Geduld und Zeit erreichen mehr als Stärke und Leidenschaft."* So ist es auch bei Robo-Advisors, ihr Erfolg stellt sich erst über die Zeit ein. Sie sind eine langfristige

Geldanlage. Es stellt sich also die Frage: Überlebt die Branche überhaupt langfristig oder sind Robo-Advisors eine Eintagsfliege?

2.12 Blick in die Kristallkugel – wie werden sich Robo-Advisors in Zukunft entwickeln?

Natürlich wird im Wettbewerb um Kundengelder auch bei den Robo-Advisors mit harten Bandagen gekämpft. Dies führt dazu, dass einige Robo-Advisors ihre Pforten bereits wieder schließen mussten, weil sie zu wenig Kundengelder eingeworben haben, um auskömmlich arbeiten zu können. So gab der Robo-Advisor Werthstein Ende 2018 seine Schließung bekannt. Das Aus für Werthstein dürfte nicht das letzte in der Branche gewesen sein. Auf der anderen Seite gehen natürlich auch neue Anbieter an den Start, wie im April 2020 der LAIC-Advisor von der Lloyd Fonds AG. Das Anbieterkarussell dreht sich kontinuierlich weiter. Das Kommen und Gehen von Anbietern ist in der Finanzbranche nichts Ungewöhnliches. So werden z. B. jährlich Dutzende ETFs geschlossen und neue kommen hinzu.

Ein Problem aller Robo-Advisors ist die Durchdringung des privaten Marktes. Viele Deutsche stehen einem Investment an den Finanzmärkten skeptisch gegenüber. Sie legen ihren Spargroschen hauptsächlich in Sparbüchern oder Tagesgeldkonten an. Somit ist es schwer und teuer, neue Anleger zu generieren, pro Neukunden müssen im Durchschnitt 250 bis 300 € aufgewendet werden. Zudem sind die erwirtschafteten Erträge niedrig. Bei einer festen Gebühr von 1 % und einem verwalteten Anlagevermögen[72] von 50 Mio. € erhält der Robo-Advisor nur rund 500.000 €, um seine Ausgaben zu decken.[73]

Um sich bis zum Erreichen der Gewinnschwelle über Wasser halten zu können, führen die Robo-Advisors regelmäßig Finanzierungsrunden durch. So konnte der digitale Vermögensverwalter

---

[72] Kundengelder, Anlagevermögen und Anlagevolumen, die von einem Robo-Advisor verwaltet werden, bezeichnet man auch als „Assets under Management" (AuM).

[73] Man schätzt, dass Robo-Advisors eine halbe bis eine Milliarde einsammeln müssen, um profitabel zu sein.

Scalable Capital im August 2019 in einer Finanzierungsrunde Kapital in Höhe von 25 Mio. € einsammeln. Das Geld stammte von Blackrock, HV Holtzbrinck Ventures und Tengelmann Ventures, die jeweils bereits an Scalable Capital beteiligt waren. Auch im Juli 2020 führte Scalable Capital eine Finanzierungsrunde in Höhe von 50 Mio. € durch. In welche Dimensionen Scalable Capital gewachsen ist, zeigt sich daran, dass die Investoren Scalable Capital mit 400 Mio. € bewerten.

Ebenso konnte der Frankfurter digitale Vermögensverwalter Ginmon Anfang 2020 seine bisher größte Finanzierungsrunde abschließen. Die bisherigen Gesellschafter sowie der unabhängige digitale Moskauer Finanzdienstleister und Broker BCS investierten über 6 Mio. €. Allerdings verläuft nicht jede Finanzierungsrunde für einen Robo-Advisor glücklich. So hatte Investify bei seiner Finanzierungsrunde 2019 Probleme. Dies lag u. a. daran, dass die 2017 gestartete Kooperation zwischen Haspa und Investify nicht lange hielt. Sie wurde schon 2018 wieder aufgelöst.

Damit Robo-Advisors eine Finanzierungsrunde erfolgreich abschließen können, müssen sie ihre verwalteten Kundengelder steigern. Nur so können sie potenziellen Investoren glaubhaft vermitteln, dass sie zukünftig die Gewinnschwelle erreichen können, um auf „eigenen Beinen" zu stehen. Hierzu bieten sich den Robo-Advisors mehrere Möglichkeiten an.

So gab der Robo-Advisor-Anbieter Vaamo Ende 2018 bekannt, dass der Robo-Advisor künftig durch den britischen Anbieter Moneyfarm betrieben werden wird. Moneyfarm hat sich seit seiner Gründung im Jahr 2011 zu einem führenden europäischen Online-Vermögensverwalter entwickelt und betreute Ende 2017 rund 30.000 Kunden mit einem Anlagevolumen von 400 Mio. Pfund. Moneyfarm will durch die Fusion auf den deutschen Markt expandieren. Zudem arbeitet das Unternehmen eng mit der Allianz zusammen und bietet in einer exklusiven Partnerschaft mit Allianz Global Investors ein gemeinsam entwickeltes Produkt an. Ab September 2019 konnten Kunden in das neue Angebot investieren. Zugleich ist die Allianz über ihre Tochter Allianz Asset Management (AAM) größter Minderheitsaktionär von Moneyfarm. Wie erfolgreich der Zusammenschluss war, zeigt sich daran, dass sich das verwaltete

Vermögen von Moneyfarm 2019 auf 976 Mio. € verdoppelt hat. Im Januar 2020 ist das verwaltete Vermögen sogar über die Hürde von einer Milliarde Euro gesprungen[74]. Deshalb ist es nicht verwunderlich, dass auch andere Robo-Advisors diesen Weg beschreiten. Beispielsweise kaufte die Netfonds AG den Robo-Advisor Easyfolio Anfang Juni 2020.

„Gehe nicht, wohin der Weg führen mag, sondern dorthin, wo kein Weg ist, und hinterlasse eine Spur.“ (Jean Paul) Darum flüchten sich andere Robo-Advisors in eine Kooperation mit anderen etablierten Finanzdienstleistern (wie Banken), die mit ihrer Vertriebsmannschaft zusätzlich Gelder für den Robo-Advisor-Anbieter generieren. Hierdurch kommt der Robo-Advisor schneller in die Gewinnzone und kann sein Geschäft zügig weiter ausbauen. Ein Beispiel hierfür ist die Kooperation zwischen ING und Scalable Capital. Welche Schlagkraft hinter einer solchen Allianz steht, zeigt sich daran, dass ING-Kunden bis Oktober 2019 ca. eine Milliarde Euro bei Scalable Capital angelegt hatten. Hierdurch wuchs das verwaltete Vermögen von Scalable Capital auf 1,7 Mrd. €.

Ein anderer Weg für die Robo-Advisor-Anbieter, um an Anlagegelder zu kommen, ist, als Whitelabel-Anbieter aufzutreten. Hierunter versteht man, dass Produkte oder Dienstleistungen (der Robo-Advisors) eines Herstellers unter verschiedenen Namen vermarktet werden, der Hersteller aber selbst dabei nicht in Erscheinung tritt. Diesen Weg beschreitet u. a. auch Scalable Capital. So konnte Scalable Capital im Jahr 2020 den Vermögensverwalter Gerd Kommer (Gerd Kommer Invest GmbH) für eine B2B-Partnerschaft gewinnen. Für die neue digitale Vermögensverwaltung mit dem Namen „Gerd Kommer Capital“ (GKC) wird Scalable Capital im Rahmen einer Whitelabel-Lösung die Vermögensverwaltungsplattform liefern. Sie wird im Oktober 2020 an den Start gehen.

Dagegen entwickelte growney 2020 mit der Anlageplattform „Anlagefreund.de“ eine Schnittstellte zwischen einer digitalen Geldanlage und der hybriden Beratung. Mit dieser Plattform können Finanz- und Versicherungsberatern als Tippgeber fungieren,

---

74 Im Januar 2021 wurde dieser Robo-Advisor in Deutschland geschlossen, weil er sich auf sein Stammgeschäft in England und Italien konzentrieren möchte.

sie können ihren Kunden eine digitale Vermögensverwaltung sowie eine persönliche Anlageberatung anbieten. Nach dem Abschluss übernimmt der Berater die Betreuung des Kunden. Sowohl der Berater als auch growney erhalten eine regelmäßige Gebühr. Growney bietet seine Plattform Banken, Versicherungen, Maklerhäusern und Asset Managern an, die diese im Ganzen oder auch nur in Teilen nutzen können.

Viele etablierte Finanzdienstleister und Banken sehen bislang von ähnlichen Kooperationen ab und bauen ihre eigenen Robo-Advisors auf. Das gilt etwa für die Deutsche Bank und den Robo-Advisor ROBIN. Ähnliches gilt für die Genossenschaftsbanken, die eng mit MeinInvest und VisualVest verbunden sind. Auch die Sparkassen gehen mit dem Robo-Advisor Bevestor diesen Weg.

„Was heute als Science-Fiction beginnt, kann morgen schon alltäglich sein." Dies hat sich schon des Öfteren als wahr erwiesen. Orientieren Sie sich im Straßenverkehr etwa anhand einer Straßenkarte, die zusammengefaltet im Handschuhfach liegt, oder überlassen Sie die Streckensuche dem Navi? Die meisten werden wohl auf das Navi zurückgreifen. Werden Robo-Advisors bald ebenso alltäglich sein wie die Nutzung eines Navigationsgeräts? Viele Experten sagen ihnen jedenfalls traumhafte Wachstumsraten voraus. Mit WeltInvest hat seit April 2019 ein sechster Robo-Advisor die 100-Millionen-Euro-Grenze an verwalteten Kundengeldern durchbrochen. Wie wichtig das Anlagevolumen für die Robo-Advisor ist, zeigt sich u. a. daran, dass es Einfluss auf die Gebühren hat. So teilte der Robo-Advisor fintego mit, dass zum 1. April 2019 aufgrund der deutlich gestiegenen Anlagevolumen die Gebühren gesenkt werden.

Um die Anlagevolumen weiter zu steigern, kooperieren erste Robo-Advisors mit Anbieter wie Weltsparen und vermitteln die Gelder ihrer Kunden über solche Einlagenplattformen an Tagesgeldkonten. Die Kunden werden mit Werbesprüchen wie „Wir bieten Ihnen Zugang zu attraktivsten Tagesgeldangeboten von Banken innerhalb Europas" oder „Wenn Sie ein Tagesgeldkonto mit unserem Robo-Advisor kombinieren, bekommen Sie bis zu 0,2 % Zinsen"[75] geworben.

Darüber hinaus investieren Robo-Advisor-Anbieter laufend in ihr Auftreten im Netz. So gestaltete growney Anfang Juli 2020 seine Webseite neu. Die Änderungen sollen die Nutzerfreundlichkeit erhöhen. Aber nicht nur die Gestaltung der Website ist ein Thema, sondern auch das Preismodell. Growney überarbeitete im Juli 2020 ebenfalls sein Preismodell. Zukünftig wird es nur noch zwei Gebührensätze geben: Bis 50.000 € kostet der Service 0,69 %, bei darüber hinaus gehenden Anlagesummen werden 0,39 % fällig. Ferner überprüfen viele Anbieter, ob die vorliegende Lizenz (BaFin- oder IHK-Lizenz) für ihre Geschäftsmodelle noch zeitgemäß ist. So kam growney zu dem Schluss, durch die IHK-Lizenz zu stark eingeengt zu sein, und erwarb deshalb im Jahr 2020 die BaFin-Lizenz, um neue Produkte anbieten zu können. Der Anbieter erhofft sich, so ein noch attraktiveres Angebot für Anleger zu schaffen und seine Anlagevolumen erhöhen zu können.

Scalable Capital geht hingegen einen neuen, riskanteren Weg, um neue Kundengelder einzuwerben. Der Anbieter tritt ab 2020 auch als sog. Neo-Broker auf. Anleger können per App oder Webanwendung selbst Aktien, ETFs sowie aktiv gemanagte Fonds handeln. Das Riskante an diesem Weg ist, dass Scalable Capital so in Konkurrenz zu Banken tritt, mit denen der Anbieter eigentlich zusammenarbeiten muss. Diese Zusammenarbeit könnten die Banken deshalb aufkündigen. Ähnliches musste z. B. Netflix erfahren, als es immer stärker auf selbstproduzierte Serien und Filme setzte. Dies veranlasste schließlich die ehemaligen Partner wie Disney oder Warner, ihre eigenen Streamingdienste zu gründen.

Die Marktentwicklung geht an den Robo-Advisor-Anbietern nicht spurlos vorbei. Kleinere Anbieter ohne große Finanzkraft oder eigenen Kundenstamm haben es zunehmend schwerer, sich zu etablieren. Dafür stellen immer mehr Banken ihren Kunden eigene Robo-Advisors zur Verfügung. In Zukunft werden verstärkt

---

75 Natürlich bieten Robo-Advisors keine eigenen Anlagen an. Sie vermitteln diese Anlagen nur und erhalten dafür eine Provision. Denn sie sind keine Bank, sondern ein Vermögensverwalter.

Robo-Advisors auf den Markt kommen, die ein Zusammenspiel zwischen Menschen und Roboter (Hybrid-Modelle) vorsehen. Vor allem Banken werden auf dieses Modell setzen. Ein Fingerzeig, in welche Richtung es gehen wird, zeigt ein Blick in die USA. In den USA ist die Summe der von Robo-Advisors verwalteten Kundengelder in den vergangenen Jahren exponentiell angestiegen: Ihr Volumen hat sich von 2013 bis 2017 verachtfacht. Die führenden Robo-Advisors sind: Vanguard Personal Advisor (ca. 47 Mrd. US-Dollar), Wealthfront (ca. 5 Mrd. US-Dollar), Betterment (ca. 7 Mrd. US-Dollar) und Schwab Intelligent (ca. 10 Mrd. US-Dollar).

Die deutschen Robo-Advisors verwalteten für ihre Kunden zum Jahresende 2018 2,276 Mrd. € (zum Vergleich: zum Jahresende 2017 lag das verwaltete Anlagevolumen bei 1,440 Mrd. €). Die derzeitigen Platzhirsche sind: Scalable Capital, cominvest, Liqid, quirion, Truevest und Ginmon.

Die Entwicklung setzte sich auch 2019 im Großen und Ganzen so fort. Beispielsweise schaffte es Scalable Capital Ende 2019, die 2-Millarden-Grenze an verwalteten Kundengeldern zu überschreiten. Die gesamte Branche verwaltete Ende 2019 ein Vermögen von 7,5 Mrd. €. Damit haben deutsche Privatanleger gut 1 % ihres Fondsvermögens in Robo-Advisors angelegt. Die Verbreitung von Robo-Advisors in Deutschland mit 3.800 Robo-Kunden je eine Million Einwohner lässt noch Raum für ein weiteres Wachstum. In den USA etwa lassen 25.200 Anleger pro eine Million Einwohner ihr Vermögen durch Robo-Advisors verwalten.

Deshalb ist es nicht verwunderlich, dass das Wachstum trotz der Turbulenzen auch im Börsenjahr 2020 weiterging. So schafften es mit VisualVest und Liqid zwei weitere Robo-Advisor, die 1-Milliarden-Grenze an verwalteten Kundengeldern zu knacken. Laut Schätzungen soll das Anlagevolumen 2021 auf etwa 15.006 Mio. € steigen.

Diese Zahlen führen auch dazu, dass die großen amerikanischen Robo-Advisors, u. a. Vanguard, ein Auge auf den deutschen bzw. europäischen Markt werfen. Dies ist ein Zeichen dafür, dass der Robo-Advisor-Markt erwachsen geworden ist. Deswegen darf man wohl mit Fug und Recht sagen: Robo-Advisors sind keine Eintagsfliegen, sondern sie werden sich auch in Deutschland ein kräftiges Stück vom Anlagekuchen abschneiden.

Sie haben nun sämtliche Fakten zu Robo-Advisors vorliegen. Lassen Sie diese Fakten erst einmal richtig sacken – und beantworten Sie dann für sich die Millionenfrage: Würden Sie einem Roboter Ihr Geld anvertrauen?

2.13 Die Gretchenfrage: Robo-Advisor, ja oder nein?

Meiner Ansicht nach sind Robo-Advisors keine eierlegenden Wollmilchsäue. Sie bewegen sich auch nicht in einem Vakuum, wie auch die Erfahrungen Anfang 2020 gezeigt haben. Als Anleger sollten Sie nicht die Erwartung haben, dass Robo-Advisors bessere Ergebnisse als andere Anlagen erzielen. Im Großen und Ganzen entwickeln sie sich wie die Finanzmärkte, d. h. je nach Risiko sind Renditen zwischen 4 bis 9 % jährlich möglich. Solche Renditen darf der Anleger nur erwarten, wenn er langfristig mit Robo-Advisors investiert. Trefflich formulierte es Werner von Siemens: *„Für augenblicklichen Gewinn verkaufe ich die Zukunft nicht."* Laufen Sie niemals dem kurzfristigen Gewinn hinterher. Dies führt meist in eine Sackgasse und damit zu Verlusten. Mit Geduld stellt sich meist auch der Gewinn ein. Deshalb sind die Strategien der Robo-Advisors eher langfristig ausgelegt. Der eigentliche Mehrwert eines Robo-Advisors ist, dass er den Anleger zwingt, seine Strategie beizubehalten, also in der Krise nicht zappelig zu werden oder jedem vermeintlichen Trend hinterherzurennen.

Sie haben jetzt alle Informationen an die Hand bekommen, um sich entscheiden zu können, ob ein Robo-Advisor zu Ihnen passt – oder nicht. Um zu einer Entscheidung zu gelangen, sollten Sie sich in Gedanken eine Pro- und Kontra-Liste erstellen. Sie könnte so aussehen:

Pro (Vorteile):

- Algorithmus arbeitet emotionslos.
- Kursentwicklungen werden dank digitaler Vernetzung schneller erkannt.

- Passive Anlagestrategien sind langfristig gesehen (auf mehr als zehn Jahre) eine sichere Sache.
- Kosten sind geringer als bei einer „echten“ Vermögensberatung.
- Einstieg ist mit geringen Summen möglich.
- Kaum Zeitaufwand ist notwendig.
- Hohe Transparenz ist vorhanden.
- Robo-Advisors geben Ihrer Finanzplanung eine Struktur. Eine durchdachte Finanzplanung zu haben, welche die schlimmsten Fehler verhindert, ist beim Vermögensaufbau schon mehr als die halbe Miete.
- Der Robo-Advisor zieht eine einmal gewählte Strategie konsequent durch, während viele Anleger hin und wieder ein zu großes Risiko eingehen und nach Enttäuschungen bzw. Verlusten an den Finanzmärkten oftmals risikoscheu agieren.
- Das Geld des Anlegers ist sicher. Die Verwahrung der Kundengelder und das Depot wird von einer Partnerbank verantwortet und nicht beim Robo-Advisor. Der Robo-Advisor hat keinen direkten Zugriff auf das Geld.
- Der Roboter ist 24 Stunden an sieben Tagen die Woche erreichbar.
- Eine Vielzahl von Robo-Advisors stellen ihren Kunden leicht nutzbare Apps und Online-Plattformen zur Verfügung, mit denen diese die Übersicht über ihre Depots behalten können.

Kontra (Nachteile):

- Chancen an den Finanzmärkten können aufgrund des Algorithmus verpasst werden.
- Die Performance ist fast nie besser als die des Indizes.
- Geringe Renditen können durch Gebühren aufgefressen werden.
- Die Frage der Haftung im Falle einer „falschen Beratung“ ist noch nicht vollständig geklärt (höchstrichterliche Urteile fehlen noch).

- Es fehlt ein fester Ansprechpartner bei Problemen, wie es bei der „echten“ Vermögensberatung üblich ist.
- Ein selbst verwaltetes ETF-Depot ist deutlich günstiger als ein von einem Robo-Advisor verwaltetes Depot.
- Selbstverständlich sind Kursverluste bei einem Investment mit Robo-Advisors möglich!
- Ein anderer Nachteil ist unerwartet. Wenn der Anleger unvorhergesehene Ausgaben tätigen möchte, z. B. einen neuen Fernseher kaufen, ist es verlockend, das Robo-Advisor-Depot aufzulösen oder zumindest etwas Geld abzuzwacken. Denn die Robo-Advisor-Anlage kann im Prinzip jederzeit aufgelöst und liquidiert werden. Der Anleger braucht also ein Quäntchen Selbstdisziplin, damit er seine gewählten Anlageziele und -renditen auch erreicht.
- Bei der Geldanlage über Robo-Advisors wird die persönliche Beratung durch automatisierte Prozesse ersetzt. Darunter kann die Individualität der Anlage leiden, weil auf Grundlage der standardisierten Fragen und Antworten eine vorab festgelegte Anlagestrategie ausgewählt wird. Anleger, die sich selbst eine Investitionsstrategie erarbeiten, können ihre Geldanlagen individueller zusammenstellen.
- In der Regel beraten Robo-Advisors nicht persönlich. Insofern können unerfahrene Anleger die Anlageempfehlungen oft nur schwer beurteilen.

Steht für Sie mehr auf der Pro- als auf der Kontraseite, dann erfahren Sie in den nächsten Kapiteln, wie Sie den richtigen Robo-Advisor finden können. Schließlich hält der Markt reichlich Angebot parat. Die verschiedenen Robo-Advisors unterscheiden sich vor allem bezüglich der Kosten und der zur Verfügung stehenden Strategien. Der Vergleich lohnt sich!

3. Wie finde ich den richtigen Robo-Advisor für mich?

Um es gleich vorab zu sagen. **Es gibt nicht den besten Robo-Advisor, der alle anderen überragt.** Dafür sind die Ziele und Ansprüche der Anleger an die Geldanlage und damit die Anforderungen an die Robo-Advisors zu unterschiedlich. Bei einer Anlagesumme von 1.000 € kann ein ganz anderer Robo-Advisor der richtige sein als bei einer Anlage von 10.000 €.

3.1 Was Sie bei der Auswahl eines Robo-Advisors unbedingt beachten sollten

Bei der Auswahl des richtigen bzw. geeigneten Robo-Advisors sollten Sie folgende Aspekte im Blick haben:

1. Leistungsumfang (Servicegrad):
   Der Servicegrad des Robo-Advisors sollte Ihren Wünschen entsprechen. Je nachdem, ob Sie die Kontrolle über Ihre Geldanlage behalten möchten, oder ob für Sie die Bequemlichkeit im Vordergrund steht, passt entweder ein Full-Service-Robo (Anleger müssen sich um nichts mehr kümmern) oder ein Half-Service-Robo (Anleger müssen den Aktionen des Robos zustimmen) zu Ihnen. Benötigen Sie lediglich Anlagevorschläge, wobei die Geldanlage Ihnen selbst überlassen bleibt – angefangen von der Depoteröffnung über den Kauf der Fonds bis hin zu den Anpassungen im Depot – passen die Self-Service-Robos zu Ihnen.
2. Kosten:
   Die Kosten der Robo-Advisors sind sehr unterschiedlich. Sie reichen von jährlich 0,39 % bis 1,5 % der Anlagesumme. Informieren Sie sich über die jeweiligen Kostenbestandteile und vergleichen Sie diese mit den Preisen der anderen Robo-Advisors. Die Kosten der Robo-Advisors setzen sich im Wesentlichen aus den Kosten der Vermö-

gensverwaltung durch den Robo-Advisor und den externen Fondskosten zusammen. Deswegen findet meistens bei Vergleichen eine Aufschlüsselung nach Kosten Vermögensverwaltung (erhält der Robo) und Produktkosten (oder Fondskosten) statt.

Wie lese ich einen Kostenvergleich?

Berta möchte den Robo-Advisor quirion kaufen, weil er bei Finanztest 8/2018 (S. 46) mit gut bewertet wurde. Doch aus dem Studium des Testergebnisses wird sie nicht schlau. Deshalb fragt sie bei Finanztest nach: »Ich habe das mit den Kosten überhaupt nicht verstanden. Sie sprechen von Kosten des Portfolios und Kosten Robo-Advisor. Was meinen Sie damit?« Der Mitarbeiter der Hotline, Herr Müller, erklärt: »Mit den Kosten des Portfolios sind die Kosten des Portfoliovorschlags für unseren Modellfall gemeint, also die Fondskosten. Unser Modellfall: Ein 45-jähriger Kunde will 51.000 € auf zehn Jahre anlegen und dabei mittelgroße Risiken eingehen, d. h. wir wollten einen Anlagevorschlag mit mindestens 30 % sicheren Geldanlagen. Die Kosten Robo-Advisor spiegeln die Kosten der Vermögensverwaltung durch den Robo wider. «
Berta fragt nach: »Muss man die Kosten des Portfolios und die Kosten des Robo-Advisors zusammenrechnen, um zu wissen, wieviel der Robo kostet?« Der freundliche Herr Müller erwidert: »Ja! Die Kosten des Portfolios und die Kosten des Robo-Advisors beziehen sich auf den getesteten Portfoliovorschlag. Sie geben an, was Sie dieser Vorschlag insgesamt kostet. Sehen wir uns dazu das Beispiel quirion an. Die Kosten des Robo-Advisor, also das, was quirion für seine Dienstleistung – die Portfolioverwaltung – nimmt, betragen pro Jahr 0,48 % des verwalteten Vermögens (wobei im ersten Jahr die ersten 10.000 € kostenfrei sind). Das sind 244,80 €. Diesen Betrag zahlen Sie direkt an quirion! Bei den Kosten des Portfolios handelt es sich um die Kosten der Fonds, welche dem Musterkunden vorgeschlagen wurden. Dies waren 0,25 % pro Jahr. Das sind 127,50 €. Diese müssen Sie allerdings nicht direkt bezahlen, denn der

Fonds-Anbieter entnimmt sie direkt dem Vermögen des Fonds. Zusammen ergibt das Kosten von 0,73 % pro Jahr. Dies sind die Kosten ab dem zweiten Jahr. Da im ersten Jahr 10.000 € kostenlos angelegt werden können und der Modellkunde 51.000 € anlegen möchte, ergeben sich Kosten des Robo-Advisors von 0,39 % pro Jahr im ersten Jahr."

quirion		Externe ETF-Kosten		Gesamtkosten
244,80 € (0,48 % des Anlagebetrages) Dies zahlt der Anleger direkt an quirion.	+	127,50 € (0,25 % vom Anlagebetrag) Wird aus dem Vermögen des ETFs entnommen! Es sind also indirekte Kosten!	=	372,30 € (0,73 % vom Anlagebetrag)

3. Mindestanlage bzw. Sparrate:
   Dies Kriterium spielt dann eine wichtige Rolle, wenn Sie kleinere Beträge investieren möchten. In diesem Fall sind am besten die Robos geeignet, die kaum oder gar keine Beschränkungen hinsichtlich der Einlagenhöhe bzw. der Sparrate haben.
4. Perfomance:
   Werfen Sie auch einen Blick darauf, wie der Robo-Advisor in der Vergangenheit abgeschnitten hat. Meistens lässt sich die Performance eines bestimmten Depots über die letzten Monate auf der jeweiligen Online-Plattform des Robo-Advisors ansehen. Sie sollten also nicht die *„Katze im Sack"* kaufen, wenn auch historische Wertentwicklungen nicht so einfach in die Zukunft fortgeschrieben werden können. Sie geben jedoch einen Fingerzeig, wie sich das Portfolio in einem realen Marktumfeld schlägt.

5. Anlageuniversum:
   Bei einigen Robo-Advisors ist das Anlageuniversum auf wenige Aktien-, Anleihen- und Geldmarkt-ETFs beschränkt. Hierdurch kann die Diversifikation des Portfolios leiden. Allgemein gilt: Je breiter und facettenreicher das ETF-Auswahluniversum ist, umso besser.
6. Sicherheit:
   Ist der Robo-Advisor von der BaFin reguliert, tritt er also als Full-Service-Robo auf, oder kann er nur eine IHK-Erlaubnis nach 34f Abs. 1 Gewerbeordnung vorweisen? Hieraus ergibt sich ein bedeutender Unterschied: Die IHK-Erlaubnis besagt, dass es sich lediglich um einen Vermittler handelt. Folglich entfällt hier meiner Ansicht nach die Beraterhaftung. Ein anderer Aspekt ist die Datensicherheit. Der Robo-Advisor sollte über eine moderne IT-Infrastruktur mit bewährten Verschlüsselungstechniken verfügen. Zudem sollte der Robo-Advisor Ihre Daten nicht für Werbezwecke an Dritte weitergeben.
7. Risikoklassen:
   Nach der Online-Befragung empfiehlt Ihnen der Robo ein passendes Portfolio, dessen Zusammensetzung je nach Ihrer Risikoneigung von wertorientiert (hoher Anleiheanteil) bis chancenorientiert (hoher Aktienanteil) reichen kann. Meiner Auffassung nach kann ein Robo-Advisor umso individuellere Anlagepakte schnüren, je mehr Risikoklassen zur Verfügung stehen.
8. Transparenz und Information:
   Der beste Robo-Advisor nutzt Ihnen gar nichts, wenn Sie Probleme bei der Nutzung haben. Ein guter Robo-Advisor sollte die Komplexität des Marktgeschehens übersichtlich aufbereiten und seinen Kunden eine Vielzahl zeitintensiver Arbeiten abnehmen. Hierfür ist eine einfache und verständliche Webseite zentral. Denn sie ist in der Regel die erste Anlaufstelle und wichtigste Schnittstelle zwischen Robo-Advisor und Kunden. Die Webseite sollte mindestens drei Anforderungen erfüllen: Erstens muss sie dem Anleger helfen, vernünftige Anlageentscheidungen zu

treffen. Zweitens muss sie dem Anleger Hintergrundinformationen zu den Märkten und Strategien liefern. Drittens sollte sie nach Möglichkeit keine Fragen mehr offenlassen. Dazu sollte die Webseite über einen Bereich verfügen, in dem alle gängigen Fragen zu Anlagestrategie und Bedienung beantwortet werden. Da jeder Kunde unterschiedliches Vorwissen mitbringt, muss die Webseite zudem einen direkten Kontakt zum Team des Robo-Advisors ermöglichen, z. B. durch eine Chatfunktion.

Meiner Ansicht nach gehört hier noch ein anderer wichtiger Aspekt hinzu, nämlich das regelmäßige Reporting. Dieses sollte sämtliche Informationen zur Wertentwicklung und Zusammensetzung des Depots schnell und übersichtlich aufbereiten.

Sehen Sie sich das Online-Angebot genau an. Schauen Sie sich die Oberfläche des Robo-Advisors an und spielen Sie ein wenig damit herum. Ist sie übersichtlich gestaltet, finden Sie die wichtigen Funktionen problemlos? Welche Kontaktmöglichkeiten haben Sie, um Hilfe zu erhalten? Gibt es Tutorials, Webinare, eine Community?

9. Rebalancing:
Rebalancing stellt sicher, dass die Anlagestrategie bzw. das gewählte Portfolio immer wieder auf die Wünsche des Kunden geeicht werden. Dies ist notwendig, weil Schwankungen an den Kapitalmärkten normal sind. Durch diese Schwankungen entwickeln sich die verschiedenen Bausteine, wie Aktien- oder Anleihekomponenten, mit der Zeit unterschiedlich. Dadurch kann ein Portfolio früher oder später von der gewünschten Zusammensetzung abweichen und dann nicht mehr der angestrebten Strategie entsprechen. Dann muss der Robo-Advisor eingreifen. Hierzu wendet er Rebalancing an und stellt die ursprüngliche Zusammensetzung des Depots wieder her. Deswegen muss der Anleger die Methodik des Robo-Advisors für das Rebalancing kennen und verstehen. Langfristig ist sie entscheidend für die Rendite. So kann ein zu häufiges Rebalancing in vielerlei Hinsicht schlecht sein, etwa we-

gen der Kosten. Dagegen kann ein zu selten durchgeführtes Rebalancing dazu führen, dass Portfolios aus dem Gleichgewicht geraten und die mögliche Rendite nicht mehr erreicht werden kann.

10. Wie soll Ihr Geld angelegt werden?
    Kein Anleger gleicht dem anderen. Deshalb bieten die Robo-Advisors verschiedene Strategien an, wie z. B. Altersvorsorge, Nachhaltigkeit, Vermögensaufbau usw. Überlegen Sie, wie bzw. wofür Sie Ihr Geld anlegen möchten.

Friedrich Nietzsche sagte einmal: „*Die angeblich kürzeren Wege haben die Menschheit immer in Gefahr gebracht; sie verlässt immer bei der frohen Botschaft, dass ein solcher kürzerer Weg gefunden sei, ihren Weg – und verliert den Weg.*" Das kann einem auch bei der Suche nach dem geeigneten Robo-Advisor passieren. Viele Menschen (auch ich) orientieren sich bei der Auswahl von Produkten an Tests, welche z. B. von der Stiftung Warentest durchgeführt werden. Aber auch das kann ins Auge gehen.

3.1.1 Robo-Advisors im Test

Im Internet gibt es viele Verlautbarungen, die für sich proklamieren, Tests zu sein. Meiner Ansicht nach darf man von einem Test erwarten, dass er auf Grundlage von objektiven und geeigneten Maßstäben stattfindet und das Vorgehen für jedermann nachvollziehbar ist.

Leider erfüllen viele Robo-Advisor-Tests diese Anforderung nicht. Das liegt daran, dass die meisten Portale weder die Kompetenz noch das Personal haben, um echte Tests für Robo-Advisor durchzuführen. Stattdessen versuchen sie mithilfe von Grafiken und Texten die Illusion eines Testes zu erschaffen. Solche Webseiten empfehlen dann einige Robo-Advisors mit Sprüchen wie „Unsere Empfehlung" oder „Testsieger ist". Auf diese Weise versuchen sie, viele Menschen dazu zu animieren, auf die Links zu klicken, die zu den Webseiten der Robo-Advisors führen. Jeden Klick und jeden daraus resultierenden Vertragsabschluss belohnen die Robo-Advisor-Anbieter mit üppigen Vergütungen. Oft haben die Robo-

Advisor-Anbieter die Texte dieser Testseiten, mit welchen die Robo-Advisors kurz dargestellt werden, geliefert oder sie wenigstens überarbeitet. Deshalb fehlt es häufig an kritischen Worten über die einzelnen Angebote. Den Betreibern der Testseiten geht es darum, ein Umfeld zu schaffen, in dem Robo-Advisors in ein positives Licht gerückt werden. Das erhöht die Wahrscheinlichkeit, dass die Menschen sich zu den Webseiten der Robo-Advisor-Anbieter weiterleiten lassen.

Wie hoch die Prämie ist, die die Testseiten für einen Klick bekommen, verschweigen viele. Seriöse Portale weisen zumindest, darauf hin, dass sie für jeden Klick auf die Anbieter-Links Geld erhalten. Ob sich so ein Interessenkonflikt ergibt, der Einfluss auf die Testergebnisse hat, muss jeder Anwender für sich selbst beurteilen. Letztlich bezahlen die Robo-Advisor-Anbieter durch die Vergütung der Klicks die Tests und das ist immer bedenklich!

Auch viele Untersuchungen in Finanzzeitschriften enthalten Ungereimtheiten. Dies führt dazu, dass sie zu höchst unterschiedlichen Ergebnissen kommen. Beispielsweise untersuchten Stiftung Warentest / Finanztest und Öko-Test im Jahr 2018 alle Robo-Advisors. Dabei landete der Testsieger von Öko-Test wenige Monate später bei Stiftung Warentest / Finanztest auf dem letzten Platz. Diese krasse Diskrepanz resultiert aus den unterschiedlichen Testkriterien. Das zeigt, wie schwierig es ist, Robo-Advisors vernünftig zu vergleichen. Es mangelt schlicht an objektiven Maßstäben, die quantitativ messbar sind. Auch selbst relativ klare Punkte, wie Kosten und Rendite, finden keine einheitliche Betrachtung und fließen auf unterschiedliche Weise in die Testergebnisse ein.

Zudem werden häufig Vergleiche durchgeführt, die schlichtweg hinken. Denn die Angebote der Robo-Advisors sind zu verschieden, um sie in einem Vergleich zusammenzufassen. So verglich Capital (08/2018) insgesamt 25 Robo-Advisors; dabei wurden die unterschiedlichsten Angebote wie Scalable Capital (Finanzportfolioverwalter) und Weltsparen (Finanzanlagenvermittler) in einen Topf geworfen.

Im Allgemeinen muss man sagen, dass die Ergebnisse der Vergleiche über eine Änderung der Testkriterien oder deren Gewichtung so beeinflusst werden können, dass nahezu jedes gewünschte Ergebnis möglich ist. Damit Sie den Kampf gegen die widersprüchlichen Testergebnisse gewinnen, müssen Sie jeden Test kritisch durchlesen und sich genau ansehen, welche Kriterien wie gewichtet[76] sind und wie diese zu Ihren persönlichen Vorstellungen passen. Suchen Sie sich die Tests heraus, die am besten zu Ihren Wünschen und Vorstellungen von dem passen, was der Robo-Advisor für Sie umsetzen sollen. Nur dann können Tests eine sinnvolle Orientierung bieten.

Mein Tipp: Wenn Sie Geld in Robo-Advisors investieren möchten, führt kein Weg daran vorbei, selbst aktiv zu werden und intensiv zu recherchieren. So stellt sich die Frage: *Wie findet man die Nadel im Heuhaufen?* Mit Vergleichsportalen! Wie das geht, sehen wir uns im nächsten Kapitel an.

3.2 Vergleichsportale: Die Suche nach der Nadel im Heuhaufen?

Wenn Sie zu dem Entschluss gekommen sind, Ihr Geld mittels eines Robo-Advisors anlegen zu wollen, sollten Sie unbedingt mehrere Anbieter miteinander vergleichen. Am einfachsten gelingt dies mit Vergleichsportalen[77].

---

76 Informationen hierzu befinden sich meistens unter der Rubrik: „Wie haben wir getestet?" Sie befindet sich in der Regel am Ende des Testberichtes.

77 Allerdings stehen auch die Portale in der Kritik, weil die Robo-Advisor-Anbieter jeden Klick auf die Anbieter-Links und jeden Vertragsabschluss, der über die Portalseite zustande kommt, bezahlen. Oftmals haben Robo-Advisor-Anbieter auch die Texte und Bilder geliefert oder überarbeitet, die die Vergleichsportale über sie veröffentlichen. Ob dies ein Interessenkonflikt darstellt, welcher Einfluss auf die Vergleichsergebnisse hat, muss jeder Anwender für sich selbst entscheiden. Portale sollten aber aus diesem Grund nur als eine erste Orientierung dienen.

Tabelle 13: Einige Robo-Advisors-Vergleichsportale

Vergleichsportal	Webseite
geldanlage-digital.de	www.geldanlage-digital.de/robo-advisor/#Vergleich
www.extra-funds.de	www.extra-funds.de/robo-advisor/
www.brokervergleich.de	www.brokervergleich.de/robo-advisor/echtgeld-test
www.roboadvisor-portal.com	www.roboadvisor-portal.com
www.robo-advisor.de	www.robo-advisor.de
www.roboadvisorvergleich.de	www.roboadvisorvergleich.de
robovergleich.com	www.robovergleich.com

Um die Vergleichsportale sinnvoll nutzen zu können, muss man die Suche gründlich vorbereiten. Ansonsten kann man sein blaues Wunder erleben. Denn wenn man nicht richtig vorbereitet ist, kann man durch Vergleichsportale in die Irre geführt werden und falsche Entscheidungen treffen. Das häufigste Missverständnis bei der Nutzung der Vergleichsportale ist, dass man mit Ihnen bereits die passende Strategie oder das Depot sucht – das ist nicht der Fall, in diesem Schritt geht es zunächst um den geeigneten Robo-Advisor-Anbieter. Die nächsten Schritte geht der Robo-Advisor-Anbieter Ihrer Wahl gemeinsam mit Ihnen (siehe nächsten Abschnitt „Kunde werden"). Je besser die Vorbereitungen sind, desto eher kann Sie das Vergleichsportal zum richtigen Robo-Advisor führen. Wie bereiten wir uns also vor? Zunächst muss man sich fragen, welche Informationen Vergleichsportale überhaupt liefern können. Die Vergleichsportale beantworten nahezu sämtliche Fragen zum Robo-Advisor-Anbieter. Sie geben aber keinen tieferen Einblick in die Performance oder das Risiko der Strategien der Robo-Advisors. Einige Vergleichsportale, wie www.brokervergleich.de/robo-advisor/echtgeld-test, geben zwar einen ersten Einblick in die Rendite und das Risiko der Robo-Advisor Strategien, aber leider sind nicht alle verfügbaren Strategien der einzelnen Robo-Advisors abgebildet. Zudem sind die Vergleiche mit Vorsicht zu genießen, weil hier nicht immer Äpfel mit Äpfeln verglichen werden. Beispielsweise hat das Portfolio 5 des einen Robo-Advisors nicht unbedingt dasselbe Risiko wie Portfolio 3 des anderen Robo-Advisors.

Meiner Ansicht nach sollte man seine Entscheidung für den einen oder anderen Robo-Advisors nicht von kurzfristigen Renditeunterschieden im Nachkommabereich abhängig machen. Besser ist es, auf ein Angebot aus der Gruppe der Top 5 zu setzen und dann den zu wählen, der die günstigsten Gebühren für die eigene Anlagesumme hat und mit dessen App und Webseite man gut zurechtkommt. Bei Renditevergleichen muss man immer im Hinterkopf haben, dass viele Robo-Advisors erst wenige Jahre oder sogar nur Monate am Markt sind, es liegen also eigentlich keine belastbaren Zahlen vor. Zudem sind die Investmentstrategien der Robo-Advisors auf eine langfristige Anlage ausgelegt und nicht auf kurze Zwischensprints.

Wenn du die richtigen Antworten finden willst, musst du die richtigen Fragen stellen. Um sinnvolle Antworten von den Vergleichsportalen zu erhalten, müssen wir uns zunächst darüber klar werden, was wir überhaupt fragen wollen. Dazu sollte man sich folgende Fragen stellen.

1. Was soll der Robo-Advisor für mich leisten? Welche Aufgaben soll er für mich übernehmen?
    a. Full-Service-Robo-Advisor: Der Robo-Advisor übernimmt sämtliche Aufgaben für den Anleger. Der Anleger erhält also eine vollständige Vermögensverwaltung.
    b. Half-Service-Robo-Advisor: Der Anleger gibt seine Geldanlage nicht vollständig in die Hände des Robo-Advisors. Der Robo-Advisor übermittelt Anlagevorschläge und fragt den Anleger, bevor Änderungen am Depot vorgenommen werden.
    c. Self-Service-Robo-Advisor: Der Robo-Advisor übermittelt lediglich Anlage-Vorschläge. Um die Geldanlage muss sich der Anleger selbst kümmern.
2. Welche Summe möchte ich in einen Robo-Advisor investieren?
    a. Zusätzlich ist zu überlegen, ob man via Sparplan investieren möchte.

3. Welche Lizenz sollte der Robo-Advisor haben?
   a. Das ist mir egal! Für mich spielt die Lizenz des Robo-Advisors eine untergeordnete Rolle.
   b. Der Robo-Advisor sollte eine BaFin-Lizenz vorweisen können, weil er dann bei Beratungsfehlern leichter zur Haftung herangezogen werden könnte.
   c. Der Robo-Advisor sollte mindestens eine Genehmigung gemäß § 34 f der Gewerbeordnung (GewO) haben (IHK-Lizenz).
4. Welche Art des Rebalancing sollte der Robo-Advisor durchführen?
   a. Aktiv: Die Gewichtung von Aktien und Anleihen ist nicht konstant, sondern das tatsächliche Risiko (welches der Anleger festgelegt hat) im Depot. Da Aktien oder Anleihen je nach Marktumfeld unterschiedlich riskant sind, variiert auch deren Gewichtung im Portfolio.
   b. Passiv: Das Portfolio wird regelmäßig auf die bei der Eröffnung gefundene Aktien-/Anleihegewichtung (sie entspricht dem Chance-Risiko-Mix des Anlegers) zurückgesetzt.
5. Führen Sie einen Kostenvergleich durch. Denn: Kosten verringern die Rendite! Allerdings sind Gebühren nicht alles. Man muss immer darauf achten, welche Leistungen man für sein Geld bekommt.

Durch diese fünf Schritte werden alle Robo-Advisor-Anbieter herausgefiltert, die für Sie nicht infrage kommen. Wie das konkret aussieht, sehen wir uns anhand eines Beispiels an.

Max Mustermann möchte in einen Robo-Advisor investieren und überlegt, wie er mit der Suche nach dem besten Robo-Advisor starten soll. Er stößt im Internet auf einen Artikel zum Thema und überfliegt diesen.

„Ach so“, sagt Max nach einer Weile zu sich selbst, „es geht darum, dass die alte Welt der Vermögensverwaltung durch die Robo-Advisors in Zukunft kräftig durcheinandergeschüttelt wird.“

Der Artikel enthält auch eine Liste der größten Robo-Advisors, die derzeit am Markt vorhanden sind.

Tabelle 14: Liste von Robo-Advisor-Anbietern

Full-Service-Robo-Advisor-Anbieter	Scalable.capital, vaamo, fintego, prospery, ROBIN (Deutsche Bank), quirion, Comdirect (je nach Strategie), whitebox, investify, Liqid, wüstenrot, Warburg Navigator, fundamental capital, sutorBank, moomoc
Half-Service-Robo-Advisor-Anbieter	Ginmon, growney,weltsparen, easyfolio, visual-vest, united signals
Self-Service-Robo-Advisor-Anbieter	Comdirect, diversifikator, justETF, max-blue.de/anlagefinder, moneyfilter, tar-gobank.de/anlagefinder

Nachdem Max die Liste studiert hat, kommt er zu dem Schluss, dass dies ein guter Ausgangspunkt für seine Suche ist. Der Artikel erklärt auch, dass man zunächst überlegen muss, was man von seinem Robo-Advisor erwartet. Max Mustermann sagt zu sich: „Ich bin bequem und habe eigentlich keine Lust, mich groß um meine Finanzanlagen zu kümmern. Ich benötige einen Robo, der sich um alles kümmert, eine vollständige Vermögensverwaltung." Max Mustermann kommt also zu dem Schluss, dass für ihn nur ein Full-Service-Robo-Advisor infrage kommt. Jetzt weiß er, dass er aus der Liste (s. Tabelle 14, S. 158) die Full-Service-Robo-Advisors genauer betrachten muss und alle anderen unter den Tisch fallen lassen kann. Übrig bleiben folgende Robo-Advisors:

Tabelle 15: Full-Service-Robo-Advisor-Anbieter

Full-Service-Robo-Advisor-Anbieter	Scalable.capital, vaamo, fintego, prospery, ROBIN (Deutsche Bank), quirion, Comdirect (je nach Strategie), whitebox, investify, Liqid, wüstenrot, Warburg Navigator, fundamental capital, sutorBank, moomoc

„Da habe ich ja schon gut ausgesiebt. Es sind aber immer noch 15 Robo-Advisors übrig", denkt sich Max Mustermann. Um weiter auszusieben, entscheidet sich Max dazu, ein Vergleichsportal zu nutzen. Zur Vorbereitung greift Max wieder auf den Artikel zurück. Demnach soll er nun überlegen, wie viel Geld er anlegen möchte. Nach einigem Überlegen kommt er zu dem Schluss, dass er seinen gesamten Spargroschen in Höhe von 16.000 € mit einem Robo-Advisor anlegen möchte. »Moment!«, hält Max inne. »In dem Artikel steht auch, dass ich mindestens drei Monatsgehälter für unvorhergesehene Ausgaben auf ein Tagesgeld oder Sparbuch liegen haben soll, da die Anlage mit einem Robo-Advisor langfristig ist und ich eventuelle Kursverluste aussitzen können muss. Deshalb kann ich nur 10.000 € anlegen, weil 6.000 € drei Monatsgehältern entspricht. Ich kann aber noch monatlich 50 € in einen Sparplan einzahlen." Um herauszufinden, welcher der übrig gebliebenen Robo-Advisor eine Mindestanlage von 10.000 € und einen Sparplan anbietet, nutzt Max Mustermann das Vergleichsportal von geldanlage-digital.de (https://www.geldanlage-digital.de/robo-advisor/).

Schnell erkennt Max Mustermann, dass er einfach den Geldbetrag – also 10.000 € –, den er investieren möchte, oben im Vergleichsportal anklicken kann. Unter der Rubrik „Angebot" kann er noch Sparplan auswählen. Im Bruchteil einer Sekunde erhält Max Mustermann eine Liste mit allen Robo-Advisors, die für ihn infrage kommen.

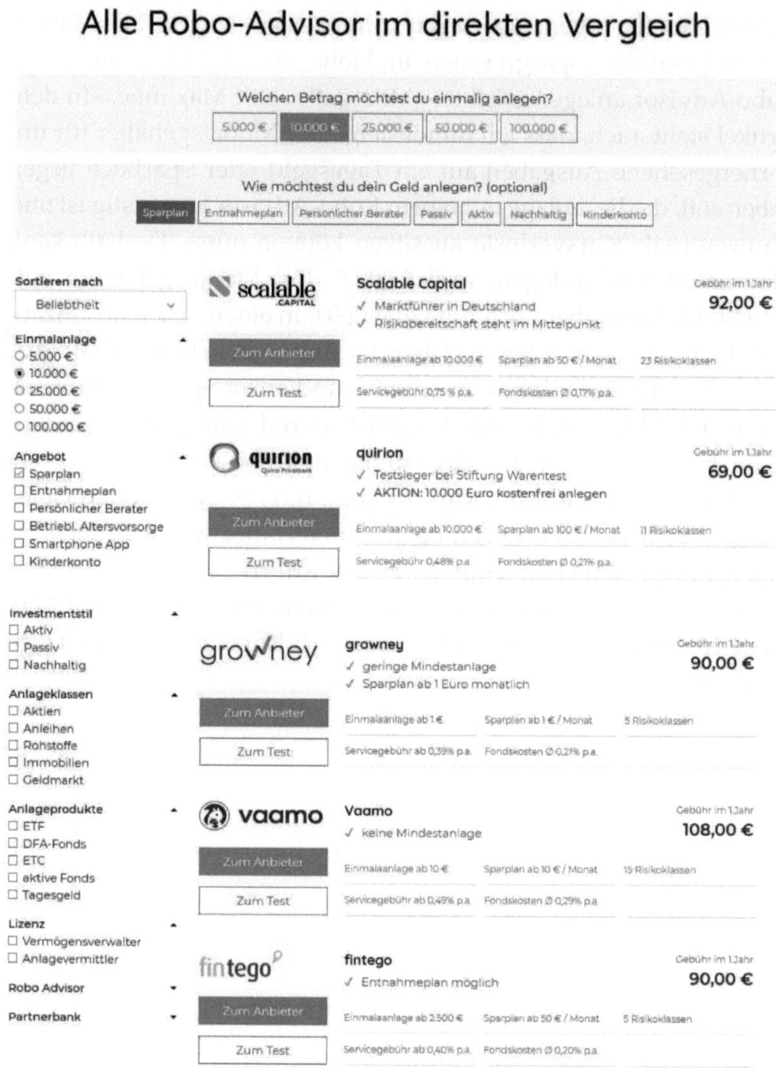

Abb. 14: Vergleichsportal: Suche nach Mindestanlage von 10.000 € und einem Sparplan von 50 € monatlich

(Quelle: https://www.geldanlage-digital.de/robo-advisor/, Stand: 29.05.2019)

Tabelle 16: Robo-Advisor-Anbieter mit passender Mindestanlagesumme und Sparplan

Kriterium	verbleibende Robo-Advisor
Full-Service-Robo-Advisor-Anbieter, Mindestanlage höchstens 10.000 € und Sparplan	Scalable Capital, quirion (fällt heraus, weil Sparplan erst ab 100 € monatlich möglich ist), Vaamo, fintego, VisualVest, cominvest, Whitebox, Ginmon, investify, Wüstenrot

Während Max Mustermann die Ergebnisse des Vergleichsportals betrachtet, denkt er an den Spruch von Ephraim Kishon: *„Der Mensch bringt sogar die Wüsten zum Blühen. Die einzige Wüste, die ihm noch Widerstand bietet, befindet sich in seinem Kopf.“* Denn einige Robo-Advisors aus Max' Liste, wie z. B. moomoc, werden durch das Vergleichsportal gar nicht berücksichtigt. Um Rat suchend nimmt er den Artikel wieder zur Hand. In einer Fußnote wird er fündig. Dort steht: „Viele Experten empfehlen, die eingangs vorgestellte Liste mit unterschiedlichen Vergleichsportalen zu betrachten, da nicht alle Vergleichsportale alle Robo-Advisors enthalten, sondern ihre Favoriten haben.“

Sofort prüft Max, welche Robo-Advisors das Vergleichsportal geldanlage-digital.de miteinander vergleicht. Dies sind:

Tabelle 17: Robo-Advisors, die das Vergleichsportal geldanlage-digital.de miteinander vergleicht

Scalable Capital, quirion, Vaamo, fintego, VisualVest, cominvest, Whitebox, Ginmon, investify, Wüstenrot, ROBIN, growney, Liqid, easyfolio, Fundamental Capital, Warburg Navigator, WeltInvest

(Stand: 29.05.2019)

Geldanlage-digital.de vergleicht 17 Robo-Advisors miteinander, also nicht alle am Markt verfügbaren. Aber die größten Anbieter sind vorhanden. Etwas ernüchtert denkt sich Max Mustermann: „Ich werde zunächst dieses Vergleichsportal nutzen und danach noch andere Portale, um das Ergebnis zu verifizieren.“

Auch für den nächsten Schritt folgt Max Mustermann der Empfehlung des Artikels. Er prüft die Lizenz der Robo-Advisors. „Ich möchte, dass mein zukünftiger Robo-Advisor eine BaFin-Lizenz hat, weil diese mir bessere Chancen einräumt, im Falle einer falschen Beratung meinen Schaden ersetzt zu bekommen.“

Im Vergleichsportal sind Informationen zur Lizenz aber nicht sofort auffindbar. Max erinnert sich an einen Spruch von Einstein: *„Probleme kann man niemals mit derselben Denkweise lösen, durch die sie entstanden sind."* „Ich muss also um die Ecke denken", sagt sich Max. „Ich habe gelesen, dass alle Robo-Advisors, die als Vermögensverwalter tätig sind, eine BaFin-Lizenz benötigen." Kurz nach dieser Erkenntnis findet er im Portal die Rubrik „Lizenz". Dort setzt er nun einen Haken bei „Vermögensverwalter" und die Robo-Advisors, die keine BaFin-Lizenz haben, werden herausgefiltert.

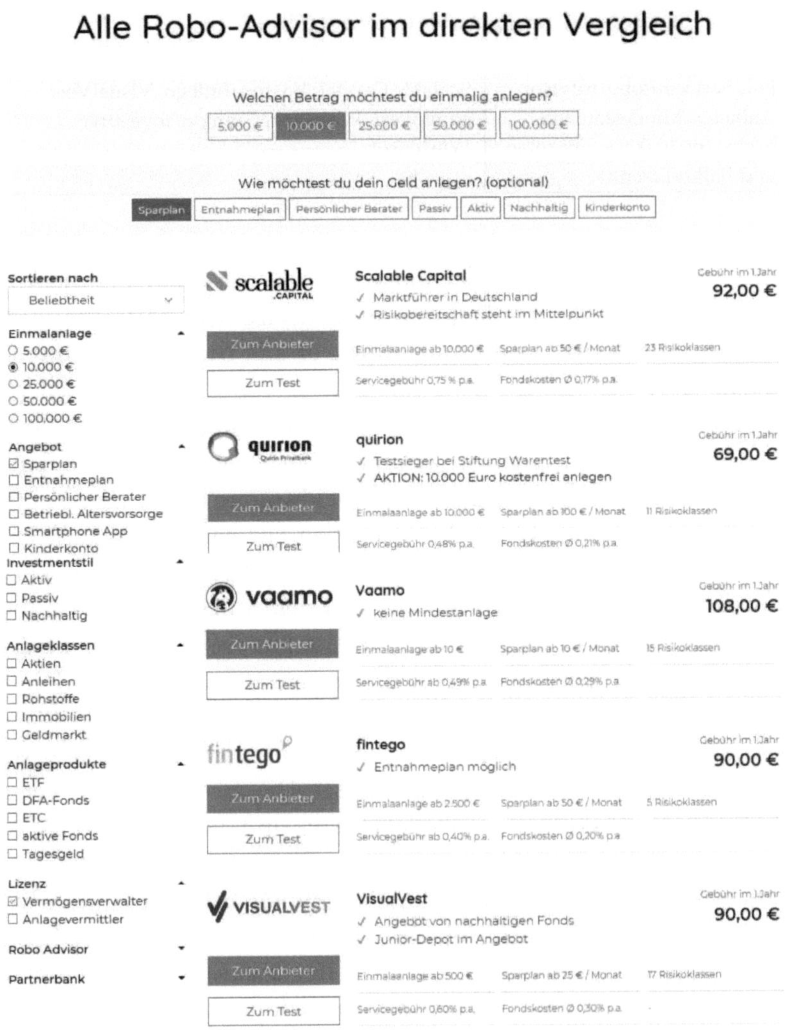

Abb. 15: Suche nach der Lizenz

(Quelle: https://www.geldanlage-digital.de/robo-advisor/) (Stand: 29.05.2019)

Tabelle 18: Robo-Advisor-Anbieter mit BaFin-Lizenz

Kriterium	verbleibende Robo-Advisor
Full-Service-Robo-Advisor-Anbieter, Mindestanlage höchstens 10.000 €, Sparplan, und BaFin-Lizenz	Scalable Capital, Vaamo, fintego, VisualVest, cominvest, Whitebox, Ginmon, investify, Wüstenrot

Als Max Mustermann die Ergebnisse des Vergleichsportal sieht, muss er schmunzeln. Keiner der Robo-Advisors fällt bei diesem Schritt „durchs Rost", da jeder Full-Service-Robo-Advisor eine BaFin-Lizenz besitzt, denn sonst dürfte er den Dienst gar nicht anbieten.

Auch dieser Punkt ist also abgehakt und Max kann sich dem nächsten Punkt auf der Liste widmen: Der Strategie des Rebalancing. Der Artikel mahnt, diese Entscheidung nicht auf die leichte Schulter zu nehmen. Denn der Vorschlag zur Aufteilung auf Vermögensklassen ist grundsätzlich so lange gültig, wie sich die persönliche Situation und das Risikoprofil des Anlegers nicht verändern. Aber es kann im Zeitablauf zu Veränderungen am Finanzmarkt kommen. Diese äußern sich in Kursänderungen von Aktien und Anleihen. So verschieben sich die Anteile der Vermögensklassen im Portfolio, sodass der Robo-Advisor eingreifen und die Ausgangsverteilung wiederherstellen muss. Hierzu haben sich zwei Strategien herauskristallisiert – die passive und die aktive Strategie.

Robo-Advisor mit passiver Strategie verfolgen den Ansatz, dass es ausreichend ist, die Geldanlage möglichst breit zu diversifizieren und von Zeit zu Zeit das Depot auf seine ursprüngliche Aufteilung zurückzuführen. Diese Strategie hat den angenehmen Nebeneffekt, dass der Anleger automatisch günstig kauft und zu guten Preisen verkauft.

Robo-Advisors mit aktiver Strategie versuchen üblicherweise nicht, besonders gute Einstiegszeitpunkte zu finden, um so die Rendite zu erhöhen. Sie legen ihr Augenmerk vielmehr auf das Risiko und versuchen rechtzeitig aus Märkten auszusteigen, die bald einbrechen werden. Es geht ihnen darum, die Talfahrt nicht mitzugehen und erst später wieder einzusteigen. Zur Analyse der Risiken wird sehr großer Aufwand betrieben und natürlich moderne Computertechnologie herangezogen. Max Mustermann sagt zu sich:

»Für mich macht der Full-Service-Robo-Advisor nur dann Sinn, wenn er aktiv umschichtet, weil ich das nicht selbst leisten kann.«

Um herauszufinden, welcher der Robo-Advisors eine aktive Strategie verfolgt, wirft Max Mustermann einen Blick auf das Vergleichsportal. Unter der Rubrik „Investmentstil" wird er fündig. Er klickt den Haken bei „Aktiv" an und schon bekommt er eine Liste aller infrage kommenden Robo-Advisors. Um kein falsches Ergebnis zu erhalten, muss Max alle vorherigen Angaben zur Mindestanlage, zum Sparplan und zur Lizenz noch einmal vornehmen.

Abb. 16: Vergleichsportal: Suche nach Anlagestrategie (Auswahl)
(Quelle: https://www.geldanlage-digital.de/robo-advisor/) (Stand: 29.05.2019)

Tatsächlich fallen jetzt einige Anbieter weg, die eine passive Strategie verfolgen. Es verbleiben im Rennen:

Tabelle 19: Robo-Advisor-Anbieter mit aktiver Anlagestrategie

Kriterium	verbleibende Robo-Advisor
Full-Service-Robo-Advisor-Anbieter, Mindestanlage höchstens 10.000 €, Sparplan, BaFin-Lizenz und aktiver Strategie	Scalable Capital, VisualVest, cominvest, Whitebox, investify, Wüstenrot

Zufrieden, dass wiederum einige Robo-Advisors herausgefallen sind, wendet sich Max Mustermann dem letzten Punkt auf der Liste zu – dem Kostenvergleich. „Hoppla", denkt sich Max Mustermann, „was steht da in einer Fußnote im Artikel?" „Nachhaltigkeit bekommt an der Börse eine wachsende Bedeutung, immer mehr Anleger wollen nachhaltig investieren. Anleger, die so investieren, achten darauf, dass ihr Kapital nicht in Unternehmen fließt, die der Umwelt schaden, Rüstungsgeschäfte betreiben oder Menschen ausbeuten. Als Anleger muss man sich entscheiden, ob man ‚klassisch' oder ‚nachhaltig' investieren möchte." Max Mustermann grübelt darüber nach. Er kommt zu dem Schluss, dass nachhaltiges Investment für ihn nichts ist.[78]

Nun wendet sich Max Mustermann wieder dem Kostenvergleich zu. Er weiß, dass Kosten eng mit der Rendite zusammenhängen, d. h. *Kosten fressen einen Teil der Rendite* auf. Um den billigsten Robo-Advisor zu finden, nutzt er wiederum das Vergleichsportal. Zunächst gibt er alle zuvor gewählten Parameter noch einmal neu an. Dann wählt er im Drop-Down-Menü „Sortieren nach" „Kosten" aus, und so erhält er die verbleibenden Robo-Advisors geordnet nach ihren Kosten.

78 Die meisten Vergleichsportale bieten einen Unterpunkt „Nachhaltig" an. Er befindet sich meistens in der Rubrik „Investmentstil". Hierdurch werden alle Robo-Advisors selektiert, die nachhaltige Strategien haben.

Abb. 17: Vergleichsportal: Kostenvergleich
(Quelle: https://www.geldanlage-digital.de/robo-advisor/) (Stand 30.05.2019)

Max Mustermann ist erstaunt, dass die Gebühren so weit auseinanderliegen. Der billigste Robo-Advisor von VisualVest nimmt nur 90 €, während der teuerste von Comdirect 122 € Gebühren in Rechnung stellt[79]. Doch Max Mustermann bleibt skeptisch. Denn er weiß, dass ein „reiner" Kostenvergleich nicht viel aussagt, weil die Kosten immer im Vergleich zur Leistung gesehen werden müssen. „Ich sollte mir Zeit nehmen, um den Leistungsumfang der Robo-Advisors zu checken, bevor ich mein hart verdientes Geld investiere." Dazu sieht er sich den Kostenvergleich des Vergleichsportals nochmals genau an, denn dort sind auch die Leistungen der Robo-Advisors näher beschrieben. Er stellt fest, dass sich die Robo-Advisors in der Anzahl der angebotenen Strategien, den eingesetzten Produkten und darin, in was die Robo-Advisors investieren, unterscheiden. Allerdings findet er die Unterschiede nicht so gravierend. Die Anzahl der angebotenen Strategien ist bei allen Robo-Advisors so groß, dass er davon ausgeht, dass eine davon gut zu ihm passen würde. In was genau der Robo-Advisor investiert, ist für Max Mustermann nicht ganz so wichtig, weil alle Robo-Advisors das Geld breit über mehrere Assetklassen hinweg streuen.

Bevor Max Mustermann die besten drei Robo-Advisors genauer ansieht, beschließt er, das Ergebnis nochmals über andere Vergleichsportale zu verifizieren, natürlich mit den gleichen Eingaben: Full-Service-Robo-Advisor-Anbieter, Mindestanlage von höchstens 10.000 €, Sparplan, BaFin-Lizenz und aktive Strategie.

Nach dieser Prüfung kommen folgende drei Robo-Advisors für Max Mustermann infrage: VisualVest, investify und Scalable Capital. Max Mustermann erinnert sich an den Spruch von Ernst Ferstl: *„Aufs Ganze zu gehen lohnt sich erst, wenn wir den Überblick gewonnen haben."* Um den Überblick über seine drei ausgewählten Robo-Advisors nicht zu verlieren, entscheidet er sich, das Wichtigste kurz zusammenzufassen.

---

79 Der ausgewählte Robo-Advisor muss keineswegs immer der günstigste Anbieter sein. Manche Anleger legen großen Wert auf einen guten Kundenservice, eine große Auswahl an Strategien sowie eine kundenfreundliche Befragung und das Feststellen des Risikoprofils usw.

Steckbrief: investify

	Kurzbeschreibung	investify hält sein Angebot sehr einfach und transparent.
Angebot	Servicegrad	Full-Service-Robo-Advisor
	Risikoklassen (Anlagestrategien)	6 Strategien für die ETF-basierte Basisanlage sowie diverse Themenportfolios. Rechnet man die angebotenen Themen mit hinzu, kommt man auf ca. 23 Strategien.
	Besonderheiten	Das Besondere bei investify besteht darin, dass sich die Gesamtstrategie zum einen aus der Basisanlage und zum anderen aus den vom Kunden selbst gewählten Anlagethemen (wie Cyber Security, Dividendenkönige …) zusammensetzt. Zur Umsetzung der Anlagethemen werden passive und aktive Fonds verwendet.
	Anlageklassen	Aktien, Anleihen, liquide Edelmetalle (z. B. Gold, Silber, Platin), liquide alternative Investments (z. B. Immobilien, Infrastruktur)
	Assetklassen	3
	eingesetzte Produkttypen	ETFs, ETC, aktiv gemanagte Fonds
	Anzahl der Produkte in den Musterportfolios	8 – 33
	Anlagestrategie	semi-aktiv
	Rebalancing	investify prüft die Allokationen der Basisanlage täglich und nimmt, wenn notwendig, Anpassungen gemäß Marktbewegungen und Kapitalmarktausblick vor. Dazu berechnet investify auf Basis des Anlageprofils und der Anlagethemen des Anlegers die tagesaktuelle Soll- sowie Ist-Allokation. Sind die Abweichungen zwischen Soll- und Ist-Allokation größer als festgelegt, greift investify ein, um wieder die Soll-Allokation herzustellen.
	Mindestanlage (Einmalanlage)	5.000 € (oder bei Sparplan 50 € im Monat)
	Mindestanlage / Monatsrate Sparplan	50 € im Monat
	Kündigungsfrist	keine
Sicherheit	Lizenz	Finanzportfolioverwaltung (Luxemburg)
	Depot- und Kontoführung	Baader Bank
	Kontaktdaten	investify S.A. 46 Grand Rue 6630 Wasserbillig Luxemburg +352 27 86 28 68 Karl-Friedrich-Straße 74

		52072 Aachen +49 241 9550 9291
Kosten	Kosten	All-in-Service-Gebühr in Höhe von 1 % p.a. des angelegten Vermögens.
	Zusatzkosten Fonds	Wegen der frei wählbaren Anlagethemen nicht vorhersehbar.
Service	Kontaktmöglichkeiten	Telefon / E-Mail / Chart /Social Media
	Bonus- / Rabattprogramme	ja
	App	ja
	Webseite	www.investify.com

Steckbrief: Scalable Capital

	Kurzbeschreibung	Scalable Capital entwirft und verwaltet für seine Kunden global diversifizierte ETF-Depots.
Angebot	Servicegrad	Full-Service-Robo-Advisor
	Risikoklassen (Anlagestrategien)	23
	Besonderheiten	Scalable Capital versucht, das Risiko im Depot anhand der Steuerungsgröße Value at Risk konstant zu halten. Dies hat zur Folge, dass der Portfolioanteil von Aktien und Anleihen im Depot in Abhängigkeit von der Marktlage schwankt.
	Anlageklassen	Aktien, Staatsanleihen, Unternehmensanleihen, besicherte Anleihen, Rohstoffe, Immobilien, Geldmarkt
	Assetklassen	4
	eingesetzte Produkttypen	ETFs und Tagesgeld
	Anzahl der Produkte in den Musterportfolios	10 - 15
	Anlagestrategie	semi-aktiv
	Rebalancing	Die Risiken des Anlegerdepots werden rund um die Uhr geprüft. Sobald Scalable Capital feststellt, dass das berechnete Risiko des Anlegerdepots von dem vorher definierten Verlustrisiko (gemessen durch VaR) abzuweichen droht, wird automatisch ein Rebalancing durchgeführt.
	Mindestanlage (Einmalanlage)	10.000 €
	Mindestanlage / Monatsrate Sparplan	ab 50 € im Monat.
	Kündigungsfrist	keine

Sicherheit	Lizenz	BaFin-Lizenz
	Depot- und Kontoführung	Baader Bank
	Kontaktdaten	Scalable Capital Vermögensverwaltung GmbH Prinzregentenstr. 48 80538 München Tel.: 089 380 380 67 E-Mail: service@scalable.capital
Kosten	Kosten	Die All-in-Gebühr beträgt 0,75 % pro Jahr.
	Zusatzkosten Fonds	0,25 % pro Jahr im Durchschnitt
Service	Kontaktmöglichkeiten	Telefon / E-Mail / Social Media
	Bonus- / Rabattprogramme	ja (man erhält einen Willkommensbonus von bis zu 300 €, wenn man die Anmeldung über längere Zeit nicht abgeschlossen hat.)
	App	ja
	Webseite	https://de.scalable.capital/

Steckbrief: VisualVest

	Kurzbeschreibung	VisualVest investiert in breit gestreute Depots aus ETFs, aktiv verwalteten oder nachhaltigen Investmentfonds. Sie wurde als 100-prozentige Tochtergesellschaft der Union Investment gegründet.
Angebot	Servicegrad	je nach Strategie entweder Full-Service- oder Half-Service-Robo-Advisor
	Risikoklassen (Anlagestrategien)	10
	Besonderheiten	VisualVest stellt Anlagestrategien, die aus ETFs und aktiv verwalteten Fonds bestehen, zur Verfügung. Sie werden als VestFolios bezeichnet. Daneben bietet VisualVest auch Anlagestrategien an, die sich aus rein nachhaltigen Investmentfonds zusammensetzen, die sog. GreenFolios.
	Anlageklassen	Aktien aus Schwellenländern, Aktien aus Industrieländern, Euro-Staatsanleihen, globale Unternehmensanleihen, globale Hochzinsanleihen, Anleihen Schwellenländer, Geldmarkt, Rohstoffe
	Assetklassen	4
	eingesetzte Produkttypen	ETFs, aktiv gemanagte Investmentfonds, nachhaltige Investmentfonds
	Anzahl der Produkte in den Musterportfolios	5 – 9

	Anlagestrategie	semi-passiv bis aktiv
	Rebalancing	Es findet eine wöchentliche Überprüfung der Portfolios statt. Ein Rebalancing findet statt, wenn eine Überschreitung eines vorab definierten Schwellenwerts festgestellt wird.
	Mindestanlage (Einmalanlage)	500 € oder 25 € Sparrate
	Mindestanlage / Monatsrate Sparplan	ja, ab 25 €
	Kündigungsfrist	keine
Sicherheit	Lizenz	BaFin-Lizenz
	Depot- und Kontoführung	Union Investment Service Bank AG (USB)
	Kontaktdaten	VisualVest Mainzer Landstraße 36 60325 Frankfurt am Main Tel.: 069 9623 55 001 E-Mail: kontakt@kundenservice.visualvest.de
Kosten	Kosten	0,6 % pro Jahr des Depotvermögens. Diese Gebühr wird monatlich berechnet und einmal pro Jahr – im Dezember – abgezogen.
	Zusatzkosten Fonds	für Vestfolios: 0,31 % - 0,45 % (pro Jahr) für Greenfolios: 0,63 % -1,55 % (pro Jahr)
Service	Kontaktmöglichkeiten	Telefon / E-Mail / Social Media
	Bonus- / Rabattprogramme	---
	App	ja
	Webseite	www.visualvest.de

Max Mustermann hat aber noch eine Warnung aus dem Artikel im Hinterkopf. Hier stand, dass er bei der Auswahl zwischen den zwei oder drei besten Robo-Advisor-Anbietern nicht nur auf die Ergebnisse der Vergleichsportale setzen solle. Vielmehr sollte man sich auch die Webseite der einzelnen Anbieter ansehen. Dabei gehe es darum herauszufinden, mit welchem der Robo-Advisor-Anbieter man sich wohlfühlt. Dazu solle man sich Fragen stellen wie: Wie gefällt mir die Internetseite? Kann ich alle benötigten Informationen schnell und unkompliziert finden? Auf diese Weise kann auch der Kundenservice getestet werden, indem man einfach Kontakt aufnimmt und eine Frage stellt. Viele Robo-Advisors bieten auch Demo-Konten an, mit denen man sämtliche Funktionen praktisch ausprobieren kann. Dieses Verfahren nimmt natürlich viel Zeit in

Anspruch, aber diese sollte man sich nehmen: Ein detaillierter Blick lohnt sich. Schließlich verweilt das Kapital meist einige Jahre oder gar Jahrzehnte beim Robo-Advisor. Mit den Worten Schillers:

„Drum prüfe, wer sich ewig bindet,
...
Der Wahn ist kurz, die Reu' ist lang."
(Das Lied von der Glocke)

Bei dieser Prüfung geht es nicht um harte Fakten, sondern um das Bauchgefühl. Welcher Robo-Advisor-Anbieter überzeugt also Max Mustermanns Bauch? Nach dem Studium der Webseiten entscheidet sich Max Mustermann für Scalable Capital. Sein Gefühl sagt ihm, hier einen seriösen Partner gefunden zu haben, der sich fair, verlässlich und kompetent um seine Bedürfnisse kümmert. Auf diesem Fundament kann Vertrauen entstehen, was unerlässlich für die Geldanlage ist.

„Endlich ist es geschafft!", denkt sich Max Mustermann. Geschafft? Wirklich? Noch nicht ganz. Ausruhen sollte er sich an diesem Punkt noch nicht. Der letzte Schritt zum Investment ist die Eröffnung eines Kontos. Erst dann kann der Robo-Advisor die Arbeit aufnehmen.

3.3 Kunde werden – die Roadmap

Bei den meisten Robo-Advisors können Sie mit wenigen Klicks Kunde werden. Wie das geht, zeige ich Ihnen in diesem Kapitel. Auch wenn es viele Robo-Advisors am Markt gibt, so verläuft die Anmeldung bei allen relativ ähnlich. Deshalb wird der Anmeldeprozess exemplarisch anhand des von Max Mustermann ausgewählten Robo-Advisor Scalable Capital erklärt.

Der erste Weg führt Max Mustermann zur Webseite von Scalable Capital, wo er sogleich auf ein Dilemma trifft. Zwar möchte er nach seiner vorherigen Analyse nun schnell Kunde werden, um endlich mit seinem Investment beginnen zu können. Doch eine innere Stimme warnt ihn: *Geduld mag bitter sein, aber ihre Früchte sind süß*. Max Mustermann zwingt sich also, den Robo-Advisor noch einmal genauer unter die Lupe zu nehmen. Zuerst macht er sich ein paar Notizen zu den Dingen, die er noch im Detail wissen möchte.

- Was passiert, wenn das Depot durch Kursschwankungen unter die Mindestanlage von 10.000 € fällt? Besteht Nachschusspflicht?
- Strategie und Rebalancing von Scalable Capital verstehen
- Kosten
- Kundenservice und Kommunikationskanäle
- Sicherheit (BaFin-Lizenz etc.)
- Wie wird über Scalable Capital in der Finanzpresse geschrieben?

Wie Sherlock Holmes begibt sich Max Mustermann auf Spurensuche. Im Kleingedruckten wird Max Mustermann schnell fündig. Dort findet er heraus, dass der Mindestanlagebetrag von 10.000 € nur für seine erste Einzahlung gilt. Falls das Anlagevolumen einmal unter die Grenze von 10.000 € fallen sollte, muss er kein Geld „nachschießen". Einen Haken gibt es aber: Teilauszahlungen, die den Anlagebetrag unter 10.000 € verringern würden, sind nicht möglich. Wenn er das Geld benötigt, müsste Max Mustermann seinen Vertrag kündigen und sich den gesamten Anlagebetrag auszahlen lassen.

Nun widmet sich Max Mustermann der Strategie von Scalable Capital, die auf der Webseite von Scalable Capital detailliert beschrieben wird. Demnach bietet Scalable Capital eine passive Geldanlage mit dynamischem Risikomanagement an. Das Investment wird in bis zu sieben verschiedene Anlageklassen (Aktien, Staatsanleihen, Unternehmensanleihen, besicherte Anleihen, Rohstoffe, Immobilien sowie Geldmarkt) angelegt, die bis zu 8.500 Einzelwerte aus bis zu 90 Ländern repräsentieren. Max Mustermann denkt: „Das nenne ich mal breit diversifiziert. Doch wie kann Scalable Capital das realisieren?"[80] Scalable Capital setzt aus-

[80] Eine wichtige Quelle sind Whitepaper der Robo-Advisor-Anbieter (für Scalable Capital s. https://de.scalable.capital/presse/der-investmentprozess-von-scalable-capital). Hier erhält der Kunde wesentliche Informationen zur Anlagestrategie.

schließlich auf die kostengünstigen Exchange Traded Funds (ETFs). Auf der Webseite der Frankfurter Börse erfährt Max Mustermann, dass es über 2.000 verschiedene ETFs gibt. Es drängt sich also die Frage auf, wie Scalable Capital ETFs auswählt. Laut Webseite erfolgt die Auswahl unabhängig von bestimmten ETF-Anbietern. Aus den in Deutschland handelbaren ETFs wählt Scalable Capital in einem mehrstufigen Verfahren die besten ETF aus. Als Auswahlkriterien dienen:

Abb. 18: Auswahl der ETFs

(Quelle: Scalable Capital; Stand: 29.01.2019)

Weiter erfährt Max Mustermann, dass Scalable Capital umschichtet, wenn ein vorteilhafterer oder kostengünstigerer ETF gefunden wird. Durch weiteres Scrollen auf der Webseite findet Max eine Liste der ETFs, die derzeit verwendet werden. So wird das Gesagte lebendig!

Tabelle 20: Von Scalable Capital verwendete ETFs

	Anlageklasse	ETF	Anzahl der Einzelwerte	Gesamtkosten p.a. (TER)
Aktien	Aktien Europa	Lyxor Core Stoxx Europe 600	603	0,07 %
	Aktien Europa (Kleine Unternehmen)	Xtrackers MSCI Europe Small Cap	1.016	0,30 %
	Aktien Deutschland	Xtrackers DAX	30	0,09 %
	Aktien Japan	Xtrackers Nikkei 225	225	0,09 %
	Aktien USA	iShares Core S&P 500	505	0,07 %
	Aktien USA (kleine Unternehmen)	SPDR Russel 2000 U.S. Small Cap	1.638	0,30 %
	Aktien Asien und pazifischer Raum	iShares Core MSCI Pacific ex Japan	149	0,20 %
	Aktien Schwellenländer	iShares Core MSCI Emerging Markets IMI	2.053	0,18 %
Immobilien	Immobilien Europa	Xtrackers FTSE Developed Europe Real Estate	103	0,33 %
	Immobilien USA	iShares US Property Yield	120	0,04 %
Besicherte Anleihen	Besicherte Anleihen Europa	iShares Euro Covered Bond	855	0,20 %
Unternehmens-anleihen	Unternehmensanleihen Europa	Xtrackers EUR Corporate Bond	2.383	0,16 %
	Unternehmensanleihen USA	iShares $ Corporate Bond	1.759	0,20 %
Staatsanleihen	Staatsanleihen USA	iShares USD Treasury Bond 7-10yr	20	0,20 %
	Staatsanleihen Eurozone	Xtrackers Eurozone Government Bond	364	0,15 %
	Staatsanleihen Schwellenländer	Xtrackers USD Emerging Markets Bond	326	0,25 %
Rohstoffe	Rohstoffe Global	Lyxor Commodities CRB Thomson Reuters/CoreCommodity	19	0,35 %

*Stand: 29.01.2019 (Quelle: Scalable Capital)

Fast hätte sich Max Mustermann nach dem Studium der ETFs[81] schon der nächsten Frage zugewendet, als ihm ein wichtiger Hinweis in die Augen springt: Die individuellen Kundendepots unterscheiden sich nur hinsichtlich der Gewichtung der ETFs in Abhängigkeit zur jeweiligen Anlagestrategie. Sofort schießt Max Mustermann eine Frage durch den Kopf: „Verzettelt sich der Anbieter bei so vielen unterschiedlichen ETFs – immerhin sind es 17 Stück – nicht?" Um eine Antwort auf diese Frage zu finden, sieht sich Max das Risikomanagement im Detail an. Dabei stellt er fest, dass jedem Anleger anhand der Antworten auf einen Online-Fragebogen, den er zu Anfang seines Investments ausfüllen muss, eine individuelle

---

81 Hier liegt auch die Krux begraben: Einige Experten meinen, dass eine größere Diversifizierung vorgegaukelt wird, als tatsächlich vorhanden ist. Denn das Gesamtrisiko einer Geldanlage werde in ein systematisches und ein unsystematisches Risiko aufgeteilt. Das systematische Risiko beschreibt das allgemeine Marktrisiko (es kann nicht durch Diversifizierung entfernt werden), das unsystematische Risiko (kann durch Diversifizierung entfernt werden) ist ein individuelles Risiko, von dem nur ein einzelnes Wertpapier betroffen ist. Beispielsweise besteht für deutsche Aktien das systematische Risiko in der Gefahr eines allgemeinen Kursverfalls, der z. B. gemessen wird in einem Rückgang des Leitindizes DAX, ausgelöst z. B. durch politische Ereignisse, Kriege, Konjunktur oder Naturkatastrophen. Diese Ereignisse betreffen also alle Aktien gleichermaßen. Dagegen kann das unsystematische Risiko z. B. dadurch entstehen, dass ein Unternehmen schlechte Unternehmensdaten bekannt gibt, die zu einem Kursverfall der Aktie führen. Bei Anleihen besteht das systematische Risiko etwa in einer Änderung des Zinsniveaus, die sich auf alle Anleihen ähnlich auswirkt. Das unsystematische Risiko bei Anleihen ist das Risiko, welches vom Emittenten der Anleihe abhängig ist. Verschlechtert sich z. B. die Bonität des Emittenten, fallen die Anleihekurse.
Einige Experten kritisieren, dass Scalable Capital die Anleger durch die Angabe, in sieben verschiedenen Anlageklassen (Aktien, Staatsanleihen, Unternehmensanleihen, besicherte Anleihen, Rohstoffe, Immobilien sowie Geldmarkt) zu diversifizieren, täuscht, denn es findet beispielsweise keine echte Investition in Immobilien statt, sondern in Aktien von Unternehmen, die einen Schwerpunkt Immobilien haben, also z. B. Wohnungen vermieten. Hierdurch wird aber nicht das systematische Aktienrisiko reduziert, sondern es wird „nur" eine Branchenstreuung erreicht. Das unsystematische Risiko wird also kräftig diversifiziert, nicht aber das systematische Aktienrisiko. Dieses könnte man nur dann verringern, wenn man wirklich in andere Assetklassen investiert. Ähnlich sieht es im Anleihebereich aus. Es wird in Renten-ETF investiert, die in Anleihen unterschiedlicher Emittenten und Laufzeit investieren. Auch hier wird also nur das unsystematische Risiko diversifiziert. Strenggenommen diversifiziert Scalable Capital also nur über die vier Assetklassen Anleihen, Rohstoffe, Cash und Aktien hinweg und nicht, wie suggeriert, über sieben.

Risikokennzahl – Value at Risk oder einfach VaR – zugeordnet wird. Dabei stellt der Value at Risk das individuelle Verlustrisiko des Anlegers dar und wird in Prozent ausgedrückt. Somit weiß der Anleger von Beginn an, mit welchem Verlustrisiko er zu rechnen hat. Insgesamt gibt es 23 Risikokategorien. Um diese abzubilden, hat Scalable Capital 23 verschiedene Anlagestrategien bzw. Portfolios entwickelt, die ein entsprechendes Verlustrisiko haben[82]. Doch was sagt der Value at Risk aus?

Der Value at Risk gibt den prozentualen Jahresverlust an, der mit einer Wahrscheinlichkeit von 95 % nicht überschritten wird. So bedeutet z. B. ein VaR von 5 %, dass das Depot in einem Jahr mit einer Wahrscheinlichkeit von 95 % nicht mehr als 5 % an Wert verlieren wird[83]. Mit anderen Worten: Im Mittel kam es in einem von 20 Jahren zu einem Jahresverlust von mehr als 5 %. Auch mit dieser Erklärung kann Max Mustermann sich den Value at Risk noch nicht richtig erklären. Doch dann findet er auf der Webseite von Scalable Capital folgende Abbildung.

---

82 Damit unterscheidet sich Scalable Capital von den meisten anderen Robo-Advisors, die ihre Anlagestrategien oftmals mit Begriffen wie „geringes Risiko" usw. bezeichnen.

83 Dreht man den Spieß um, so bedeutet dies, dass eine 5-prozentige Wahrscheinlichkeit besteht, dass das Depot mehr als 5 % pro Jahr an Wert verliert.

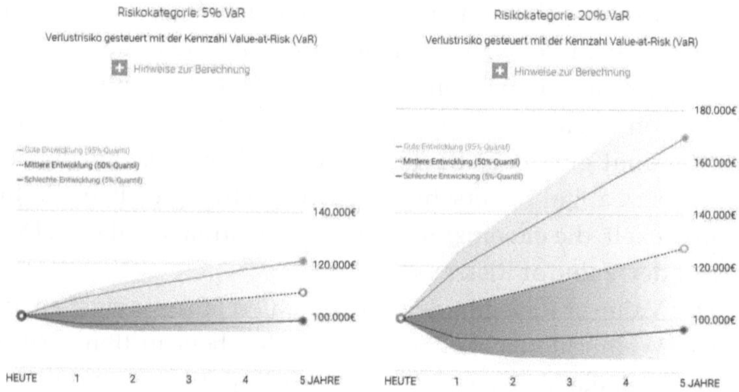

Abb. 19: Mögliche Wertentwicklungen eines Anlagebetrages von 100.000 €
(Quelle: Scalable Capital; Stand:29.01.2019)

Max Mustermann erkennt sofort: Je höher der VaR ist, desto größer ist das Risiko, aber auch umso mehr Rendite ist möglich. Somit ist das Risiko die „Währung", mit der die Rendite gekauft wird. Dennoch bleibt Max Mustermann skeptisch. „Lassen sich Risiken wirklich vorhersagen?" Er beschließt, weiter nachzuforschen und gibt in seine Internet-Suchmaschine die Begriffe „VaR und Aktienmarkt" ein. Schnell wird er fündig. Er findet heraus, dass in der Finanztheorie Risiken Schwankungen bedeuten. Je stärker ein Wert schwankt, desto höher ist das Risiko. Weiterhin zeigen viele empirische Studien, dass Schwankungen an den Finanzmärkten einer Struktur folgen. Sie bilden sogenannte Volatilitätscluster aus. Hiermit mein der Wissenschaftler, dass Risiken häufig in Phasen auftreten, d. h. die Wahrscheinlichkeit ist hoch, dass auf einen Tag mit hohen Schwankungen ein weiterer turbulenter Tag folgt. Dieses Phänomen unterstützt also das Risikomodell von Scalable Capital. Max erfährt, dass der Ansatz von Scalable Capital ein alter Hut in der Finanzwelt ist. Große Banken und Versicherungen setzen den VaR-Ansatz seit den 1990er Jahren ein, um das Risiko ihrer Portfolios zu steuern.[84] Max Mustermann brennt aber eine weitere Frage

---

[84] Natürlich kann der VaR-Ansatz nicht alle möglichen Risiken vorhersagen und stößt, wie eigentlich jedes Modell, irgendwann an seine Grenzen. Beispiels-

auf der Seele: „Wie überprüft Scalable Capital das Risiko bzw. den VaR in meinem Depot?"

Die Antwort: Scalable Capital berechnet unter Berücksichtigung der aktuellen Marktsituation und der aktuellen Portfoliozusammensetzung anhand von Monte-Carlo-Simulationen jeweils Tausende von plausiblen Wertentwicklungsszenarien des Depots. Max Mustermann sieht sich fasziniert folgendes Schaubild an.

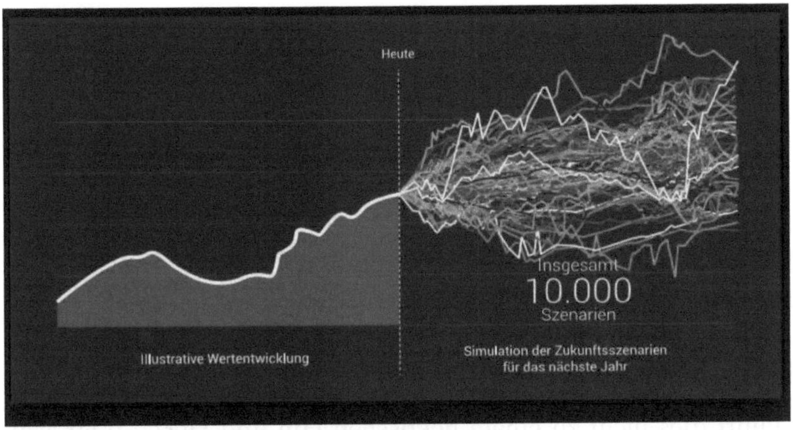

Abb. 20: Regelmäßige Risikoüberwachung
(Quelle: Scalable Capital; Stand: 29.01.2019)

Aus der Abbildung erkennt Max Mustermann, das täglich durch eine Risikomanagement-Software das individuelle zukünftige Verlustpotenzial seines Depots berechnet wird. Sobald der Robo-Advisor ein höheres Verlustpotenzial für sein Depot prognostiziert als vorher festgelegt, tritt er in Aktion und schichtet in risikoärmere Anlageklassen um.

Max Mustermann überlegt, was dies genau bedeutet. „Aha", denkt er. „Wenn es an den Börsen hektisch wird, werden z. B. Aktien verkauft und dafür risikoärmere Anleihen gekauft. In einer ruhigeren Marktphase wird das Risiko wieder erhöht, um zusätzliche

weise können Extremereignisse wie große Terroranschläge und deren Auswirkungen auf die Börsen nicht vorhergesagt werden. Allerdings ist der Ansatz in der Lage, in Abwärtsphasen an den Börsen den Anleger rechtzeitig vor großen Verlusten zu warnen. In den Aufwärtsphasen ist der Anleger dann wieder rechtzeitig voll investiert.

Renditechancen zu haben. Dann investiert der Robo-Advisor wieder verstärkt in Aktien." Das kann Max Mustermann folgender Abbildung entnehmen.

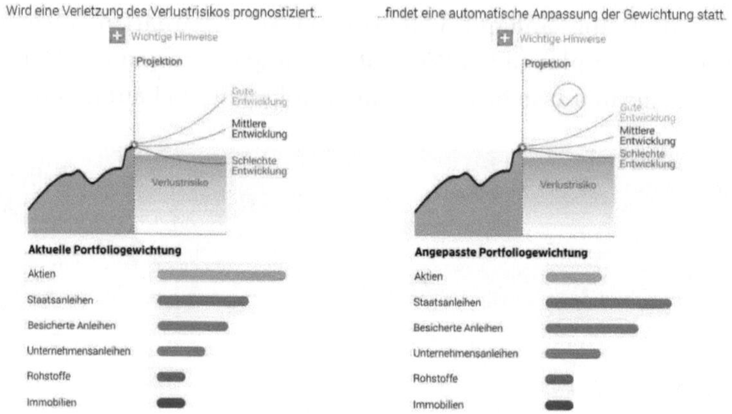

Abb. 21: Dynamische Risikosteuerung durch systematische Anpassung des Portfolios

(Quelle: Scalable Capital; Stand: 30.01.2019)

„Führt dies nicht zu einem hektischen Hin und Her?", fragt Max sich. Laut der Webseite von Scalable Capital passiert dies nicht, denn das Depot wird nur an eine neue Marktsituation angepasst, wenn sie sich nachhaltig ändert. So bleibt das Risiko langfristig unter Kontrolle und ein hektisches Handeln wird vermieden. Durch die Rebalancing-Strategie sieht Max Mustermann sein Investment als gut geschützt an, weil sie wissenschaftlich abgesichert ist.

Doch wie sieht es auf der Kostenseite aus? Gibt es versteckte Kosten, die durch die Recherche im Vergleichsportal nicht aufgedeckt wurden? Die Kosten setzen sich so zusammen:

Wertpapierdienstleistungen 0,75% p.a. + Finanzinstrumente (ETFs) 0,21% p.a.

	Wertpapierdienstleistungen und Nebenleistungen			Finanzinstrumente			Gesamtkosten
Angenommener Anlagebetrag	Vermögensverwaltung Scalable Capital	Wertpapierhandel Baader Bank	Zwischensumme	Produktkosten ETF-Anbieter	Geld-Brief-Spanne Markt	Zwischensumme	Erwartete Minderung der Rendite
	0,55% p.a.	0,20% p.a.	0,75% p.a.	0,16% p.a.	0,05% p.a.	0,21% p.a.	0,96% p.a.
10.000	55	20	75	16	5	21	96

Abb. 22: Alle Kosten im Überblick
(Quelle: Scalable Capital; Stand 31.01.2019)

Scalable Capital teilt die Kosten grob in Wertpapierdienstleistungen und Finanzinstrumente (ETFs) auf. Den größten Kostenblock bilden die Wertpapierdienstleistungen mit 0,75 % p.a. Sie setzen sich zusammen aus 0,55 % p.a. für die Vermögensverwaltung durch Scalable Capital und 0,20 % p.a. für den Wertpapierhandel der Baader Bank. In diesem Kostenblock sind sämtliche Gebühren für die Vermögensverwaltung, alle Transaktionskosten und Kosten für die Konto- bzw. Depotführung enthalten. Sie werden tagesgenau berechnet und monatlich abgerechnet. Bei der Betrachtung des deutlich kleineren Kostenblocks Finanzinstrumente muss Max Mustermann etwas stutzen. Dieser Kostenblock setzt sich aus den Produktkosten der ETF-Anbieter und der Geld-Brief-Spanne zusammen.

Um zu sehen, wie hoch die Produktkosten sind, wirft Max Mustermann einen Blick auf Tabelle 20 (s. S. 177). Demnach erheben die ETF-Anbieter Gebühren von 0,04 bis 0,35 % p.a. des verwaltenden Vermögens. Doch wie hoch ist die Geld-Brief-Spanne? Ein Blick auf die Internetseite der Frankfurter Börse zeigt Max, dass auch die Geld-Brief-Spanne schwankt. Im Allgemeinen gilt: Je exotischer der ETF, desto größer ist die Spanne. Oder: Je liquider der ETF ist, umso kleiner ist die Spanne. Um herauszufinden, mit welcher Gebühr er rechnen muss, sieht sich Max Mustermann für die in Tabelle 20 (s. S. 177) aufgeführten ETFs die Geld-Brief-Spanne an. Er stellt fest, dass die Geld-Brief-Spanne zwischen den ETFs von 0,01 % bis zu 0,15 % schwankt. Max Mustermann rechnet schnell nach und stellt fest: Bei den vom Vergleichsportal angegebenen

Fondskosten (hier gleichzusetzen mit Finanzinstrumente) handelt es sich um einen Durchschnittswert von 0,17 %. Sie können größer oder kleiner sein, je nachdem, wie die ETFs im Portfolio gewichtet sind.

Nun wirft Max noch einen Blick auf die mögliche Rendite. In seine Internetsuchmaschine gibt er „Rendite Scalable Capital" ein. Es werden viele Erfahrungsberichte gefunden. Summa summarum fallen die Renditen abhängig vom Risiko unterschiedlich aus. Je höher der Anteil sicherer Anleihen und von Cash im Depot ist, umso geringer ist die zu erwartende Rendite und das Risiko. Max Mustermann entnimmt den Erfahrungsberichten, dass Renditen von durchschnittlich 4 bis 8 % p.a. realistisch sind.

„Wenn ich nun aber noch Fragen habe, kann ich den Robo-Advisor erreichen?", fragt sich Max Mustermann. Er schaut also noch einmal auf die Webseite und stellt fest, dass der Scalable-Capital-Kundenservice telefonisch, via Kontaktformular oder via Online-Chat montags bis freitags von 09:00 bis 19:00 Uhr erreicht werden kann. Außerdem ist Scalable Capital in vielen sozialen Netzwerken wie Facebook, Twitter, Google+ oder LinkedIn aktiv.

Diese Erreichbarkeit gibt Max Mustermann ein gutes Gefühl. Aber er hat noch weiteren Klärungsbedarf. „Ich möchte mein Geld für 10 oder 20 Jahre anlegen. Was ist, wenn sich meine Wünsche bzw. meine finanzielle Situation verändern? Kann ich meine Anlagestrategie problemlos ändern? Kann ich in ein anderes Portfolio wechseln?" Um eine Antwort zu finden, studiert Max die Webseite von Scalable Capital und sieht sich die Erfahrungen anderer Anleger mit Scalable Capital, die auf den Vergleichsportalen aufgeführt werden, an. Dabei erfährt er, dass ein Portfolio-Wechsel problemlos möglich ist. Allerdings weist Scalable Capital darauf hin, dass häufige Wechsel langfristig zu geringeren Renditen führen können. Deshalb wird empfohlen, die Strategie nur zu ändern, wenn sich die Lebensumstände verändert haben. Für einen Portfolio-Wechsel muss sich Max in seinen Account einloggen, wo er die Änderung vornehmen kann. Senkt er das Risiko seines Portfolios, kann die Umschichtung direkt in Auftrag gegeben werden. Möchte er dagegen sein Risiko erhöhen, muss er erneut einen Fragebogen ausfüllen. Auf diese Weise stellt Scalable Capital sicher, dass sich der Anleger bewusst ist, welche Folgen ein solcher Wechsel hat. Gut findet Max Mustermann, dass für diesen Service keinerlei Gebühren anfallen.

„Sicherheit ist Trumpf", denkt Max Mustermann weiter. Scalable Capital wird durch die BaFin reguliert und hat außerdem gar keinen Zugriff auf die Kundengelder, weil die Depot- und Kontoführung bei einer Partnerbank erfolgen, die Baader Bank, die bereits seit Jahrzehnten am Markt aktiv ist. Die Baader Bank muss sich einer strikten Kontrolle durch die Aufsichtsbehörde BaFin unterziehen. Zudem werden alle Kundengelder auf segregierten Einzelkonten geführt. Im Falle einer Pleite hätten Gläubiger damit keinen Zugriff auf das Kapital, weil dieses als sog. Sondervermögen gilt und somit nicht in die Insolvenzmasse eingeht. Außerdem sind die Konten bei der Baader Bank durch die gesetzliche Einlagensicherung in Höhe von 100.000 € abgesichert. Darüber hinaus ist die Baader Bank Mitglied im Einlagensicherungsfonds der privaten Banken, sodass ein noch höherer Schutz möglich ist.

Zum Ende seiner Nachforschungen über Scalable Capital wirft Max Mustermann noch einen kurzen Blick in die Finanzpresse. Er möchte wissen, was Finanzexperten von der Strategie und dem Angebot von Scalable Capital halten. Bei einer Internetrecherche findet Max heraus, dass viele renommierte Finanzmedien sich bereits mit Scalable Capital befasst haben. Dabei werden die Anlagestrategie und der Kundensupport gelobt. Herausgehoben wird zudem, das Scalable Capital schon viele bedeutende Preise und Auszeichnungen von Fachmagazinen gewonnen hat. Kritisch wird aber die hohe Mindestanlage von 10.000 € gesehen und die Tatsache, dass der Anleger sein Depot auflösen muss, wenn er eine Teilauszahlung vornimmt, die sein Depot unter 10.000 € drückt. Erstaunt liest Max Mustermann auch von einer Kooperation zwischen Scalable Capital und Siemens. Mitarbeiter von Siemens können demnach einen Teil ihrer betrieblichen Altersvorsorge über den Robo-Advisor abwickeln.

„Jetzt ist die Zeit der Analyse aber vorbei und es kann endlich losgehen", sagt Max Mustermann zu sich selbst. „Ich habe die Arbeitsweise von Scalable Capital verstanden und auch im Kleingedruckten keine Fallstricke gefunden. Wie kann ich jetzt aber Kunde werden?" Auf der Website von Scalable Capital entdeckt Max einen Button, der mit „Kunde werden" beschriftet ist. Nach Klick erscheint Folgendes auf dem Computer-Bildschirm.

Abb. 23: Erster Schritt einer Depoteröffnung
(Quelle: Scalable Capital; Stand 31.01.2019)

Mit der Eingabe seiner E-Mail-Adresse und der anschließenden Bestätigung startet die Anmeldung. Im nächsten Schritt versucht der Robo-Advisor Max Mustermann näher kennenzulernen. Dafür stellt er Fragen zu den Anlagezielen, dem Anlagehorizont, der finanziellen Situation, der Risikobereitschaft und den Kenntnissen und Erfahrungen bei der Geldanlage. Die Erhebung dieser Daten ist die Vorbedingung dafür, dass überhaupt eine Anlage-Empfehlung erfolgen kann[85]. Denn eine Strategie muss genau zum Anleger passen. Wer sein Geld z. B. konservativ investieren möchte, wünscht sich möglichst geringe Schwankungen.

Die erste Frage erinnert Max Mustermann an einen Multiple-Choice-Test aus seiner Schulzeit. Er denkt darüber nach, welches Ziel er mit der Geldanlage verfolgt. „Ich möchte Vermögen aufbauen", sagt Max Mustermann zu sich.

---

[85] Anhand der Fragen wird gleichzeitig festgestellt, ob die Geldanlage über den Robo-Advisor für den Interessenten überhaupt geeignet ist. Falls der Interessent nicht geeignet ist, wird der Anmeldeprozess gestoppt und der potenzielle Kunde enthält eine entsprechende Information mit der Begründung, aus der sich die Anlage mit dem Robo-Advisor für ihn nicht eignet.

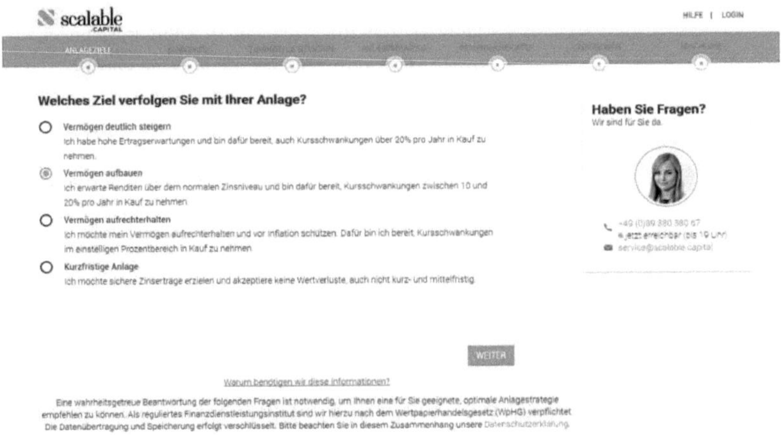

Abb. 24: Frage zum Anlageziel während der Geeignetheitsprüfung
(Quelle: Scalable Capital; Stand 31.01.2019)

Mit dem Anlageziel im Hinterkopf, versucht Scalable Capital anschließend herauszubekommen, welche Einstellungen der Kunde zur Übernahme finanzieller Risiken hat.

Frage	Antwort Max Mustermanns
Welches Ziel verfolgen Sie mit Ihrer Anlage?	**Vermögen aufbauen** Ich erwarte Renditen über dem normalen Zinsniveau und bin dafür bereit, Kursschwankungen zwischen 10 % und 20 % in Kauf zu nehmen
Was ist Ihr Anlagehorizont?	**10 Jahre** <u>Hinweise von Scalable Capital zur Beantwortung der Frage:</u> Anlagehorizont: Der Zeitraum, für den Sie generell bereit sind, Ihr Geld anzulegen bzw. dieses nicht benötigen. Keine Mindesthaltedauer: Wir investieren in täglich handelbare Indexfonds (ETFs). Auszahlungen sind jederzeit möglich.
Kapitalmärkte sind schwankungsanfällig. Welcher Kursverlust macht Sie nervös?	**25 %** <u>Hinweise von Scalable Capital zur Beantwortung der Frage:</u> Beispiel: Bei einer Anlage von 10.000 € und einer negativen Wertentwicklung von 25 % entspricht dies 2.500 €.

	Hinweis: Je höher ihre Verlusttoleranz ist, desto höher ist auch die erwartete Rendite. Bitte beachten Sie, dass keine bestimmte Rendite garantiert wird und die Höhe möglicher Verluste ungewiss ist. Hinweise zur Berechnung: Zum Vergleich werden die maximalen jährlichen Wertverluste der verschiedenen Anlageklassen angegeben. Der maximal jährliche Wertverlust entspricht der schlechtesten Rendite über ein volles Kalenderjahr im Zeitraum 2000 bis 2016.

Abb. 25: Weitere Fragen zum Risiko

Eine besonders wichtige Frage im Hinblick auf die zukünftige Strategie ist natürlich die zum Anlagehorizont. Denn die unterschiedlichen Anlageklassen haben auch unterschiedliche Risiken, wenn das angelegte Geld in kurzer Zeit wieder benötigt wird. Da können Kurseinbrüche an der Börse nicht durch Warten[86] auf steigende Kurse überwunden werden.

Diese Frage mündet unmittelbar in eine andere wichtige Frage zum finanziellen Risiko, das der Anleger einzugehen bereit ist (Risikoneigung). Aber kann man diese Frage wirklich gut beantworten? Zur Ermittlung des Risikoprofils gehört mehr als die einfache Frage, ob man ein kleines, mittleres oder größeres Risiko einzugehen bereit ist. Die Risikoprofilermittlung umfasst weitere Fragen, z. B. zu den Kenntnissen über wichtige Finanzprodukte. Mögliche Lücken in den Finanzkenntnissen kann der Robo-Advisor durch kluge Aufklärung schließen und so den Anleger fit machen, um später den Anlagevorschlag besser verstehen zu können.

[86] Dies kann auch schon mal 15 Jahre und mehr dauern.

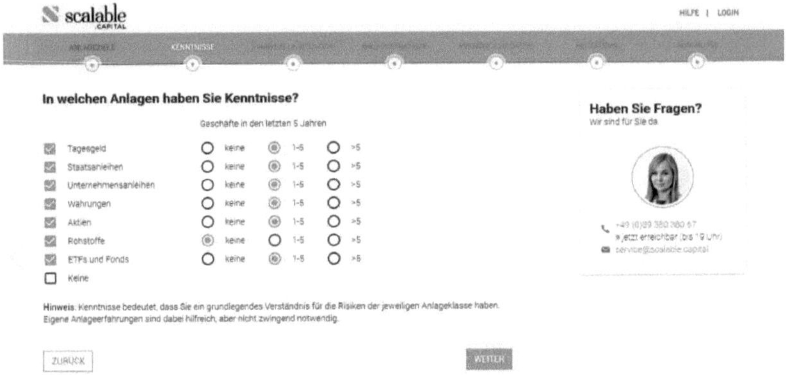

Abb. 26: Frage zum Vorwissen am Kapitalmarkt während der Geeignetheitsprüfung

(Quelle: Scalable Capital; Stand 31.01.2019)

Darüber hinaus stellt der Robo-Advisor noch weitere Fragen zum Thema Wertpapierkenntnisse, um das Bild abzurunden.

Frage	Antwort Max Mustermanns
Mit welchen Finanzdienstleistungen sind Sie vertraut?	**Anlageberatung** Persönliche Beratung durch eine Bank oder einen Anlageberater **Online-Broker** Sie handeln eigenständig und ohne vorherige Beratung
Haben Sie durch Ausbildung, Studium oder Beruf relevante Kapitalmarkterfahrungen gesammelt?	**Keine**

Abb. 27: Weitere Fragen zum Vorwissen am Kapitalmarkt

Zur Klärung der Risikotragfähigkeit von Max Mustermann ist auch ein genaues Bild seines Einkommens, seines Vermögens, seiner Schulden sowie seiner wesentlichen Ausgaben wichtig. Auch hierzu befragt der Robo-Advisor den Anleger.

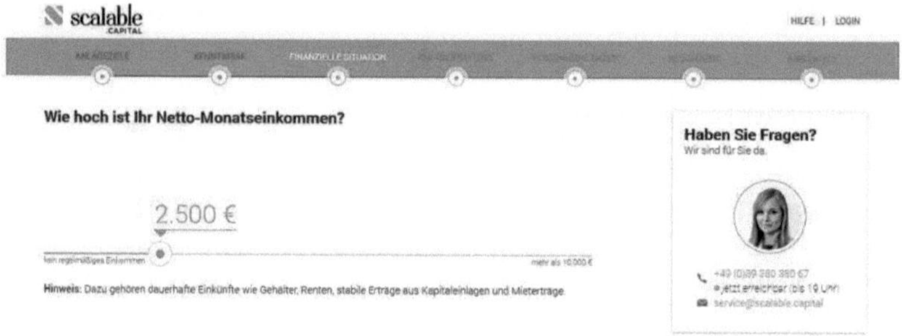

Abb. 28: Frage zur finanziellen Situation während der Geeignetheitsprüfung

(Quelle: Scalable Capital; Stand 31.01.2019)

Der Robo-Advisor stellt weitere Fragen zu Max Mustermanns finanziellen Verhältnissen.

Frage	Antwort Max Mustermanns
Wie hoch sind Ihre gesamten monatlichen Ausgaben?	**1.250 €** <u>Hinweise von Scalable Capital zur Beantwortung der Frage:</u> Hinweis: Bitte berücksichtigen Sie sowohl notwendige (z. B. Lebensmittel, Miete, Kreditraten, Versicherungen) als auch nicht zwingend erforderliche (z. B. Konsumgüter, Luxusausgaben usw.) Ausgaben.
Wie hoch ist Ihr frei verfügbares Vermögen?	**30.000 €** <u>Hinweise von Scalable Capital zur Beantwortung der Frage:</u> Hinweis: Barvermögen und frei verfügbare Kapitalanlagen (ohne Immobilien)
Wie hoch ist Ihr nicht frei verfügbares Vermögen?	**25.000 €** <u>Hinweise von Scalable Capital zur Beantwortung der Frage:</u> Hinweis: Immobilien (inklusive selbst genutzte Immobilie) und weiteres, nicht unmittelbar frei verfügbares Vermögen.

Wie hoch sind Ihre Verbindlichkeiten?	**10.000 €** Hinweise von Scalable Capital zur Beantwortung der Frage: Hinweis: Bitte berücksichtigen Sie alle Verbindlichkeiten, wie z. B. Immobiliendarlehen, Konsumfinanzierungen etc.
Wie lange reichen Ihre Reserven, um Ihre laufenden Ausgaben und Verpflichtungen zu decken?	**3 Monate** Hinweise von Scalable Capital zur Beantwortung der Frage: Hinweis: Ihre Reserven sorgen für die Deckung Ihrer laufenden Ausgaben im Falle unvorhergesehener Ereignisse. Sie sollten sofort verfügbar und nicht Teil Ihrer Kapitalmarktanlage sein.

Abb. 29: Weitere Fragen zur finanziellen Situation

Geschafft! Max Mustermann hat sämtliche Fragen beantwortet. Innerhalb von wenigen Sekunden ermittelt Scalable Capital die individuelle Risikoneigung Max Mustermanns. Mit anderen Worten: Scalable Capital weist Max Mustermann einen Value at Risk zu, leitet hieraus eine konkrete Anlagestrategie ab und präsentiert Max Mustermann das passende Portfolio dazu.

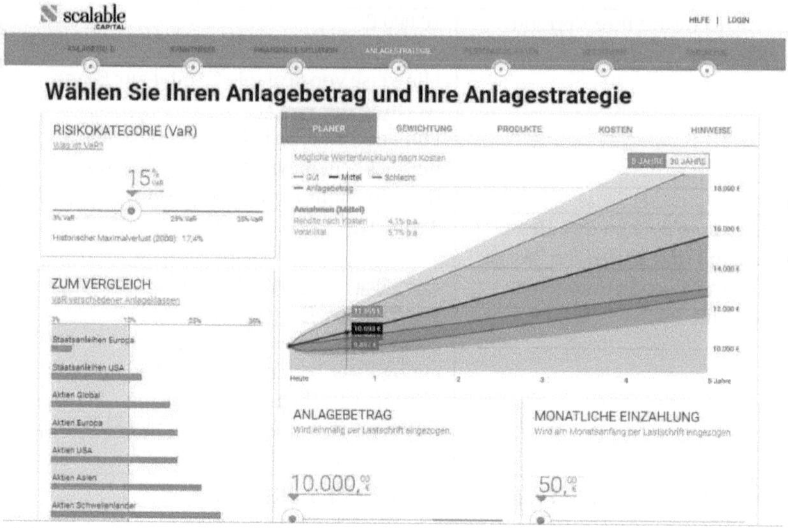

Abb. 30: Festlegung des Anlagebetrags sowie der Anlagestrategie zum Abschluss der Geeignetheitsprüfung

(Quelle: Scalable Capital; Stand 31.01.2019)

Gleichzeitig wird Max Mustermann aufgefordert, seinen Anlagebetrag einzugeben. Er gibt bei Anlagebetrag 10.000 € an und bei monatliche Einzahlung 50 € (Sparplan). Danach beschäftigt sich Max Mustermann mit der Anlagestrategie. Ähnlich wie beim Architekten, der mit einer 3D-Software plastisch darstellen kann, wie die Zimmer aussehen und eingerichtet werden können, kann Max Mustermann die gewählte Anlagestrategie aus unterschiedlichen Perspektiven betrachten.

So kann Max Mustermann die Risikoeinstufung, die Scalable Capital nach der Beantwortung des Fragenkatalogs empfohlen hat, noch verändern. Hierzu kann er einfach den Schieberegler (im Kasten Risikokategorie (VaR)) nach unten anpassen und so weniger Risiko als vorgeschlagen eingehen. Eine Verschiebung nach oben ist nicht möglich. Das von Scalable Capital ermittelte Risiko kann also nicht erhöht werden, um zu verhindern, dass der Anleger in Versuchung kommt, ein höheres Risiko einzugehen, als eigentlich für ihm sinnvoll wäre. Max Mustermann entscheidet sich für einen VaR von 15 %, weil er so selbst in einem schlechten Börsenjahr mit 95-prozentiger Wahrscheinlichkeit nicht mehr als 15 % verliert. Da

Scalable Capital seine Risikoneigung als etwas höher eingestuft hat, passt sich die aktuelle Gewichtung und die Zusammensetzung des Portfolios sofort an. Max erfährt darüber hinaus die mögliche Wertentwicklung des Portfolios über einen Zeitraum von 5 bzw. 30 Jahren[87].

Um die Gewichtung der Assetklassen (Aktien, Anleihen, ...) in Erfahrung zu bringen, klickt Max Mustermann auf den Reiter „Gewichtung". Dort wird angezeigt, wie sich die Gewichtung der Assetklassen für seine gewählte Strategie in der Vergangenheit entwickelt hat. „Der Vorschlag zur Aufteilung auf Vermögensklassen ist schon mal sehr informativ, hilft mir aber nicht weiter, wenn ich nicht weiß, welche Produkte konkret dahinterstehen", überlegt Max. Bei genauerer Betrachtung findet er den Reiter „Produkte". Ein Klick und Max Mustermann sieht, welche ETFs in seinem zukünftigen Depot enthalten sind und wie sie gewichtet sein werden.

87 Viele Robo-Advisors rechnen ihren potentiellen Kunden vor, was die Geldanlage in Zukunft für eine Rendite abwerfen könnte. Sie rechnen dabei mit Vergangenheitsrenditen. Doch die Wertentwicklungen von früher sind mit Vorsicht zu genießen. Beispielsweise sollten Anleger bei Rentenfonds vorsichtig sein. Sie entwickelten sich zuletzt wegen der seit langem fallenden Marktzinsen prächtig. Dass es genau so weitergeht, ist allerdings fraglich. Es ist wahrscheinlicher, dass die zukünftigen Erträge der Rentenfonds niedrig sein werden und zeitweise sogar ins Negative fallen, falls die Zinsen wieder ansteigen sollten. Darum verwenden andere Robo-Advisors für die Renditeprognosen keine Vergangenheitswerte, sondern schätzen die Zukunft anhand anderer Kriterien. Allerdings sind diese Vorhersagen ebenfalls ungewiss. Deshalb raten Experten, die versprochenen Renditen als nicht mehr als eine grobe Wegmarke anzusehen.

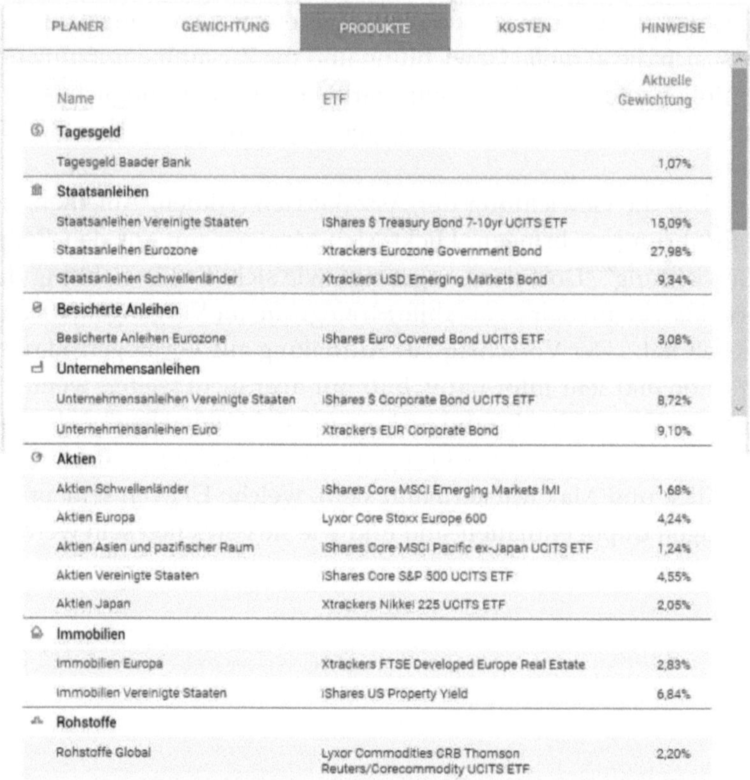

PLANER | GEWICHTUNG | PRODUKTE | KOSTEN | HINWEISE

Name	ETF	Aktuelle Gewichtung
Tagesgeld		
Tagesgeld Baader Bank		1,07%
Staatsanleihen		
Staatsanleihen Vereinigte Staaten	iShares $ Treasury Bond 7-10yr UCITS ETF	15,09%
Staatsanleihen Eurozone	Xtrackers Eurozone Government Bond	27,98%
Staatsanleihen Schwellenländer	Xtrackers USD Emerging Markets Bond	9,34%
Besicherte Anleihen		
Besicherte Anleihen Eurozone	iShares Euro Covered Bond UCITS ETF	3,08%
Unternehmensanleihen		
Unternehmensanleihen Vereinigte Staaten	iShares $ Corporate Bond UCITS ETF	8,72%
Unternehmensanleihen Euro	Xtrackers EUR Corporate Bond	9,10%
Aktien		
Aktien Schwellenländer	iShares Core MSCI Emerging Markets IMI	1,68%
Aktien Europa	Lyxor Core Stoxx Europe 600	4,24%
Aktien Asien und pazifischer Raum	iShares Core MSCI Pacific ex-Japan UCITS ETF	1,24%
Aktien Vereinigte Staaten	iShares Core S&P 500 UCITS ETF	4,55%
Aktien Japan	Xtrackers Nikkei 225 UCITS ETF	2,05%
Immobilien		
Immobilien Europa	Xtrackers FTSE Developed Europe Real Estate	2,83%
Immobilien Vereinigte Staaten	iShares US Property Yield	6,84%
Rohstoffe		
Rohstoffe Global	Lyxor Commodities CRB Thomson Reuters/Corecommodity UCITS ETF	2,20%

Abb. 31: Übersicht über die individuelle ETF-Gewichtung im Portfolio im Online-Cockpit von Scalable Capital

(Quelle: Scalable Capital; Stand 31.01.2019)

Max Mustermann stellt fest, dass die Fonds aus Tabelle 20 (s. S. 177) in seinem zukünftigen Depot enthalten sind. „Dann kann ich also prüfen, was mich der ganze Spaß kosten wird.“ Mit diesem Gedanken klickt Max auf den Reiter „Kosten“.

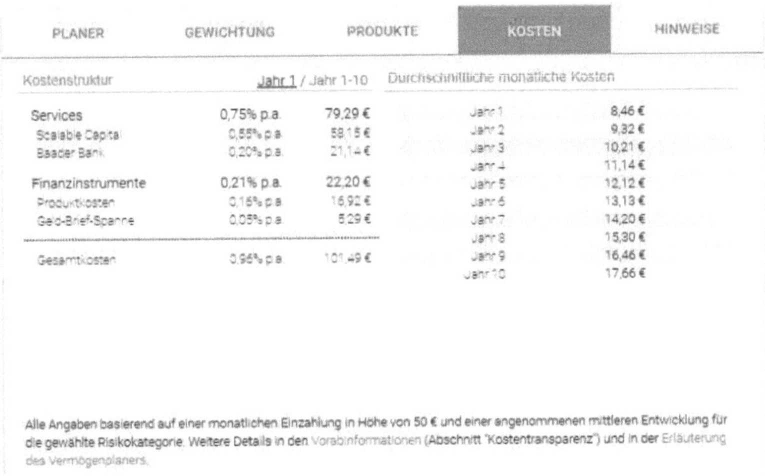

PLANER GEWICHTUNG PRODUKTE KOSTEN HINWEISE

Kostenstruktur	Jahr 1 / Jahr 1-10	
Services	0,75% p.a.	79,29 €
Scalable Capital	0,55% p.a.	58,15 €
Baader Bank	0,20% p.a.	21,14 €
Finanzinstrumente	0,21% p.a.	22,20 €
Produktkosten	0,16% p.a.	16,92 €
Geld-Brief-Spanne	0,05% p.a.	5,29 €
Gesamtkosten	0,96% p.a.	101,49 €

Durchschnittliche monatliche Kosten	
Jahr 1	8,46 €
Jahr 2	9,32 €
Jahr 3	10,21 €
Jahr 4	11,14 €
Jahr 5	12,12 €
Jahr 6	13,13 €
Jahr 7	14,20 €
Jahr 8	15,30 €
Jahr 9	16,46 €
Jahr 10	17,66 €

Alle Angaben basierend auf einer monatlichen Einzahlung in Höhe von 50 € und einer angenommenen mittleren Entwicklung für die gewählte Risikokategorie. Weitere Details in den Vorabinformationen (Abschnitt "Kostentransparenz") und in der Erläuterung des Vermögenplaners.

Abb. 32: Individuelle Kostenaufstellung im Online-Cockpit von Scalable Capital

(Quelle: Scalable Capital; Stand 31.01.2019)

„Ich muss etwas mehr bezahlen als die 0,92 %, die das Vergleichsportal vorausgesagt hat, weil das Vergleichsportal nicht die Geld-Brief-Spanne berücksichtigt hat“, stellt Max Mustermann fest.

Max Mustermann geht noch einmal in sich und überlegt, ob die gewählte Anlagestrategie die richtige für ihn ist. „Ja, das scheint mir alles sinnvoll“, ist er überzeugt. Er klickt also auf den Button „Beträge und Strategie bestätigen“. Danach geht es auf zum „Papierkram“ und er muss seine persönlichen Daten, wie z. B. Adresse, E-Mail, Telefonnummer usw., eingeben. Danach muss er sein Referenzkonto auswählen. Das Referenzkonto dient für sämtliche Ein- und Auszahlungen. Damit diese möglichst bequem vorgenommen werden können, wählt er sein Girokonto als Referenzkonto aus. Nach Angabe der Daten schließt Max Mustermann einen Vermögensverwaltervertrag mit Scalable Capital und beauftragt die Eröffnung eines Kontos und eines Depots bei der Baader Bank AG. Wie bei jeder Kontoeröffnung üblich, müssen seine Daten verifiziert werden. Hierzu bietet Scalable Capital zwei Wege an: Ein Video-Ident-Verfahren, das direkt online vorgenommen werden kann, oder das übliche Postident-Verfahren, das in der Regel einige Tage dauert.

Der letzte Schritt, bei dem Max Mustermann noch aktiv werden muss, besteht darin, die gewünschte Anlagesumme auf das vom Robo-Advisor angegebene Konto zu transferieren. Max Mustermann kann das Geld per Überweisung einzahlen oder über eine SEPA-Lastschrift von seinem Girokonto (Referenzkonto) abbuchen lassen. Der Anlagebetrag wird anschließend von Scalable Capital nach der gewählten Strategie investiert.

Es ist vollbracht! „Ich muss kein *Tech Geek* oder IT-Guru sein, um das Angebot der Robo-Advisors zu nutzen. Die Robo-Advisors sind sehr benutzerfreundlich aufgebaut und die gestellten Fragen sind selbsterklärend", freut sich Max. Allerdings muss man mit einem Computer, Tablet oder Smartphone umgehen können, um einen Robo-Advisor zu nutzen. Wenn man die IT-Grundlagen drauf hat und sicher im Netz surfen kann, steht der Nutzung von Robo-Advisors nichts im Weg.

Von nun an liegt es in den Händen von Scalable Capital, eine möglichst gute Rendite für das von Max Mustermann angelegte Kapital zu erringen. Er braucht sich um nichts mehr kümmern, ist aber über die Webseite und Apps von Scalable Capital stets im Bilde über die Entwicklung seiner Geldanlage.

Abb. 33: Übersicht über das Kundenkonto von Scalable Capital
(Quelle: Scalable Capital; Stand 31.01.2019)

In seinem Kundenkonto, das er über die Webseite von Scalable Capital erreicht, offenbart sich Max Mustermann ein ganzes Füllhorn an Informationen. So bleibt er auf dem aktuellen Stand über die aktuelle Portfoliozusammensetzung, ausgeführten Transaktionen, Kosten, Gewinne, Ausschüttungen der ETFs oder Realtime-Bewertungen.

4. Steckbriefe einiger Robo-Advisors

Die vorangegangenen Seiten haben Sie über die wichtigsten Fakten rund um Robo-Advisors informiert. Auf den folgenden Seiten stelle ich Ihnen die wichtigsten Robo-Advisors vor. Hiermit hoffe ich, Ihnen die Auswahl des richtigen Robo-Advisors zu erleichtern. In den folgenden Steckbriefen sind alle wesentlichen Daten zu den einzelnen Robo-Advisors sowie weiterführenden Informationsquellen enthalten. Die Steckbriefe können Ihr Ausgangspunkt sein, um wie Max Mustermann auf Spurensuche gehen zu können. So lesen Sie die Steckbriefe:

1. Verwaltungsgebühren: Dies sind die Gebühren, die der Robo-Advisor für seine Arbeit erhebt. Die Gebühren werden als Prozentsatz je Anlagevolumen und Jahr angegeben.
2. Fondskosten: Diese Kosten entstehen für die Verwaltung und den Betrieb der vom Robo-Advisor eingesetzten Produkte, wie ETFs. Sie entstehen für die Verwaltung, das Management bzw. Kosten für den Vertrieb und Wirtschaftsprüfer und werden nach Ermittlung direkt von der jeweiligen Fondsgesellschaft aus dem Fondsvermögen entnommen, d. h. sie werden nicht gesondert in Rechnung gestellt. Die Höhe hängt davon ab, wie das Portfolio, das der Robo-Advisor ausgewählt hat, zusammengesetzt ist. Es werden immer die durchschnittlichen Fondskosten angegeben. Die Gebühren werden als Prozentsatz je Anlagevolumen und Jahr angegeben.

„Der Fluss setzt seinen Weg zum Meer fort, egal ob er eine Biegung macht oder nicht." So ist es auch im übertragenen Sinne mit den Robo-Advisors, auch hier ist alles im Fluss. Doch sie verlieren ihr Ziel nicht aus den Augen, Rendite für ihre Anleger zu gewinnen. Dennoch ändern sie ständig ihr „Aussehen" und ihr „Innenleben". Beispielsweise wechseln sie die Lizenz, ändern die Strategie oder die Gebühren. Deshalb nutzen Sie die folgenden Steckbriefe zur groben Orientierung (Stand 22.01.2021). Sehen Sie sich die Robos immer im Detail auf deren Webseiten an. Es gibt dort immer etwas Neues zu entdecken, wie Rabattaktionen oder andere Änderungen.

Anbieter	**Bevestor** (www.bevestor.de), am Markt seit 2018
Mindestanlage:	1.000 €
Sparplan:	ja, min. 25 €
Entnahmeplan:	nein
Kosten:	0,80 % p.a. Zzgl. 0,20 % p.a. bei Nutzung des Anlageschutzes
Fondskosten:	0,38 % p.a.
Investmentstil:	semi-aktiv
Rebalancing:	jährlich sowie bei Abweichung
Nachhaltig:	ja
Partnerbank:	Deka Bank
Anlagestrategien:	5
Anlageprodukte:	ETF, aktive Fonds
Anzahl eingesetzter Produkte je Strategie:	6-14
Anlageklassen:	Aktien, Anleihen, Geldmarkt, Rohstoffe
Halte-/Kündigungsfristen	nein
Lizenz	BaFin

Anbieter	**Castell Insight** (www.castell-insight.de)
Mindestanlage:	25.000 €
Sparplan:	nein
Entnahmeplan:	nein
Kosten:	1,10 % p.a. bis 1,50 % p.a.
Fondskosten:	0,40 % p.a.
Investmentstil:	semi-aktiv
Partnerbank:	Baader Bank AG
Anlagestrategien:	4
Anlageprodukte:	ETF, aktive Fonds
Anlageklasse:	Aktien, Anleihen, Rohstoffe, Reits
Rebalancing:	bei Abweichung von gewählter Anlagestrategie
Lizenz	BaFin

Anbieter	**cominvest** (cominvest.com), seit 2017 am Markt
Mindestanlage:	3.000 €
Sparplan:	ab 100 € / Monat
Entnahmeplan:	nein
Kosten:	0,95 % pro Jahr
Fondskosten:	0,27 % pro Jahr
Investmentstil:	semi-aktiv
Rebalancing:	bei Abweichung
Partnerbank:	comdirect
Anlagestrategien:	5
Anlageprodukte:	gemanagte Fonds, ETFs, ETCs
Anlageklasse:	Geldmarkt, Aktien, Anleihen, Edelmetalle, Rohstoffe
Eingesetzte Produkte:	4-20
Lizenz:	BaFin

Anbieter	**DigiVestor** (www.onlinevermoegensverwaltung.de), am Markt seit 2019
Mindestanlage:	10.000 €
Sparplan:	nein
Entnahmeplan:	nein
Kosten:	ab 0,48 % p.a.
Fondskosten:	0,30 % p.a.
Investmentstil:	semi-passiv bis semi-aktiv
Rebalancing:	Risikobehafteter Anteil des Depots wird aktiv gesteuert. Ansonsten zweimaliges Rebalancing im Jahr.
Partnerbank:	DAB BNP Paribas
Anlagestrategien:	5
Anlageprodukte:	ETF, ETC
Anlageklasse:	Aktien, Anleihen, Rohstoffe
Anzahl eingesetzter Produkte je Strategie:	4-8
Lizenz	BaFin

Anbieter	**Estably** (estably.com), am Markt seit 2019
Mindestanlage:	35.000 €
Sparplan:	ab 100 € / Monat
Entnahmeplan:	nein
Kosten:	1,2 % pro Jahr + 10 % Erfolgsbeteiligung
Fondskosten:	keine, da direkt in Aktien und Anleihen investiert wird
Investmentstil:	semi-aktiv
Partnerbank:	Baader Bank AG oder Liechtensteinische Landesbank (LLB)
Anlagestrategien:	3
Rebalancing:	bei Bedarf
Anlageprodukte:	Aktien, Anleihen, Cash
Anzahl eingesetzter Produkte je Strategie:	20 – 35 Einzeltitel
Lizenz:	FMA Liechtenstein

Anbieter	**Evergreen** (www.evergreen.de), am Markt seit 2020
Mindestanlage:	1 €
Sparplan:	1 €
Entnahmeplan:	ja
Kosten:	0,00 % p.a.
Fondskosten:	0,59 % p.a.
Investmentstil:	semi-aktiv
Nachhaltig	nein
Partnerbank:	DAB BNP Paribas
Anlagestrategien:	10
Anlageprodukte:	eigene Fonds Evergreen PDI Yin und Evergreen PDI Yang
Anlageklassen:	Aktien, Anleihen, Währungen und Cash
Lizenz:	BaFin

Anbieter	**Fidelity Wealth Expert** (wealthexpert.fidelity.de), am Markt seit 2018
Mindestanlage:	5.000 €
Sparplan:	ja, min. 100 €
Entnahmeplan:	Nein
Kosten:	0,55 % p.a.
Fondskosten:	0,66 % p.a.
Investmentstil:	semi-aktiv
Rebalancing:	bei Abweichung und bei Cash-Transaktionen
Nachhaltig:	nein
Partnerbank:	Fil Fondsbank
Anlagestrategien:	7
Anlageprodukte:	aktive Fonds
Anlageklassen:	Anleihe, Aktien und Geldmarkt
Eingesetzte Produkte:	10
Lizenz:	BaFin

Anbieter	**fintego** (www.fintego.de) am Markt seit 2014
Mindestanlage:	2.500 €
Sparplan:	50 €
Entnahmeplan:	ja, ab 5.000 € Bestandsvolumen
Kosten:	0,90 %p.a.: < 10.000 €; 0,70 % p.a.: ≥ 10.000 € 0,40 % p.a.: ≥ 50.000 €; 0,30 % p.a.: ≥ 1.000.000 €
Fondskosten:	0,2 % p.a.
Investmentstil:	semi-passiv
Rebalancing:	Abweichung von mehr als 15 % der Sollgewichtung
Nachhaltig:	nein
Partnerbank:	ebase
Anlagestrategien:	5
Anlageprodukte:	ETF
Anlageklassen:	Aktien, Anleihen, Rohstoffe
Anzahl eingesetzter Produkte je Strategie:	3-5
Lizenz:	BaFin

Anbieter	**Ginmon** (www Ginmon.de) am Markt seit 2014
Mindestanlage:	5.000 € (bei Sparplan 1.000 €)
Sparplan:	50 €
Entnahmeplan:	nein
Kosten:	0,73 % p.a.
Fondskosten:	0,21 % p.a.
Investmentstil:	semi-passiv
Rebalancing:	bei Einzahlung o. Ertrag und bei Abweichung von 10 %
Nachhaltig:	nein
Partnerbank:	DAB BNP Paribas
Anlagestrategien:	10
Anlageprodukte:	ETF
Anlageklassen:	Aktien, Anleihen, Rohstoffe

Lizenz	BaFin

Anbieter	**growney** (www.growney.de) am Markt seit 2014
Mindestanlage:	500 €
Sparplan:	25 €
Entnahmeplan:	ja, 2.000 € Mindestanlage sowie Mindestauszahlung 50 €
Kosten:	bis 50.000 € 0,68 % p.a.; ab 50.000 € 0,38 % p.a.
Fondskosten:	0,2 % p.a.
Investmentstil:	passiv
Rebalancing:	jährlich und bei Abweichung
Nachhaltig:	ja
Partnerbank:	SutorBank
Anlagestrategien:	10
Anlageprodukte:	ETF
Anlageklassen:	Aktien, Anleihen
Anzahl eingesetzter Produkte je Strategie:	6-8
Lizenz:	BaFin

Anbieter	**Kapilendo** (www.kapilendo.de)
Mindestanlage:	10.000 €
Sparplan:	ab 50 € / Monat
Entnahmeplan:	ja
Kosten:	0,50 % p.a. (Depotführungs- und Transaktionskostenpauschale 0,2 % p.a.)
Fondskosten:	0,22 % p.a.
Investmentstil:	passiv
Partnerbank:	Baader Bank AG
Anlagestrategien:	4
Anlageprodukte:	ETF, ETC
Lizenz:	BaFin

Anbieter	**LAIC** (www.laic.de), am Markt seit 2020
Mindestanlage:	100.000 €
Sparplan:	nein
Entnahmeplan:	nein
Kosten:	0,95 % p.a.
Fondskosten:	0,80 % p.a.
Investmentstil:	aktiv
Partnerbank:	Baader Bank AG
Anlagestrategien:	3
Anlageprodukte:	aktiv gemanagte Fonds, ETF
Lizenz	BaFin

Anbieter	**Liqid** (www.liqid.de), am Markt seit 2015
Mindestanlage:	100.000 €
Sparplan:	keine
Entnahmeplan:	nein
Kosten:	Global / Select 0,50 % p.a. / 0,90 % p.a.: < 250.000 € 0,45 % p.a./ 0,90 % p.a.: ≥ 250.000 € 0,40 % p.a./ 0,85 % p.a.: ≥ 500.000 € 0,35 % p.a./ 0,80 % p.a.: ≥ 1.000.000 € 0,30 % p.a./ 0,75 % p.a.: ≥ 3.000.000 € 0,25 % p.a./ 0,60 % p.a.: ≥ 5.000.000 €
Fondskosten:	0,15 % p.a. bis 0,49 % p.a.
Investmentstil:	aktiv / passiv je nach Strategie Global oder Select
Rebalancing:	Liqid Global: tägliche Prüfung und ggf. Anpassung Liqid Select: manuell
Nachhaltig:	ja
Partnerbank:	Deutsche Bank AG
Anlagestrategien:	20
Anlageprodukte:	ETFs, ETCs, aktive Fonds, Hedgefonds
Anlageklassen:	Aktien, Anleihen, Gold, Rohstoffe, Geldmarkt, Hedgefonds (nur bei Liqid Select)
Lizenz:	BaFin

Anbieter	**MeinInvest** (Robo der Genossenschaftsbanken)
Mindestanlage:	500 €
Sparplan:	ab 25 € / Monat
Entnahmeplan:	nein
Kosten:	ab 0,72 % p.a. (abhängig von Bank)
Fondskosten:	0,48 % p.a.
Investmentstil:	semi-aktiv
Partnerbank:	Union Investment Servicebank AG
Anlagestrategien:	3
Anlageprodukte:	ETF, aktive Fonds
Lizenz:	BaFin

Anbieter	**Minveo** (www.minveo.de)
Mindestanlage:	50 €
Sparplan:	ab 50 € / Monat
Entnahmeplan:	ja
Kosten:	1,00 % p.a.
Fondskosten:	0,30 % p.a.
Investmentstil:	semi-aktiv
Partnerbank:	DAB BNP Paribas
Anlagestrategien:	90
Anlageprodukte:	Aktien, ETF, aktive Fonds
Lizenz:	BaFin

Anbieter	**MONVISO** (monviso.de)
Mindestanlage:	400 €
Sparplan:	ab 50 € / Monat
Entnahmeplan:	nein
Kosten:	0,69 % p.a.
Fondskosten:	0,50 % p.a.
Investmentstil:	semi-aktiv
Partnerbank:	Deutsche AM S.A.
Anlagestrategien:	12
Anlageprodukte:	ETF, aktive Fonds
Lizenz	BaFin

Anbieter	**Oskar** (www.oskar.de) am Markt seit 2019
Mindestanlage:	1.000 €
Sparplan:	25 €
Entnahmeplan:	ja
Kosten:	bis 9.999 € 1,00 % p.a.; ab 10.000 € 0,80 % p. a
Fondskosten:	0,14 % p.a.
Investmentstil:	semi-passiv
Nachhaltig:	ja
Partnerbank:	Baader Bank AG
Anlagestrategien:	5
Anlageprodukte:	ETF und ETC
Anlageklassen:	Aktien, Anleihen und Rohstoffe
Lizenz:	IHK

Anbieter	**peningar** (www.peningar.de)
Mindestanlage:	20.000 €
Sparplan:	ab 50 € / Monat
Entnahmeplan:	nein
Kosten:	1,19 % p.a.
Fondskosten:	0,60 % p.a.
Investmentstil:	semi-aktiv
Partnerbank:	DAB BNP Paribas
Anlagestrategien:	3
Anlageprodukte:	ETF, aktive Fonds
Lizenz:	BaFin

Anbieter	**Pixit** (targobank-pixit.de)
Mindestanlage:	100 €
Sparplan:	ab 100 € / Monat
Entnahmeplan:	nein
Kosten:	0,80 % p.a. bis 0,99 % p.a.
Fondskosten:	0,13 % p.a.
Investmentstil:	semi-passiv
Rebalancing:	monatlich
Partnerbank:	Baader Bank AG

Anlagestrategien:	15
Anlageprodukte:	ETF
Anzahl eingesetzter Produkte je Strategie:	8-11
Lizenz	BaFin

Anbieter	**quirion** (www.quirion.de) am Markt seit 2013
Mindestanlage:	1.000 €
Sparplan:	Ja, mind. 30 €
Entnahmeplan:	nein
Kosten:	0,48 % p.a. des Anlagevolumens für das Basis-Paket 0,68 % p.a. des Anlagevolumens für das Comfort-Paket (Altersvorsorge/Nachhaltig) 0,88 % p.a. des Anlagevolumens für das Premium-Paket Die ersten 10.000 € sind im ersten Jahr kostenfrei.
Fondskosten:	0,23 % p.a.
Investmentstil:	semi-aktiv
Rebalancing:	jährlich und bei einer Abweichung von 10 %
Nachhaltig:	ja
Partnerbank:	Quirin Privatbank AG
Anlagestrategien:	10
Anlageprodukte:	ETF, DFA-Fonds
Anlageklassen:	Aktien, Anleihen, Rohstoffe
Anzahl eingesetzter Produkte je Strategie:	7-15
Lizenz:	BaFin

Anbieter	**ROBIN** (www.deutsche-bank.de/pk/lp/robin.html) am Markt seit 2017
Mindestanlage:	500 €
Sparplan:	1 €
Entnahmeplan:	nein
Kosten:	0,75 % p.a.
Fondskosten:	0,25 % p.a.
Investmentstil:	semi-aktiv
Nachhaltig:	nein
Partnerbank:	Deutsche Bank
Anlagestrategien:	16
Anlageprodukte:	ETF und Tagesgeld
Anlageklassen:	Anleihen, Aktien, Cash
Lizenz:	BaFin

Anbieter	**Scalable Capital** (de.scalable.capital), am Markt seit 2014
Mindestanlage:	10.000 €
Sparplan:	50 €
Entnahmeplan:	ja, ab 1 €
Kosten:	0,75 % p.a.

Fondskosten:	0,15 % p.a.
Investmentstil:	semi-aktiv
Nachhaltig:	ja
Partnerbank:	Baader Bank AG und ING
Anlagestrategien:	34
Anlageprodukte:	ETF, Tagesgeld
Anlageklassen:	Aktien, Anleihen, Rohstoffe, Tagesgeld
Anzahl eingesetzter Produkte je Strategie:	17
Lizenz:	BaFin

Anbieter	**Smavesto** (www.smavesto.de), am Markt seit 2019
Mindestanlage:	1.000 €
Sparplan:	ab 50 € / Monat
Entnahmeplan:	nein
Kosten:	0,75 % p.a.
Fondskosten:	0,25 % p.a.
Investmentstil:	semi-aktiv
Partnerbank:	Baader Bank AG
Anlagestrategien:	5
Anlageprodukte:	ETF, ETC
Lizenz:	BaFin

Anbieter	**Smart angehen** (www.smart-angehen.de)
Mindestanlage:	5.000 €
Sparplan:	nein
Entnahmeplan:	nein
Kosten:	0,79 % p.a. bis 0,99 % p.a.
Fondskosten:	0,25 % p.a.
Investmentstil:	semi-aktiv
Partnerbank:	FIL Fondsbank
Anlagestrategien:	3
Anlageprodukte:	ETF
Lizenz:	BaFin

Anbieter	**Solidvest** (www.solidvest.de), am Markt seit 2017
Mindestanlage:	25.000 € oder 10.000 € inkl. Sparplan
Sparplan:	ja, min. 100 €
Entnahmeplan:	ja
Kosten:	1,40 % p.a.: ≤ 100.000 €; 1,10 % p.a.: > 100.000 €;
Fondskosten:	0,5 % p.a.: > 100.000 €; 0,3 % p.a.: ≤ 100.000
Investmentstil:	aktiv
Nachhaltig:	nein
Partnerbank:	Baader Bank AG
Anlagestrategien:	4
Anlageprodukte:	direkt in Aktien und Anleihe
Anlageklassen:	Aktien, Anleihen, Liquidität

Anzahl eingesetzter Produkte je Strategie:	30 Aktien und 20 Anleihen
Lizenz:	BaFin

Anbieter	**Truevest** (ww.truevest.de) am Markt seit 2017
Mindestanlage:	10.000 €
Sparplan:	ja, mind. 100 €
Entnahmeplan:	ja
Kosten:	ab 1,49 % p.a.
Fondskosten:	0,50 % p.a.
Investmentstil:	aktiv
Nachhaltig:	nein
Partnerbank:	Augsburger Aktienbank
Anlagestrategien:	4
Anlageprodukte:	ETF, aktive Fonds
Anlageklassen:	Aktien, Anleihen, Rohstoffe und Geldmarkt
Lizenz	IHK

Anbieter	**VisualVest** (www.visualvest.de), am Markt seit 2015
Mindestanlage:	500 €
Sparplan:	25 € monatlich
Entnahmeplan:	nein
Kosten:	0,6 % p.a.
Fondskosten:	1,7 % p.a.
Investmentstil:	semi-aktiv
Nachhaltig	ja
Partnerbank:	Union Investment Service Bank AG
Anlagestrategien:	10
Anlageprodukte:	ETF, aktive Fonds
Anlageklassen:	Aktien, Anleihen, Rohstoffe und Geldmarkt
Lizenz:	BaFin

Anbieter	**vividam** (www.vividam.de), am Markt seit 2018
Mindestanlage:	3.500 €
Sparplan:	ab 75 € / Monat
Entnahmeplan:	nein
Kosten:	1,18 % p.a.
Fondskosten:	1,58 % p.a.
Investmentstil:	semi-aktiv
Partnerbank:	ebase
Anlagestrategien:	4
Anlageprodukte:	aktive Fonds
Lizenz:	BaFin

Anbieter	**VTB Invest** (www.vtbdirekt.de/investieren/vtb-invest/), am Markt seit 2019
Mindestanlage:	500 €
Sparplan:	ab 50 € / Monat
Entnahmeplan:	nein
Kosten:	0,50 % p.a. bis 0,75 % p.a.
Fondskosten:	0,20 % p.a.
Investmentstil:	passiv
Partnerbank:	Baader Bank AG
Anlagestrategien:	9
Anlageprodukte:	ETF
Anlageklasse:	Aktien, Anleihen, Liquidität
Anzahl eingesetzter Produkte je Strategie:	5-10
Lizenz	BaFin

Anbieter	**WeltInvest by raisin Investment** (www.weltsparen.de/etf-portflio/?tsid=20002&s_id=463648400X22562C67242491T)
Mindestanlage:	500 €
Sparplan:	ab 50 € / Monat
Entnahmeplan:	nein
Kosten:	0,33 % pro Jahr
Fondskosten:	0,15 % pro Jahr
Investmentstil:	passiv
Partnerbank:	DAB BNP Paribas
Anlagestrategien:	4
Anlageprodukte:	ETF, Indexfonds
Anzahl eingesetzter Produkte je Strategie:	6-7
Lizenz:	BaFin

Anbieter	**Warburg Navigator** (navigator.mmwarburg.de)
Mindestanlage:	20.000 €
Sparplan:	nein
Entnahmeplan:	nein
Kosten:	1,20 % p.a.
Fondskosten:	0,40 % p.a.
Investmentstil:	aktiv / passiv
Partnerbank:	Baader Bank AG
Anlagestrategien:	7
Anlageprodukte:	ETF und aktiv gemanagte Fonds
Lizenz:	BaFin

Anbieter	**Whitebox** (www.whitebox.eu), am Markt seit 2014
Mindestanlage:	5.000 €
Sparplan:	ja, min. 5 €
Entnahmeplan:	ja

Kosten:	0,73 % p.a.: ≥ 50.000 €; 0,58 % p.a.: ≥ 100.000 € 0,44 % p.a.: ≥ 250.000 €; 0,34 % p.a.: ≥ 500.000 €
Fondskosten:	0,20 % p.a.
Investmentstil:	semi-aktiv
Nachhaltig:	nein
Partnerbank:	flatex Bank AG
Anlagestrategien:	13
Anlageprodukte:	ETF, ETC, Liquidität
Anlageklassen:	Aktien, Anleihen, Alternative Anlageklassen, Geldmarkt
Anzahl eingesetzter Produkte je Strategie:	13-20
Lizenz	BaFin

Anbieter	**Zeedin** (www.hauck-aufhaeuser.com/zeedin), am Markt seit 2018
Mindestanlage:	50.000 €
Sparplan:	nein
Entnahmeplan:	nein
Kosten:	0,75 % p.a. bis 1,20 % p.a.
Fondskosten:	0,05 % p.a. bis 0,26 % p.a.
Investmentstil:	semi-aktiv
Partnerbank:	Hauck & Aufhäuser
Anlagestrategien:	18
Anlageprodukte:	ETF, ETC, aktive Fonds, Aktien
Lizenz:	BaFin

Literaturverzeichnis

aktienkaufen.com. (3.3.2019). *Robo Advisor Vergleich aktienkaufen.com.* https://www.aktienkaufen.com/robo-advisor-vergleich/

Alt, R. & Thomas, P. (2016). *Digitalisierung der Finanzindustrie: Grundlagen der Fintech-Evolution.* Springer Gabler.

Anslinger, T. (April/Mai 2018). Robo, übernehmen Sie! *Die Stiftung*, 40-41.

BaFin (Juli 2013). Merkblatt - Hinweise zum Tatbestand der Anlagevermittlung.

Becker, R. & Meister, L. (2018). Geldanlage über Robo-Advisors birgt Gefahr von Missbrauch und Konflikten. *Börsen-Zeitung (Ausgabe 103)*, 9.

Benkö, L. & Maier, M. (März 2017). Geldanlage für die Generation Facebook. *Gewinn*, S. 28-34.

Bernstein, W. (2000). *The Intelligent Asset Allocator.* McCraw Hill.

Davis, M. & Norman, A. (1990, 31). Portfolio Selection with transaction costs, SIAM. *Journal of Control and Optimisation*, S. 470-493.

deutschefxbroker.de. (1.12.2018). *Altersvorsorge Robo Advisorn.* https://www.deutschefxbroker.de/altersvorsorge-robo-advisorn/.

deutschefxbroker.de. (25.11.2018). *Für welche Anleger eignen sich Robo-Advisor?* https://www.deutschefxbroker.de/robo-advisor-zielgruppe/

deutschefxbroker.de. (12.11.2018). *Kosten für Robo-Advisor.* https://www.deutschefxbroker.de/kosten-robo-advisor/.

deutschefxbroker.de. (4.12.2018). *Robo Advisor vs eigenes ETF Portfolio?* https://www.deutschefxbroker.de/robo-advisor-vs-eigenes-etf-portfolio/.

deutschefxbroker.de. (10.10.2018). *Sparplan für Robo Advisor.* https://www.deutschefxbroker.de/robo-advisor-sparplan/

deutschefxbroker.de. (12.10.2018). *Vorteile und Nachteile von Robo Advisorn.* https://www.deutschefxbroker.de/robo-advisor-vorteile-nachteile/.

deutschefxbroker.de. (2.12.2018). *Worauf muss ich bei den Anbietern achten?* https://www.deutschefxbroker.de/unterschiede-robo-advisorn/.

Dohms, H. R. (5.3.2019). *Die besten Robo-Advisor für Ihr Geld.* https://www.capital.de/geld-versicherungen/die-besten-robo-advisor-fuer-ihr-geld.

dontex.de. (19.2.2019). *Digitale Vermögensverwaltung: Die besten Robo Advisor 2019 im Vergleich und Performance-Check.* https://www.dontox.de/4588-digitale-vermoegensverwaltung-vergleich-robo-advisor/.

Elsner, D. (15.11.2018). *Wie Robo Advisors die Krise meistern.* https://www.capital.de/wirtschaft-politik/wie-robo-advisors-die-krise-meistern.

Everling, O. & Lempka, R. (2016). *Finanzdienstleister der nächsten Generation: Megatrend Digitalisierung: Strategien und Geschäftsmodelle.* Frankfurt School Verlag.

finanzeinstieg.de. (12.6.2018). *Robo-Advisor: Alles was man über die Finanzroboter wissen sollte.* http://www.finanzeinstieg.de/robo-advisor-alles-was-man-ueber-die-finanzroboter-wissen-sollte/.

finanzfluss.de. (12.7.2018). *Robo-Advisor im Test: Deutsche Anbieter im Vergleich.* https://www.finanzfluss.de/robo-advisor-vergleich/.

Finanztest. (Januar 2017). Beratung ist Programm. *Finanztest,* S. 56-63.

Finanztest. (August 2018). Die Maschine machts. *Finanztest,* S. 42-47.

finews.ch. (12.12.2018). *Das sind die grössten Robo-Advisor der Welt.* https://www.finews.ch/news/banken/28392-robo-advisor-ubs-betterment-fintech.

Glaßl, H. (12.12.2018). *Finanzberatung per Mausklick.* https://anwalt-kg.de/newsbeitrag/bankenrecht/robo-advisors/.

Grischuk, P. (August 2017). Robo-Advice. Automatisierte Anlageberatung in der Aufsichtspraxis. *BaFinJournal,* S. 18-22.

Gulden, J. (2019). *Automatisierte Geldanlage: Determinanten und Einflussbedingungen der Akzeptanz von Investment Management FinTechs.* Springer Gabler.

Heiden, M. K. (März 2016). Robo Advice – Bedrohung oder Chance ? *Der Zertifikateberater,* S. 2-4.

Heiden, M. K. & Gündogan, H. (April 2016). Robo Advice – Ein Wettbewerbervergleich. *Der Zertifikateberater,* S. 2-5.

Heiden, M. K. & Weber, B. (Mai 2016). Zunehmende Regulierung als Chance für Robo Advice. *Der Zertifikateberater,* S. 2-5.

Hesse, M. (November 2016). Rat vom Roboter. *Der Spiegel,* S. 74-76.

Jordan, M. (Juni 2017). Digitale Vermögensverwaltung: Robo-Advisor-Test 2017. *EXtra-Magazin,* S. 10-19.

Jordan, M. (2017). *Ratgeber Robo-Advisor.* München: Isarvest GmbH. www.extra-funds.de.

Jordan, M. (2018). *Ratgeber Robo-Advisor: So finden Sie den richtigen Robo-Advisor.* München: Isarvest GmbH. www.extra-funds.de.

Kaya, O. (2017). Robo-Advice – Eine echte Innovation in der Vermögensverwaltung. *Deutsche Bank Research,* 1-3.

Kayl, M. (25.5.2018). *Brauchbare Lösung für die bequeme Geldanlage.* https://www.finanztip.de/robo-advisor/vergleichstest-2016/.

Kayl, M. (25.10.2018). *So gut sind die Anlageberater im Internet.* https://www.finanztip.de/robo-advisor/.

Keppel, D. (2016). *Best Robo-Advisor: Ultimate Automatic Wealth Management.* CreateSpace Independent Publishing Platform.

König, F. (12.10.2018). *Robo Advisor im Crash.* https://www.der-privatinvestor.de/robo-advisor-im-crash-wenn-kurse-stuerzen-braucht-der-anleger-einen-fondsmanager-aus-fleisch-und-blut.

Müller, F. (2018). *Der digitale Wandel in der Finanzbranche: Wie Fintechs, Robo Advisor und Blogger die Banken schlagen.* Independently published.

Neuenhaus, C. (25. 9.2018). *Digitale Vermögensverwaltung – Performance als Innovationstreiber.* https://www.der-bank-blog.de/digitale-vermoegensverwaltung-performance/digital-banking/29798/.

Niederkorn, A. (6.3.2019). *Bester Robo-Advisor: Vergleich und Test.* https://www.finanzen.net/ratgeber/wertpapiere/robo-advisor.

nk. (Januar 2018). Klassische Anlageformen Robo-Advisor – Robo-Advisor die besten. *Der Anleger,* S. 38-42.

Öko-Test. (2018 März). So funktionieren Robo-Advisor. *Öko-Test Magazin,* S. 118-126.

Oppenheim, R. & Lange-Hausstein, C. (April 2017). Robo Advisor – Anforderungen an die digitale Kapitalanlage und Vermögensverwaltung. *Berliner Briefe zum Kapitalrecht - Schwerpunkt Fintech,* S. 18-33.

Peterreins, H. (Juli-August 2001). Was ist die Markowitz-Methode in der Praxis wert? *Vermögen & Steuern,* S. 27-29.

PH. (September 2017). Vorhang auf für die Robo-Advisor. *10x10,* S. 5-7.

Rieck, C. (2015). *Können Roboter mit Geld umgehen? Die digitale Zukunft der Finanzberatung.* Rieck, Ch.

Schneider, K. (15.8.2018). *Die automatisierte Vermögensverwaltung hat für Anleger noch ihre Tücken.* https://www.handelsblatt.com/finanzen/anlagestrategie/trends/robo-advisor-die-automatisierte-vermoegensverwaltung-hat-fuer-anleger-noch-ihre-tuecken/20965770.html.

Schneider-Sickert, C. (Juli / August 2017). Sicherheit bei Robo-Advisors:. *EXtra-Magazin,* S. 32.

Serttas, K. & Singer, T. (12.10.2018). *Robo-Advisory – wie viel Robo macht Sinn?* https://www.hwzdigital.ch/robo-advisory-wie-viel-robo-macht-sinn/.

Sironi, P. (2016). *FinTech Innovation: From Robo-Advisors to Goal Based Investing and Gamification.* Wiley Finance Series.

tagesgeldvergleich.net. (5.3.2019). *Robo-Advisor.* https://www.tagesgeldvergleich.net/tagesgeldvergleich/robo-advisor.html#loesung

Tokat, Y. & Wicas, N. (2007, 16). Portfolio rebalancing in theory an practice. *The Journal of Investing,* S. 52-59.

Vogt, N. (2019). Nicht jeder Algorithmus schlägt den Menschen: die Alternative zum neuen Geldanlage-Trend "Robo-Advisor". *robo-advisor.de,* 1-6.

Stichwortverzeichnis

Rüdiger Götte

DAS 1x1 DER FUNDAMENTALEN AKTIENANALYSE

Ein Lehr- und Arbeitsbuch für Anfänger und Fortgeschrittene

284 Seiten

€ 29,90, Paperback | € 19,99, e-book
ISBN 978-3-8382-0599-1 | ISBN 978-3-8382-6599-5

Rüdiger Götte

DAS 1x1 DES PORTFOLIOMANAGEMENTES

Ein Lehr- und Arbeitsbuch für Anfänger und Fortgeschrittene

240 Seiten

€ 22,00, Paperback | € 14,99, e-book
ISBN 978-3-89821-442-1 | ISBN 978-3-8382-5442-5

Rüdiger Götte

RICHTIG INVESTIEREN MIT ZERTIFIKATEN UND HEBELPRODUKTEN

Grundlagen - Funktionsweise - Einsatz
Das 1 x 1 der Zertifikate und Hebelprodukte

360 Seiten

€ 29,90, Paperback | € 19,99, e-book
ISBN 978-3-89821-849-8 | ISBN 978-3-8382-5849-2

Erhältlich in jedem Buchhandel, amazon.de
oder direkt bei *ibidem*

***ibidem**.eu*